高等职业教育铁道与运输类新形态一体化教材

高速铁路客运服务礼仪

主　编——蔡昱　蔡少惠
主　审——杨云锋　李红波

高等教育出版社·北京

内容简介

本书是高等职业教育铁道与运输类新形态一体化教材，由校企人员共同编撰。本书采用模块化的编写思路，将内容分成五个项目，分别为礼之本——高速铁路客运服务礼仪认知、仪之美——高速铁路客运服务人员职业形象礼仪、礼之用——高速铁路客运服务人员日常接待礼仪、礼之践——高速铁路车站客运服务人员服务礼仪、礼之行——高速铁路列车客运服务人员服务礼仪。本书配套智慧职教平台（www.icve.com.cn）的"高速铁路客运服务礼仪"在线开放课程，具体登录方式详见"智慧职教"服务指南。此外，可以通过扫描教材中的二维码学习、观看丰富的数字化资源。

本书具有很强的通用性和实用性，可作为高等职业院校铁道交通运营管理、高速铁路客运服务等专业的教学用书，也可作为相关企事业单位人员岗位培训的辅助用书，还可作为社会青年的自学读物。

授课教师如需本书配套的教学课件资源，可发送邮件至邮箱gzjx@pub.hep.cn获取。

图书在版编目（CIP）数据

高速铁路客运服务礼仪 / 蔡昱，蔡少惠主编．－－北京：高等教育出版社，2022.7（2024.12重印）
ISBN 978-7-04-057965-9

Ⅰ.①高⋯ Ⅱ.①蔡⋯②蔡⋯ Ⅲ.①高速铁路－铁路运输－客运服务－乘务人员－礼仪－高等职业教育－教材 Ⅳ.①U293.3

中国版本图书馆CIP数据核字(2022)第019390号

Gaosu Tielu Keyun Fuwu Liyi

策划编辑	吴睿韬	责任编辑	吴睿韬	封面设计	贺雅馨	版式设计	于 婕
插图绘制	杨伟露	责任校对	高 歌	责任印制	高 峰		

出版发行	高等教育出版社	网 址	http://www.hep.edu.cn	
社 址	北京市西城区德外大街4号		http://www.hep.com.cn	
邮政编码	100120	网上订购	http://www.hepmall.com.cn	
印 刷	北京新华印刷有限公司		http://www.hepmall.com	
开 本	850mm×1168mm 1/16		http://www.hepmall.cn	
印 张	13			
字 数	270千字	版 次	2022年 7 月第1版	
购书热线	010-58581118	印 次	2024年12月第3次印刷	
咨询电话	400-810-0598	定 价	41.40元	

本书如有缺页、倒页、脱页等质量问题，请到所购图书销售部门联系调换
版权所有 侵权必究
物 料 号 57965-00

"智慧职教"服务指南

"智慧职教"是由高等教育出版社建设和运营的职业教育数字教学资源共建共享平台和在线课程教学服务平台,包括职业教育数字化学习中心平台(www.icve.com.cn)、职教云平台(zjy2.icve.com.cn)和云课堂智慧职教 App。用户在以下任一平台注册账号,均可登录并使用各个平台。

● 职业教育数字化学习中心平台(www.icve.com.cn):为学习者提供本教材配套课程及资源的浏览服务。

登录中心平台,在首页搜索框中搜索"机械制造基础",找到对应作者主持的课程,加入课程参加学习,即可浏览课程资源。

● 职教云(zjy2.icve.com.cn):帮助任课教师对本教材配套课程进行引用、修改,再发布为个性化课程(SPOC)。

1. 登录职教云,在首页单击"申请教材配套课程服务"按钮,在弹出的申请页面填写相关真实信息,申请开通教材配套课程的调用权限。

2. 开通权限后,单击"新增课程"按钮,根据提示设置要构建的个性化课程的基本信息。

3. 进入个性化课程编辑页面,在"课程设计"中"导入"教材配套课程,并根据教学需要进行修改,再发布为个性化课程。

● 云课堂智慧职教 App:帮助任课教师和学生基于新构建的个性化课程开展线上线下混合式、智能化教与学。

1. 在安卓或苹果应用市场,搜索"云课堂智慧职教"App,下载安装。

2. 登录 App,任课教师指导学生加入个性化课程,并利用 App 提供的各类功能,开展课前、课中、课后的教学互动,构建智慧课堂。

"智慧职教"使用帮助及常见问题解答请访问 help.icve.com.cn。

前言

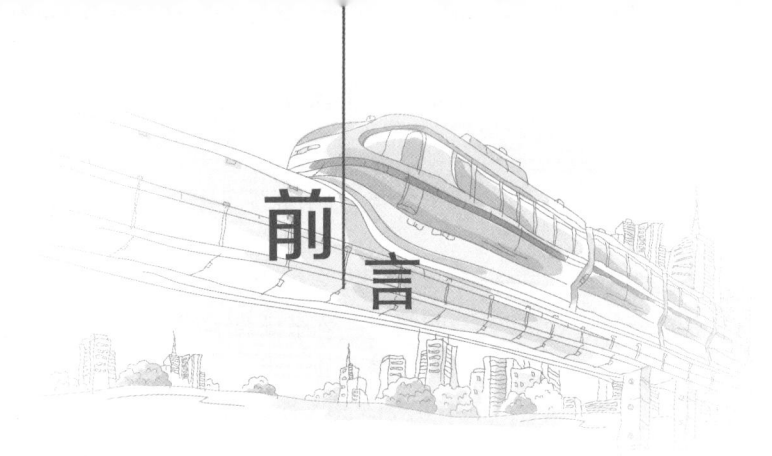

随着我国高速铁路的迅猛发展,对高铁服务人员素质要求也越来越高,高铁服务人员需要通过规范的礼仪形式为乘客提供专业化的服务。本书针对高铁服务人员的工作岗位和工作特点设计教学内容,明确各岗位应达到的礼仪标准和规范,为培养学生"知礼、懂礼、行礼"的生活以及工作习惯,提升个人的综合素养及岗位素质提供参考。

本书由多所学校教师及企业专家共同编撰,具有较强的针对性和操作性。本书采用模块化的编写思路,将内容分成五个项目,分别由若干个任务组成。每个项目分为问题引入、学习导航、学习目标、知识储备、任务实施、巩固练习6个环节,通过问题引入引出该项目的教学核心内容,学习导航明确教学内容及任务。

本书内容及学时安排(推荐)如下:

项目序号	内容	学时
项目一	礼之本——高速铁路客运服务礼仪认知	6
项目二	仪之美——高速铁路客运服务人员职业形象礼仪	12
项目三	礼之用——高速铁路客运服务人员日常接待礼仪	12
项目四	礼之践——高速铁路车站客运服务人员服务礼仪	12
项目五	礼之行——高速铁路列车客运服务人员服务礼仪	12
总计		54

本书特点归纳如下:

1. 直观性。本书选取大量真实拍摄的场景图片,文字严谨,图文并茂,生动直观,有很强的通俗性与趣味性。在案例的选择上,强调代表性、时效性、真实性,从而提升学生分析问题、解决问题的能力。

2. 针对性。本书贯穿"以职业为导向,以能力为核心"的指导思想,突出职业教育类型特色。结合高速铁路服务岗位活动领域,把"岗位职责"与"工作本质"进行对比,学生既可以掌握客运服务人员必备的岗位知识与技能,更好地应对实际工作中的各类问题;还能提升客运服务人员的个人修养,回归服务工作的本质,为乘客提供卓越的服务。

3. 丰富性。本书结合岗位"应知应会"的要求,选取高速铁路服务岗位"必需"的知识点、技能点。根据实际需要,丰富学习内容,满足不同层次学生的学习要求。本书还借鉴国内外形象设计行业、铁道交通行业,以及众多服务行业的前沿信息和知识,以开阔学生的眼界。

4. 实践性。本书每个项目都设置"任务实施"和"巩固练习"环节,方便学生进行实践及自测,巩固和掌握相关知识及技能。全书还使用学习导航图进行项目的归纳总结,帮助学生进行预习和复习,同时也给学生提供一个高效学习的工具。

5. 开放性。本书配套智慧职教平台"高速铁路客运服务礼仪"在线开放课程数字资源,可以通过扫描书中的二维码进行相关任务的微课学习。本书配套的数字资源中不仅有教学视频,还有教学课件等,方便学生预习和复习。

本书由蔡昱、蔡少惠主编,耿雪、张婧宜、何凯妮、刘倩、苏培、王晶晶、熊慧茹、陈哲、马敏、赵玉昆参与编写。具体编写分工为:陕西铁路工程职业技术学院蔡昱、北京师范大学国家职业教育研究院研究员、联络中心主任蔡少惠(项目一),陕西铁路工程职业技术学院耿雪(项目二中任务2.1、2.2、2.4,项目四中任务4.9.3,项目五中任务5.4.6),陕西铁路工程职业技术学院张婧宜(项目二中任务2.3,项目三中任务3.4、3.5,项目四中任务4.5~4.8),陕西铁路工程职业技术学院何凯妮(项目四中任务4.9.1、4.9.2,项目五中任务5.1~5.3,5.4.1~5.4.5,5.5~5.7),陕西铁路工程职业技术学院刘倩(项目三中任务3.1~3.3;项目四中任务4.1~4.4),武汉铁路职业技术学院苏培(项目二中任务2.5.1)、辽宁铁道职业技术学院王晶晶(项目二中任务2.5.2)、重庆公共运输职业学院熊慧茹(项目二中任务2.5.3)、中国铁路西安局集团有限公司陈哲(项目二中任务2.5.4)、中国铁路兰州局集团有限公司马敏(项目二中任务2.5.5)、中国铁路昆明局集团有限公司赵玉昆(项目二中任务2.5.6)。全书由蔡昱负责统稿,陕西铁路工程职业技术学院三级教授杨云峰、西安铁路监督管理局处长高级工程师李红波担任主审。本书在编写过程中得到了西安铁路监督管理局、中国铁路西安局集团有限公司、中国铁路兰州局集团有限公司、中国铁路昆明局集团有限公司的大力支持,在此表示衷心感谢!

由于编者水平有限,加上时间仓促,书中不足之处在所难免,恳切希望各位同仁和读者提出批评和改进意见。

编　者

2021年11月

目 录

项目一　礼之本——高速铁路客运服务礼仪认知……1

任务1.1　服务认知……2
任务1.2　礼仪认知……6
任务1.3　服务礼仪认知……13
任务1.4　高速铁路客运服务礼仪认知……14

项目二　仪之美——高速铁路客运服务人员职业形象礼仪……19

任务2.1　面容修饰……21
任务2.2　头发修饰……28
任务2.3　服饰礼仪……33
任务2.4　神态礼仪……54
任务2.5　仪态礼仪……60

项目三　礼之用——高速铁路客运服务人员日常接待礼仪……83

任务3.1　会面礼仪……85
任务3.2　电话礼仪……100
任务3.3　出行礼仪……105
任务3.4　会务谈判礼仪……111
任务3.5　餐桌礼仪……119

项目四　礼之践——高速铁路车站客运服务人员服务礼仪……130

任务4.1　售票厅服务礼仪……133
任务4.2　问询引导服务礼仪……136
任务4.3　检票验票服务礼仪……139
任务4.4　安全检查服务礼仪……142
任务4.5　候车室服务礼仪……144
任务4.6　贵宾室服务礼仪……150
任务4.7　站台服务礼仪……152
任务4.8　出站口服务礼仪……155
任务4.9　与乘客沟通服务要求……158

项目五　礼之行——高速铁路列车客运服务人员服务礼仪……173

任务5.1　始发站整备服务礼仪……175
任务5.2　开车前服务礼仪……176
任务5.3　开车后服务礼仪……179
任务5.4　运行中服务礼仪……181
任务5.5　终到前后服务礼仪……187
任务5.6　餐车服务礼仪……188
任务5.7　非正常情况服务礼仪……190

参考文献……197

项目一
礼之本——高速铁路客运服务礼仪认知

【问题引入】

你是一名刚入职的高速铁路运输专业毕业生,在第一次公司培训中,培训教师告诉你,作为高速铁路(简称高铁)客运服务人员要清楚礼仪、服务礼仪、高速铁路客运服务礼仪的相关知识,还要具备服务礼仪技巧和良好的服务素质,从而更好地为乘客服务。那么,什么是服务、礼仪、服务礼仪,以及高速铁路客运服务礼仪呢?为什么我们要强调高速铁路客运服务礼仪呢?

【学习导航】

学习导航图如图1-1所示。

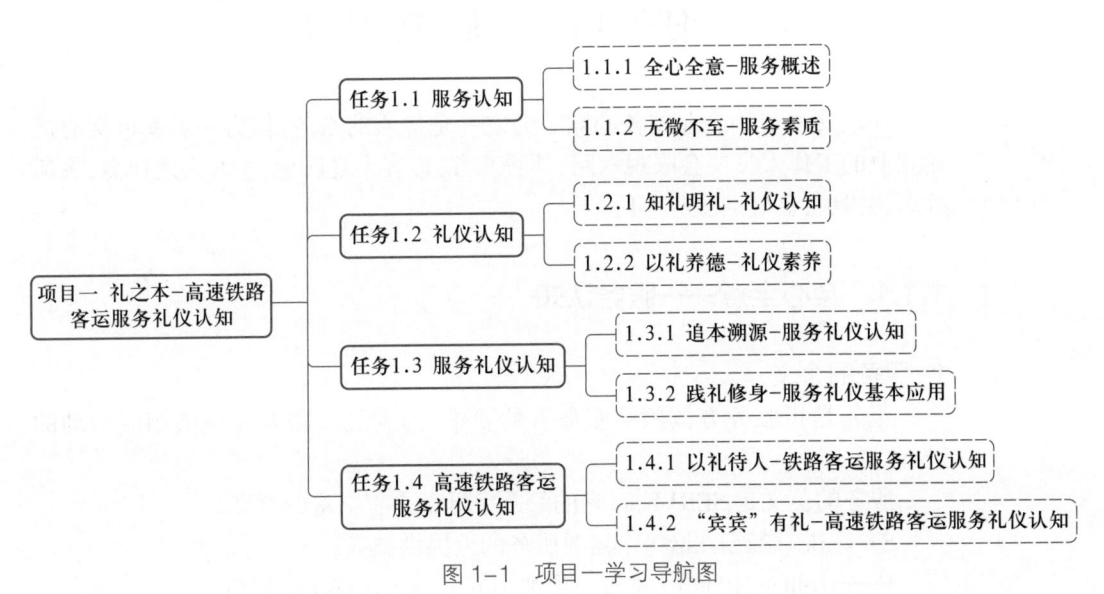

```
项目一 礼之本-高速铁路      任务1.1 服务认知 ─┬─ 1.1.1 全心全意-服务概述
客运服务礼仪认知                              └─ 1.1.2 无微不至-服务素质

                         任务1.2 礼仪认知 ─┬─ 1.2.1 知礼明礼-礼仪认知
                                          └─ 1.2.2 以礼养德-礼仪素养

                         任务1.3 服务礼仪认知 ─┬─ 1.3.1 追本溯源-服务礼仪认知
                                              └─ 1.3.2 践礼修身-服务礼仪基本应用

                         任务1.4 高速铁路客运 ─┬─ 1.4.1 以礼待人-铁路客运服务礼仪认知
                         服务礼仪认知         └─ 1.4.2 "宾宾"有礼-高速铁路客运服务礼仪认知
```

图1-1 项目一学习导航图

【学习目标】

1. 知识目标
   ① 了解服务含义、服务素质的内容；
   ② 了解礼仪含义、分类、功能及作用；
   ③ 掌握服务素质、礼仪素养的内容；
   ④ 掌握高速铁路客运服务人员应具备的素质和品质。

2. 能力目标
   ① 具备高速铁路客运服务人员在服务乘客过程中的倾听与沟通、引导与判断等能力；
   ② 具备高速铁路客运服务人员虚心听取乘客意见，耐心解答乘客问题等分析、解决问题能力。

3. 素养目标
   ① 具备高速铁路客运服务人员良好的服务素质；
   ② 具备高速铁路客运服务人员良好的礼仪素养。

【知识储备】

任务 1.1 服 务 认 知

铁道交通运输企业的核心竞争力之一是优质的服务，作为一名铁道交通运输企业的工作人员要会眼观六路、耳听八方，想客人之所想，急客人之所急，灵活处事，要具备良好的服务素质。

1.1.1 全心全意——服务认知

1. 服务的含义

服务是指服务方按照被服务方的要求，为满足其需要而提供相应活动的过程。

服务的英文是 SERVICE，它的每个字母都含有丰富的意义。

S—smile（微笑） 给每个需要服务的人提供微笑；

E—excellent（出色） 将每一项细小的服务工作都做得出色；

R—ready（准备好） 随时准备好为需要服务的人服务；

V—viewing（看待） 用心观察，把每位需要服务的人看作需要给予特殊照顾的贵宾；

I—inviting（邀请） 在每次服务结束时都要再次邀请需要服务的人再次光临；

C—creating（创造） 要精心创造出使需要服务的人能享受热情服务的氛围；

E—eye（眼光） 始终要用热情好客的眼光关注需要服务的人，预测他们的需求，并提供服务。

2. 服务的特征

服务作为一种特定的产品与一般产品相比，具有以下特征：

（1）无形性。服务的无形性是指服务与有形的实体产品相比，其特质及组成服务的元素是无形的。服务过程只可以感觉，没有可视化的产品，消费者不仅关注有形的物质产品，而且也很注重作为产品有机组成部分的服务质量，而服务质量在很大程度上是依靠服务人员的表现来实现的。无形性是服务的最基本特征。

（2）易逝性。服务的易逝性是指服务不像有形的产品那样可以储存起来，以备将来出售或消费。服务产品的无形性、生产与消费的不可分离性，使其只能在生产时被即时消费。

（3）差异性。服务的差异性是指服务的构成成分及质量水平存在的不同，很难控制。服务行业是以"人"为中心的产业，服务虽然有一定的标准，但会因人、因时、因地表现出差异性。比如，有经验的员工和没有经验的员工提供给乘客的服务就会有所不同，有服务热情的员工与缺乏服务热情的员工提供给乘客的服务也会不一样，同一位员工受到激励和缺乏激励时提供给乘客的服务效果也不会一样。

（4）评价的复杂性。实物产品由于具有实体性的特点，因此可以按照统一的工艺流程进行生产，按照统一的技术标准进行评价，而测评无形的、不能储存的服务产品则要复杂得多，服务企业也很难通过标准化管理来保证服务产品的质量。服务的本质是满足他人需求的行为，而不是满足自身需要的活动。

1.1.2 无微不至——服务素质

服务素质由服务意识、服务态度、服务形象、服务知识和服务技能构成，如图1-2所示。在实践中，每个要素都不可能单独存在。服务意识是服务素质的基础，有了服务别人的意识，才能有正确的服务态度；有了正确的服务态度，就有了改变服务形象、学习服务知识和掌握服务技能的自觉性及主动性。

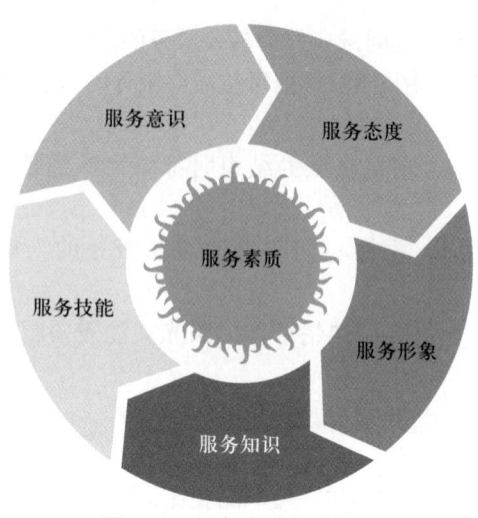

图 1-2 服务素质构成要素

1. 服务意识

（1）服务意识的含义。服务意识是指企业全体员工在与一切与企业利益相关的人或企业的交往中所体现的，为其提供热情、周到、主动服务的欲望和意识。即一种自觉、主动做好服务工作的观念和愿望。服务意识是发自服务人员内心的，是尊重别人的前提，是以别人为中心的意识。具有服务意识的人，能够把自己利益的实现建立在服务别人的基础之上，能够把利己和利他行为有机协调起来，常常表现出以别人为中心的倾向，常常会站在别人的立场上急别人之所急，想别人之所想，为了别人满意，不惜自我谦让、妥协甚至奉献、牺牲。

（2）服务意识的内容。

① 用心服务。在服务人员的视线范围之内，要观察乘客的一举一动，通过他们动作的信息获得乘客需要提供的服务，做到四勤：眼勤、口勤、手勤、脚勤；通过观察乘客的举动就能知道他的想法，揣摩好乘客的心理才能够更好地对乘客服务。要用心去学，用心做事，在服务中通过语言的组织学会交际学；通过观察乘客的举动揣摩乘客的心理学会心理学；在端茶送水、接拿物件的过程中学会礼节礼貌。

② 主动服务。看到乘客张望的时候，第一个反应应主动上前询问乘客的需要，而不是看到后不理不睬。遇客起立，见客问好，其实这是相互尊重的问题，见到乘客的时候要主动打招呼，主动上前为乘客服务。做到主动迎送乘客、主动引领、主动介绍旅行常识、主动扶老携幼、主动送茶、主动拿行李、主动叫电梯、主动征求乘客意见。

③ 变通服务。处理问题时，尽量让乘客配合工作，并注重语气语态，认真给乘客讲清楚相关规定，并且要明白规定不是法律，有的时候遇到难缠的乘客时要懂得变通。面对形形色色的乘客，要随机应变，处事一定要灵活。遇到困难和问

题,不要一味盯着问题的本身,寻找理由和借口推脱,应该找寻科学的方法变通处理。

④ 热情服务。不管乘客是否尊重你,首先作为服务人员一定要尊重乘客,始终记住一句话:我是服务人员,服务乘客是我的工作,就算我们心里再不情愿也要笑脸相迎天下客,如果都将乘客的事情当作自己的事情来做,那么我们就能够服务到位。回答乘客问题一定要做到百问不厌,工作要有热情,对待乘客要热情。

2. 服务态度

态度是指人们对一定对象所具有的较一贯、较固定的综合性心理反应倾向。态度是社会心理学中的一个基本概念,是一种心理现象,是一种综合性的心理过程,是在认知、情感、动机等其他心理过程的基础上综合形成的。每个人在对待其他人或处理事情时都有自己的态度,即喜欢还是不喜欢,赞成、中立还是反对,接受还是回避等,这些也是人对对象的一种心理反应。态度不仅反映一个人的价值取向,而且也表达其心理动机。例如,某高速铁路客运服务人员在工作时不理睬某位乘客,不仅表达了他对这位乘客不喜欢、不尊重的价值取向,也表达了他不想接待这位乘客的心理动机。因此,态度是高速铁路客运服务人员各种心理因素的综合表现,是能被别人发现和感知的心理表现,有什么样的态度便会衍生出什么样的行为,态度会对对象产生作用力并获得对象的响应。

3. 服务形象

拥有良好的服务形象对于高速铁路客运服务人员来说是极为重要的。服务形象的作用表现在以下几方面:

(1) 角色识别功能。试想一下,在人头攒动的站台,工作人员和乘客的穿着打扮一样,乘客若想找到身边的服务人员,是不是只能大声喊叫和四处打听。相反,如果工作人员都穿着制服,而且把不同职责的员工塑造成不同的形象,乘客一眼便能看出该找谁服务。

(2) 环境营造功能。服务人员的外在形象也是整个工作环境的一个组成部分,身着整齐统一的工装,统一打扮和气质,本身就是一道赏心悦目的风景,还会带给被服务对象愉快的感受。

(3) 职责提醒功能。服务人员身着统一的制服,有利于提醒自己作为一名工作人员应该切实履行自己的工作职责,肩负起为服务对象服务的工作使命。例如,身为一名高速铁路客运服务人员,当身着铁路人员制服的时候,就会自觉地履行自己的服务职责。

(4) 增强自信功能。为了增强自信,人们常常在一些重要场合穿上最适合自己的衣服。良好的外在形象之所以具有增强自信的功能,原因在于服务人员良好的外在形象能使别人对其产生好感,他人欣赏的眼光反馈给服务人员,能使其自信心得到增加。

4. 服务知识

服务知识非常重要,但现在大多数从事高速铁路客运服务的人员在这方面还存在一定的缺陷和问题,并且已经影响到其服务行为和服务效果;从长远来看,由于新技术的不断更新,铁路运输在人们的日常生活中将居于十分重要的地位,这就需要服务人员不断学习新知识,以便更好地满足服务对象的需要。服务知识是指服务人员为服务对象提供服务时所需要运用的相关知识,包括专业知识、技能常识、文化服务知识等。

5. 服务技能

服务技能是指在服务他人时需要用到的技能,是构成服务素质的重要组成部分。常用的服务技能包括以下两种:

(1) 业务技能。业务技能是指从事某项工作所需要的专业技能,如收银员所需要的计算机操作技能,营业员或导购员所需要的商品演示技能、操作使用技能和安装维修技能等。高速铁路客运服务人员所需要的售票机、闸机等的操作使用技能等。

(2) 服务对象沟通技能。服务对象沟通技能是指服务人员和服务对象能否进行有效沟通的技能。例如,服务人员能否把自己想表达的意思表述清楚,是否会用巧妙的刺激来激发服务对象的反馈,是否善于借助观察和倾听来准确了解服务对象的需求、表达对服务对象的尊重等。沟通能力是我们最应该学习和掌握的人生第一大能力。一个人沟通能力的高低,将在很大程度上影响他生活质量的高低和事业发展成就的大小。

任务 1.2 礼 仪 认 知

1.2.1 知礼明仪——礼仪认知

1. 礼仪的含义

礼仪源于各个民族,是在社会长期发展过程中形成的,是人们在社会交往活动中应遵守的行为规范与准则,是礼节、礼貌、礼俗、仪表、仪式等的总称。一般来说,现在常说的礼仪是指现代礼仪,是人们在社会交往中共同遵守的行为准则和规范。它既可以单指为表示敬意而隆重举行的某种仪式,又可以泛指人们在社会交往中的礼节、礼貌等。作为高速铁路客运服务人员,应当遵守礼仪规范,在职场及社会交往中展示自己的魅力。

礼仪是一个复合词,由"礼"和"仪"两部分组成。在古代,"礼"和"仪"是两个不同的概念。

(1) "礼"的含义。"礼",在古代有多重含义。"礼"在古文中写作"禮",许慎《说文解字》解释为:"禮,履也,所以事神致福也。从示,从豊,豊亦聲。""示"表示神,"豊"本意是"豆"上放的祭品。"豆"即"礼器"。所以"礼"最初的含义是祭祀敬神,以求神灵降福。既然是祭祀敬神,态度必须尊敬虔诚。因此,"礼"引申为表敬意。

(2)"仪"的含义。"仪"按《辞源》解释有两层含义。第一,"仪"是指容貌举止,如《诗经·大雅》中有"令仪令色,小心翼翼"。第二,"仪"是指法度、标准。《国语·周》中有"度之於轨仪",这里的"仪"是指量器中的标准;《淮南子·修务》中有"设仪立度,可以为法则",这里的"仪"是指治理国家的法度。

由此可见,我国古代的"礼仪"一词与现代"礼仪"的含义不尽相同,但都含有尊敬、规范之意。随着人类文明的发展,特别是受现代文明的影响,"礼仪"逐渐演变为表达对他人的尊重与敬爱之意,成为现代社会人际交往中应该遵守的行为规范和准则。

(3)礼仪的含义。礼仪是指按照一定的社会道德观念和风俗习惯,在一定社会关系中人们约定俗成、共同认可的行为规范。它最初表现为一些零散的规矩和习惯,随着社会的发展才逐渐上升为大家普遍认可的,可以用语言、文字、动作进行准确描述和规定的行为准则,并成为人们有章可循,可以自觉学习和遵守的行为规范。

从广义的角度讲,礼仪是人们在社会交往活动中形成的行为规范与准则,是礼节、礼貌、仪表、仪式等的总称,涉及社会、道德、习俗、宗教等方面,是个人或社会整体文明道德修养程度的一种外在表现形式。礼仪不是随意制定的,而是人们在人际交往中,以一定的约定俗成的程序、方式表现的律己、敬人的过程,涉及穿着、交往、沟通、情商等各个方面的内容。

从狭义的角度讲,礼仪指的是国家、政府机构或人民团体、企业机构在某一种正式活动和一定环境中采取的行为、语言等规范;是指在较大或较隆重的正式场合,为表示对接待对象的尊重所举行的合乎社交规范和道德规范的仪式;是社会交往中在礼遇规格、礼宾次序等方面应遵循的礼貌、礼节要求,一般通过集体的规范仪式和程序行为来表示。

2. 礼仪的分类

依据其适用对象、适用范围的不同,礼仪大致上可以被分为政务礼仪、商务礼仪、服务礼仪、社交礼仪、涉外礼仪等。

(1)政务礼仪,亦称国家公务员礼仪。是指国家公务员在行使国家权力和管理职能必须遵循的礼仪。

(2)商务礼仪。是指公司、企业的从业人员以及其他从事经济活动的人士,在经济往来中所应当遵守的礼仪。

(3)服务礼仪。是指各类服务行业的从业人员,在自己的工作岗位上所应当遵守的礼仪。

(4)社交礼仪,亦称交际礼仪。是指社会各界人士,在一般性的交际应酬之中所应当遵守的礼仪。

(5) 涉外礼仪,亦称国际礼仪,是指人们在国际交往以及同外国人打交道时所应当遵守的礼仪。

按照行业划分的政务礼仪、商务礼仪、服务礼仪等,是人们在工作岗位上应当遵守的礼仪,故可称之为行业礼仪或职业礼仪。

3. 礼仪的内容

随着历史的发展和社会的进步,以及人类文明程度的不断提高,礼仪所涵盖的内容也在不断地发展和变化。现代礼仪主要包括以下几方面。

(1) 礼节,是人们在交际过程中逐渐形成的约定俗成或惯用的各种行为规范的总和。当今世界是个多元化的世界,不同国家、不同民族、不同地区的人们在各自的生存环境中形成了各自不同的价值观、世界观和风俗习惯,其礼节从形式到内容都不尽相同。现代礼节主要包括介绍的礼节、握手的礼节、鞠躬的礼节、使用名片的礼节、接打电话的礼节等。

(2) 礼貌,是指人们在社会交往过程中良好的言谈和行为。礼貌是个体道德品质修养中最直接、最简单的体现,也是人类文明行为最基本的要求。在现代社会中,使用礼貌用语、语气和蔼、行为得体、尊重他人已成为人们日常的行为规范。礼貌主要包括口头语言的礼貌、书面语言的礼貌、态度的礼貌、行为举止的礼貌等。

(3) 礼俗,通常指民俗礼仪,它是泛指不同文化、不同地域的风俗习惯,是礼仪的一种特殊形式。礼俗是人们在一定的环境中,在长期的认知和行为习惯中形成的,具有典型的文化、地域特色。

(4) 仪表,是指人的外表,包括仪容、服饰、体态等。仪表属于美的外在因素,反映人的精神状态。仪表美是一个人心灵美与外在美的和谐统一,美好纯正的仪表来自高尚的道德品质,它和人的精神境界融为一体。端庄的仪表既是对他人的尊重,也是自尊、自重、自爱的表现。

(5) 仪式,是指行礼的具体过程或程序,它是礼仪的具体表现形式。仪式是一种正规、隆重的礼仪形式。人们在社会交往过程中或在组织开展各项专题活动的过程中,常常要举办各种仪式,以体现出对某人或某事的重视。常见的仪式主要包括欢迎仪式、升旗仪式、入场仪式、颁奖仪式、宣誓仪式等。

4. 礼仪的特性

现代礼仪主要有如下特性:

(1) 文明性。礼仪是人类文明的结晶,是现代文明重要的构成部分。文明的宗旨是尊重,既是对他人也是对自己的尊重,这种尊重总是同人们的生活方式有机地、自然地融合到一起,成为人们日常生活、工作中的行为规范。这种行为规范包含着个人的文明素养,如待人接物热情周到、有礼有节,在交往中彼此尊重、和谐相处等。总之,礼仪是一个人文明素养的综合表现。

PPT
礼仪特性

(2) 共通性。礼仪是一门专门研究人的交往行为规范的科学，是同一社会中全体成员调节相互关系的行为规范。每个国家或地区的礼仪，既有自身的特征，也有相通的共性，人们在一切交际场合的言谈话语、行为举止都应该符合礼仪。例如，待人接物要礼貌、热情、诚恳、友好等。

(3) 民族性。由于各民族在习俗、生活习惯、地理环境、交通条件及文化修养等方面各不相同，因此，在礼仪上的表现也具有一定的差异性。同一种礼仪所表达的方式和内容，在不同国家和地区可能就会有所不同，甚至截然相反。这就要求人们在社会活动中，相互学习，相互尊重，求同存异，入乡随俗。

(4) 特定性。礼仪主要适用于交际场合，也适用于普通情况下的一般人际交往与应酬。离开了这个特定的范围，礼仪则未必适用。礼仪不是放之四海而皆准的东西，当所处场合不同、所具有的身份不同时，所要应用的礼仪往往也会不同，有时甚至会差异很大。

(5) 传承性。礼仪是一个国家、一个民族传统文化的重要组成部分，其发展与应用从来就没有间断过，它是历史的产物，每个时代都能反映其发展面貌，既有精华也有糟粕。现代礼仪必须要从传统的礼仪精神遗产中批判地继承，在继承我国古代民族特色礼仪精华的同时，也要注意汲取外国礼仪的合理部分，特别是注意汲取目前通行的当代国际礼仪的长处。

(6) 发展性。礼仪不是永远不变的，它是随着时代的发展而与时俱进的，时代越进步，对礼仪的要求就越严格。目前，礼仪已经渗透到人类社会生活中的各个层面，反映着现代社会的政治、经济、文化、道德等各方面的面貌，如科技与道德、礼仪价值体现等。随着世界经济全球化、一体化的发展，各个国家、各个地区和各个民族之间的交往日益密切，他们之间的礼仪也会不断地相互影响、相互渗透，并被赋予新的内容。

(7) 规范性。礼仪是人们在交际场合中待人接物时必须遵守的行为规范，它约束着人们在不同交际场合的言谈举止和行为，是人们在一切交际场合必须采用的准则，也是衡量他人、评价自我的一种标准。

5. 礼仪的原则

(1) 尊敬的原则。孔子说："礼者，敬人也。"尊敬他人，既是人际交往获得成功的重要保证，也是礼仪的核心。敬人的原则，就是人们在社会交往中，应将对交往对象的恭敬与重视放在首位，切勿伤害对方的自尊心，更不能侮辱对方的人格，在人际交往中，只有人与人之间彼此尊重，才能保持和谐愉快的人际关系。只要不失敬人之意，哪怕具体做法一时失当，也不能算是失礼。

(2) 遵守的原则。礼仪规范是为维护社会生活稳定而形成并存在的，它实际上反映了人们的共同利益和要求，社会中的每个成员都应该自觉、自愿地遵守执行，用礼仪去规范自己在交往活动中的言行举止。

(3) 自律的原则。自律就是要克己、慎重，也就是要求人们自身建立良好的道德信念和行为准则，积极主动、自觉自愿、表里如一、自我对照、自我反省、自我要求、自我检点、自我约束、自我控制,不应妄自菲薄、自轻自贱;也不能人前人后不一样,生人熟人面前不相同。通过礼仪教育与训练,使人们在与他人的交往中自觉按礼仪规范去做,而无须别人的提示或监督。各种类型的人际交往,都应当自觉遵守现代社会早已达成共识的道德规范,如遵时守信、真诚友善、谦虚随和等。

(4) 真诚的原则。真诚就是要求人们在人际交往中运用礼仪时,必须诚心诚意、待人以诚、诚实无欺、言行一致。由于国情、民族、文化背景的不同,人们必须做到入乡随俗,与绝大多数人的习惯做法保持一致,切勿目中无人、自以为是。切勿在运用礼仪时逢场作戏、言行不一、口是心非、投机取巧、作假骗人。

(5) 平等的原则。平等是礼仪的核心,即尊重交往对象、以礼相待,对任何交往对象都必须一视同仁,给予同等程度的礼遇。在处理人际关系时,尤其在服务接待工作中,对服务对象不管是外宾还是内宾和侨胞,都要满腔热情、一视同仁地对待,决不能有任何看客施礼的意识,更不能以权势财富取人。

(6) 适度的原则。所谓适度,就是要求在运用礼仪时,为了保证取得成效,既要掌握普遍规律,又要针对具体情况,认真得体,掌握分寸,不能做得不到位,也不能做得过了头。例如,见面时握手时间过长,或见谁都主动伸手,不讲究主次、长幼、性别之分,告别时一次次地握手,或是不住地感谢,有可能让人觉得厌烦。

(7) 宽容的原则。宽容就是要求人们在交际活动中运用礼仪时,既要严于律己,更要宽以待人。人们要多容忍他人,多体谅他人,多理解他人,而千万不要求全责备、斤斤计较、过分苛求、咄咄逼人。在人际交往中,要允许其他人有个人行为和独立进行自我判断的自由。对不同于己、不同于众的行为要耐心容忍,不必要求其他人处处效法自身,与自己完全保持一致,这实际上也是尊重对方的一个主要表现。

(8) 遵俗的原则。由于国情、民族、文化背景的不同,在人际交往中,实际上存在着"十里不同风,百里不同俗"的情况。对这一客观现实要有正确的认识,不要自高自大、唯我独尊,不要简单否定与己不同的做法。

在社会交往中,只有遵守这些原则,人们对礼仪的应用才会更加得心应手,避免出差错,更加有助于人际交往。

6. 礼仪的功能

在公共关系中,礼仪是社会公德、职业道德等的行为规范,协调着公共关系中的诸多关系。在人际关系中,礼仪是人际关系的调节器。礼仪的功能具体来讲主要有以下三个方面。

(1) 约束功能。礼仪作为一种约定俗成的行为规范,一旦形成,对人们的行为就形成了强大的约束作用,人们都将自觉或不自觉地受其制约。如果谁触犯了这个规范,就被视为没有礼貌。例如,在严肃的工作会议上、高雅的音乐殿堂里骤然响起的手机铃声,被视为不礼貌的行为。凡是注意个人形象的人,无不在类似问题上进行自我约束。

（2）协调功能。在人际交往中，为了维护自身利益，人们在行为方式上往往不同程度地带有利己排他的倾向。这就必然会使交往双方发生不同程度的矛盾和冲突。这时礼仪的原则和规范，就会纠正人们的倾向，指导人们立身处事的行为方式，从而很好地协调人与人之间的关系、人与社会的关系，使人们在相互理解、相互尊重的前提下和睦相处，使社会生活井然有序。

（3）教化功能。礼仪作为一种道德行为规范，对全社会的每一个成员都起着潜移默化的教育作用。许多国家把礼仪教育列入国民素质教育体系中，使礼仪教育成为每个公民都必须接受的教育内容之一。为规范国民行为，使之养成良好的礼仪习惯，某些国家政府还会适当运用法律手段来强化国民的礼仪意识。

7. 礼仪的作用

礼仪，作为在人类历史发展中逐渐形成并积淀下来的一种文化，始终以某种精神的约束力支配着每个人的行为，是适应时代发展、促进个人进步和成功的重要途径。礼仪具体的作用有以下几点。

（1）礼仪有助于提高自身修养。在人际交往中，礼仪往往是衡量一个人文明程度的准绳。它不仅反映着一个人的交际技巧与应变能力，而且还反映着一个人的气质风度、阅历见识、道德情操、精神风貌等。通过一个人对礼仪运用的程度，可以感知其教养的高低、文明的程度和道德的水准。由此可见，学习礼仪、运用礼仪，有助于提高个人的修养，真正提高个人的文明程度。

（2）礼仪有助于美化自身，美化生活。个人形象是一个人仪容、表情、举止、服饰、谈吐、教养的集合，而礼仪在上述诸方面都有自己详尽的规范。因此，学习礼仪、运用礼仪，无疑将有益于人们更好地、更规范地设计个人形象、维护个人形象，更好地、更充分地展示个人的良好教养与优雅的风度。当个人重视了美化自身，人人以礼相待时，人际关系将会更加和睦，生活将变得更加温馨，这也是礼仪所发挥的作用之一。

（3）礼仪有助于促进社会交往，改善人际关系。古人说："世事洞明皆学问，人情练达即文章。"这句话讲的其实就是交际的重要性。一个人只要同其他人打交道，就不能不讲礼仪。运用礼仪，除了可以使个人在交际活动中充满自信、胸有成竹、处变不惊外，还能够帮助人们规范彼此的交际活动，更好地向交往对象表达自己的尊重、敬佩、友好与善意，增进彼此之间的了解与信任。

（4）礼仪有助于净化社会风气，推进社会主义精神文明建设。古人曾经指出："礼义廉耻，国之四维。"将礼仪列为立国的精神要素之本。一个人、一个单位、一个国家的礼仪水准如何，往往反映着这个人、这个单位、这个国家的文明水平和整体素质。而在日常交往之中，荀子也曾说过："人无礼则不立，事无礼则不成，国无礼则不宁。"人们的教养反映其素质，而素质又体现于细节，反映个人教养的礼仪，是人类文明的标志之一。

1.2.2 以礼养德——礼仪素养

1. 礼仪素养

素养,是指一个人在品德、知识、才能和体格诸方面先天性的条件和后天性的学习与锻炼的综合结果。是一个人在从事某项工作时应具备的素质与修养。礼仪素养不仅包括在现代礼仪实践中形成的礼仪品质,即礼仪素质,也包括依照现代礼仪的基本原则和规范而进行的自我反省、自我检讨和自我剖析,即礼仪修养。

2. 礼仪素质

礼仪素质,是指个人在礼仪原则和规范要求方面所具有的相对稳定的基本品质。礼仪素质是由礼仪行为、礼仪意识和礼仪精神习惯构成的统一体。即礼仪素质包含表层结构——礼仪行为、中层结构——礼仪意识、深层结构——礼仪精神三部分。礼仪行为就是人们按照一定的礼仪原则和规范,从本人意志出发自主选择的行为。礼仪行为是礼仪素质形成过程中最基本、最重要的因素,没有礼仪行为的积累和持之以恒,礼仪素质便无从形成。礼仪意识是人们在长期的社会实践过程中形成的礼仪认知、礼仪情感、礼仪意志、礼仪信念和礼仪理论体系的总称,其中最主要的是礼仪认知、礼仪情感和礼仪意志。礼仪意识在礼仪素质结构中具有承上启下的作用,它既直接支配和指挥着礼仪行为,又是礼仪精神的具体化。礼仪精神是处于礼仪素质最深层次的内容,是礼仪素质的灵魂和精神内核。"礼德"就是礼仪精神。礼仪素质在根本上是一种礼仪精神,在礼仪精神的指引下,形成一定的思想观念,即礼仪意识,在礼仪意识的支配下,礼仪素质表现为具体的礼仪行为,并经长期沉淀最终形成礼仪习惯。

3. 礼仪修养

礼仪修养,是指为了达到某种社交角色规定的礼仪规范要求,进行自我改造、自我锻炼以及由此所达到的一定境界。

礼仪修养主要包括道德修养、个性修养、文化修养、美学修养等方面。道德是社会调整人与人之间、人与社会之间相互关系的行为规范。礼仪是道德品质的外在表现形式。个性修养包括性格、气质、情绪、意志、能力、兴趣等方面内容的修养。文化修养是指一个人通过自身的学习对人类精神活动的创造物数量掌握后所达到的心理水准和由此产生的心态,良好的文化修养是现代社会对人才的基本要求。美学修养是指人们在积累艺术知识、培养审美能力、创造艺术形象方面所达到的水平,提高美学修养的关键在于发现美、感受美、欣赏美,按照规律来创造美。

任务 1.3　服务礼仪认知

1.3.1　追本溯源——服务礼仪认知

1. 服务礼仪的概念

　　高速铁路客运服务礼仪是高速铁路运营企业员工在工作岗位上通过其形象和言谈举止等对乘客表示尊重和友好的行为。高速铁路运输企业作为窗口行业，每一名员工的服务形象不仅是个人行为，也体现了整个企业的形象和员工的整体职业素养。服务形象是服务的一种外在表现形式，怎样衡量服务形象的好坏，其中一个标准就体现在服务礼仪。

2. 服务礼仪的特征

　　（1）规范性。服务礼仪是服务人员在自己的工作岗位上应当严格遵守的行为规范。

　　（2）易操作性。服务礼仪应该简便易行、容易操作。

　　（3）灵活性。服务礼仪的规范是具体的，但不是死板的教条，它是灵活的、可变的。服务人员应该在不同的场合下，根据交往对象的不同特点灵活处理。

3. 服务礼仪的作用

　　（1）注重服务礼仪可以提升服务人员自身的素质。礼仪指导着人们不断地充实和完善自我，并潜移默化地熏陶着人们的心灵。比尔·盖茨曾说："企业竞争，是员工素质的竞争。"加强服务礼仪培养，有助于提高服务人员的个人素质和自身的职业竞争力。

　　（2）注重服务礼仪可以调解服务工作过程中的人际关系。在服务交往中，尊重是相互的。一般来说，人们受到尊重、礼遇、赞同和帮助就会产生吸引心理和增进友谊；反之，会产生抵触、反感甚至敌视的心理。服务礼仪有助于满足乘客的心理需求，使服务人员与乘客之间能够更好地进行服务交流与沟通，有助于妥善处理服务纠纷问题。

　　（3）注重服务礼仪能塑造服务型企业良好的服务形象。"印象管理"理论认为个人印象就是公司形象。职业形象通过外表、沟通、礼仪留给客户印象，这个印象反映了公司的信誉、产品及服务的质量。

　　（4）注重服务礼仪能提高服务型企业产品竞争的附加值。现代市场竞争是一种形象竞争。对于服务性行业，高素质的员工提供的高质量的服务有助于企业创造更多的经济效益和社会效益，同时有利于提升企业的竞争能力和品牌效应，每位员工的礼仪起着十分重要的作用。

1.3.2 践礼修身——服务礼仪基本应用

掌握服务礼仪的基本理论,一方面能够有效提高企业的形象和社会认可度,另一方面能够促进企业员工养成良好的行为习惯。

1. 工作自律

在工作岗位上,赢得服务对象的尊重是取得成功的重要环节。要做到这一点,就必须严于律己,维护好个人形象。因为个人在工作岗位上的仪表和言行,不仅关系到自己的形象,而且还会被视为企业形象的具体化身。维护好个人的形象,不仅要注意自己的仪表、举止和着装,还要不以貌取人。

2. 强化现代服务理念,提升服务品位

理念支配人的行为,服务理念决定着企业的服务面貌。市场经济的发展,带来企业服务竞争的升级,迫切要求企业迅速更新理念,在现代服务理念的支配下,把服务问题提高到战略高度来认识,在服务上不断追求高目标,提升服务品位,创造服务特色。

任务 1.4　高速铁路客运服务礼仪认知

1.4.1 以礼待人——铁路客运服务礼仪认知

近年来,随着我国国民经济的发展,国际交往的日渐频繁和全球化趋势的加快,礼仪规范在社会交往、工作生活中越来越受到人们的重视。以人性化服务为特色,以礼仪化服务为标准的铁路服务礼仪,已经成为铁路运营企业的核心竞争力之一。学礼、知礼、用礼已经成为铁路客运服务人员提供优质服务的必要保证。

1. 铁路客运服务礼仪的定义

铁路客运服务礼仪,是指铁路车站、列车服务工作中向乘客表示敬意的方式,是在服务工作中形成的,得到统一认可的礼貌、礼节和仪式,是客运服务人员必须遵循的服务规范,也是一种与乘客交往过程中所应具有的相互尊重、亲善和友好的行为艺术,是"以客为尊、以人为本"服务理念的具体体现,也是铁路优质服务的重要组成部分。良好的铁路客运服务礼仪不仅能体现铁路企业的管理水平和服务水平,还可以展现广大铁路职工爱岗敬业的良好精神风貌。

2. 铁路客运服务礼仪的重要性

(1) 铁路客运服务礼仪是提高铁路行业服务水平和服务质量的重要手段。

服务质量是企业管理水平的综合反映,服务质量的优劣是判断企业管理水平的重要标志。乘客是铁路客运生存和发展的基础和条件,只有提供优质的服务,才能获得乘客的好评,才能吸引更多的客源。近年来,铁路部门以员工服务礼仪培训为抓手,提高员工素质和岗位技能,运输服务质量和水平有了很大的进步和提升,对全面提高铁路行业服务水平和服务质量起到了促进作用。

(2) 铁路客运服务礼仪是铁路市场竞争的重要筹码,铁路增强企业竞争力的重要环节。铁路作为国家重要的基础设施,是国民经济的大动脉和大众化交通工具,在综合交通运输体系中处于骨干地位。随着航空、公路运输的迅速发展,铁路运输也逐渐面临着市场竞争。如何增强企业的核心竞争力,如何赢得客源市场是现代铁路发展必须解决的问题。只有不断提高服务质量,才能站稳脚跟。服务礼仪,作为现代企业管理的一个重要组成部分,显得尤为重要。

(3) 铁路客运服务礼仪是铁路塑造企业形象的有力工具。在综合交通运输体系中,航空在服务礼仪方面一直起着表率作用。中国国际航空公司依据"用心服务"的理念开展了"四心服务"工程。这"四心"就是要让乘客放心、顺心、舒心和动心。作为铁路运输行业,特别是高铁车站及动车组的服务,可以以航空服务为榜样,以"用心服务"为理念,以细节服务为内涵,全面提升服务质量和服务水平,提升铁路的企业形象。

1.4.2 "宾宾"有礼——高速铁路客运服务礼仪认知

1. 高速铁路客运服务礼仪的定义

高速铁路客运服务礼仪是服务人员在高速铁路车站、动车组列车上,通过言谈、举止行为等,对乘客表示尊重和友好的行为规范。是从事高速铁路运营的人员在完成本职工作时应当具备和严格遵守的行为规范,是礼仪在高速铁路运营企业中的具体运用,也是体现服务的具体过程和手段,使无形的服务有形化、规范化、系统化。

高速铁路客运服务礼仪包含的内容有:高速铁路客运服务人员职业形象礼仪、高速铁路客运服务人员日常礼仪、高速铁路客运服务人员职场礼仪三个方面。

高速铁路客运服务人员职业形象礼仪是指高速铁路客运服务人员的职业形象塑造要求及方法,包括高速铁路客运服务人员仪容、仪表、仪态、语言四个方面。

服务仪容指客运服务人员的相貌和面容,特别要注意头部、肢体等露在外面的地方,如发型、面部和肢体修饰、美容化妆等的规范要求。

服务仪表指客运服务人员的外表,包括穿着、举止等,主要有制服、套裙工装、帽子、领花、工牌、鞋袜等的规范要求。

服务仪态指客运服务人员的身体姿态,包括站姿、坐姿、行姿、表情以及身体展示的各种动作等的规范要求。

服务语言指客运服务人员与乘客沟通过程中所使用的规范语言、语调等,如：问候、感谢、祝福等的规范要求。

　　高速铁路客运服务人员日常礼仪是指高速铁路客运服务人员与同事、领导间的沟通交往礼仪。包括称呼、介绍、握手、鞠躬及传递名片等会面礼仪,出入房间、上下楼梯、出入电梯及乘车等出行礼仪,邀约、拜访、会务礼仪,宴请礼仪,与同事、领导的电话、邮件、网络、文书礼仪等内容。

　　高速铁路客运服务人员职场礼仪是指高速铁路车站及列车客运服务人员与乘客间的服务礼仪。包括高速铁路车站售票厅、候车室、站台、进出站口等的服务礼仪,以及列车车容、车厢服务、餐车服务礼仪等内容。售票厅服务礼仪包含售票大厅服务及电话售票沟通的礼仪规范,候车室服务礼仪包含安全检查、问询引导、验票检票服务、候车大厅、客运值班室及贵宾室服务礼仪等。动车组列车车容礼仪包括列车车容整理、备品管理、卫生标准及安全质量管理等礼仪规范,车厢服务礼仪包括开车前、开车后、运行中、终到前后的服务礼仪等。

2. 高速铁路客运服务人员的基本素养

　　一般说来,高速铁路客运服务人员应具有以下品质与素质:

　　(1) 职业道德。是指同人们的职业活动紧密联系的,符合职业特点所要求的道德准则、道德情操与道德品质的总和,它既是对客运服务人员在本职工作中的行为要求,同时又是该职业对社会所具有的道德责任与义务。高速铁路站车服务工作是与人打交道的工作,客运服务人员的一言一行代表的不仅是个人素质和形象,还直接影响铁路企业,乃至国家形象,所以站车客运服务人员必须有爱国、爱企业的道德素质,有强烈的事业心和责任感,有良好的职业道德等。这是做好服务工作的前提,也是选拔不同等级站车客运服务人员最基本的标准。

　　(2) 业务素质。高速铁路站车客运服务人员的业务素质直接影响服务质量,它包括丰富的基础文化知识和业务文化知识、良好的礼仪修养和全面的服务技能。站车客运服务人员所具备的业务素质,来自先天的潜质和不断地学习,但更为重要的是良好企业文化的熏陶和培训、考核、激励机制等的培养。因此,高铁客运服务人员应努力钻研业务,丰富社会知识,研究乘客心理,了解乘客需求,不断提高服务技能,提高处理突发事件的能力,以适应铁路事业的发展,满足客运服务工作的需要。所以,根据不同类型乘客的需求,铁路企业应有针对性地对客运服务人员的素质要求制定相应的选聘、培训、考核制度等。

　　(3) 心理素质。高速铁路站车客运服务人员应当具备以下心理素质。

　　情绪的自我调控能力。高速铁路客运服务人员在工作中会遇到各种类型的乘客和突发情况,这就要求客运服务人员要有较强的情绪控制能力和调节能力,即不能受外界因素干扰的心理素质。面对乘客,要一直保持良好的心情,绝不能把丝毫的不悦情绪带到工作中去。

　　处变不惊的应变能力。在客运服务过程中,要始终保持头脑清醒,处事沉着冷静,有条不紊。当遇到突发事件时,要严格按照工作规范进行处理。

　　抗挫折打击的承受能力。高速铁路客运服务人员每天要接触很多不同的乘客,当遇到素质较差的乘客时,高速铁路客运服务人员要有承受挫折及打击的能力,这样才能做好服务工作。站车客运服务人员的心理素质会影响其业务水平和服务技巧的发挥,需要经过一定的培训和磨炼才能提高。

(4) 服务规范。高速铁路站车客运服务人员的服务规范,主要是指对客运服务人员在工作中表现出来的站立、行走、坐姿、蹲姿、指引、微笑、语言等方面的要求。高速铁路客运服务人员的规范服务可以体现出其性格和心灵,能够反映出其文明程度和心理状态。它是乘客评价客运服务人员态度以及铁路面貌的重要标志之一。高速铁路客运服务人员行为大方文雅、端庄热情,会获得乘客的正面评价,提高乘客的满意度,使乘客愿意乘坐高速铁路列车,铁路运输就有了大量的回头客。高速铁路站车客运服务人员的站姿要给乘客留下挺拔、舒缓、健美的印象;行姿要"轻、稳、灵",不要给乘客留下忙乱、慌张的感觉;坐姿要稳,并注意手脚的空间位置,要表示对乘客的尊重。同时,高速铁路站车客运服务人员对待重点乘客的服务,应做到细心周全;对待非常规服务,要真诚贴心;对待乘客服务建议,要快速响应。

【任务实施】

你是某高速铁路车站的客运服务人员,领导在岗前培训中要求你们按照高速铁路客运服务人员的礼仪标准服务乘客,并对高速铁路客运服务礼仪的基本问题进行测试。其中,岗前培训教师让你谈谈对高速铁路客运服务礼仪的认知。

全班可以围绕高速铁路客运服务礼仪的应用展开头脑风暴,按照服务、礼仪、服务礼仪、高速铁路客运服务礼仪等知识要求,进行回答及汇报。可以两人一组,相互提问关于高速铁路客运服务礼仪的知识点,完成复习巩固。

内容	评价标准	分值	最后得分	备注
任务 1.1　服务认知	掌握服务的含义及特征,服务素质的概念、内容等	20 分		
任务 1.2　礼仪认知	掌握礼仪的含义、特征、原则、功能和作用、礼仪素养等	20 分		
任务 1.3　服务礼仪认知	掌握服务礼仪概念、作用等	30 分		
任务 1.4　高速铁路客运服务礼仪认知	掌握高速铁路客运服务礼仪的含义、内容等	30 分		
合计		100 分		

备注:评价满分为 100 分,60~74 分为及格,75~84 为良好,85 分以上为优秀。

【巩固练习】

扫描二维码完成"礼之本——高速铁路客运服务礼仪认知测一测"。

项目二
仪之美——高速铁路客运服务人员职业形象礼仪

【问题引入】

作为一名高速铁路客运服务人员,应该通过恰当的化妆修容、发式造型完成自己的仪容修饰,给乘客留下良好的第一印象。客运服务人员要特别注意心理学上的首轮效应,也被称为首因效应。那么,高速铁路客运服务人员在上岗前,仪容、仪表、仪态有哪些原则和要求呢?

1. 在上岗前需要做好仪容修饰,女士如何按照高速铁路客运服务人员标准做好底妆、眉毛、眼妆、腮红、唇妆、修容等仪容修饰,男士又如何做好面容修饰呢?

2. 在上岗前如何按照高速铁路客运服务人员标准做好发型、头型修饰?

3. 高速铁路客运服务人员在上岗时的着装有哪些注意事项?配饰哪些能戴上岗,哪些不能戴上岗呢?

4. 你是高速铁路客运服务人员,在与乘客对话中如何做好微笑服务?

5. 你是高速铁路客运服务人员,在立岗作业、引导乘客、服务乘客中如何按照标准站姿、坐姿、行姿、蹲姿、手势等要求进行服务?

【学习导航】

学习导航图如图2-1所示。

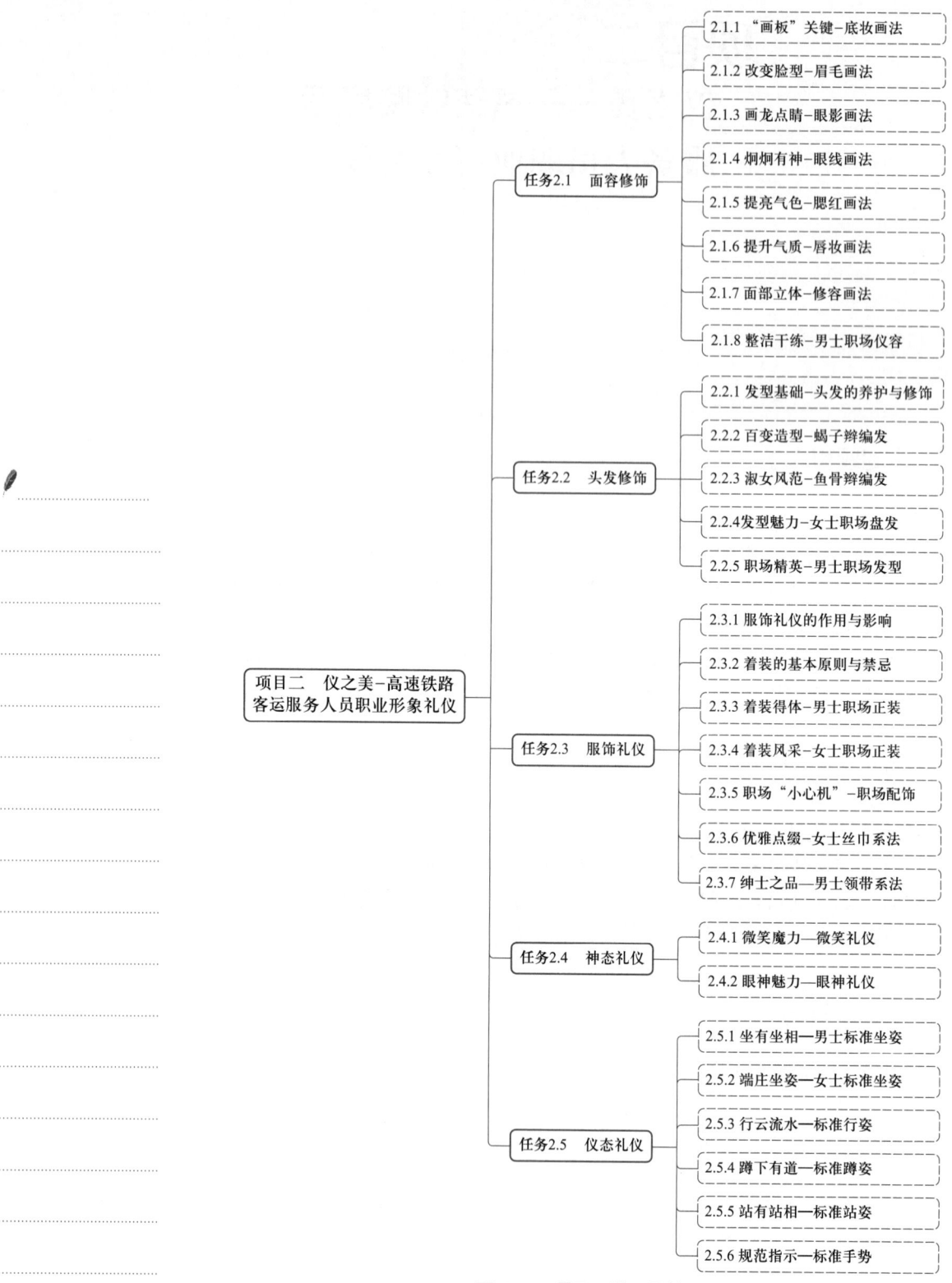

项目二 仪之美-高速铁路客运服务人员职业形象礼仪
├─ 任务2.1 面容修饰
│   ├─ 2.1.1 "画板"关键-底妆画法
│   ├─ 2.1.2 改变脸型-眉毛画法
│   ├─ 2.1.3 画龙点睛-眼影画法
│   ├─ 2.1.4 炯炯有神-眼线画法
│   ├─ 2.1.5 提亮气色-腮红画法
│   ├─ 2.1.6 提升气质-唇妆画法
│   ├─ 2.1.7 面部立体-修容画法
│   └─ 2.1.8 整洁干练-男士职场仪容
├─ 任务2.2 头发修饰
│   ├─ 2.2.1 发型基础-头发的养护与修饰
│   ├─ 2.2.2 百变造型-蝎子辫编发
│   ├─ 2.2.3 淑女风范-鱼骨辫编发
│   ├─ 2.2.4 发型魅力-女士职场盘发
│   └─ 2.2.5 职场精英-男士职场发型
├─ 任务2.3 服饰礼仪
│   ├─ 2.3.1 服饰礼仪的作用与影响
│   ├─ 2.3.2 着装的基本原则与禁忌
│   ├─ 2.3.3 着装得体-男士职场正装
│   ├─ 2.3.4 着装风采-女士职场正装
│   ├─ 2.3.5 职场"小心机"-职场配饰
│   ├─ 2.3.6 优雅点缀-女士丝巾系法
│   └─ 2.3.7 绅士之品—男士领带系法
├─ 任务2.4 神态礼仪
│   ├─ 2.4.1 微笑魔力—微笑礼仪
│   └─ 2.4.2 眼神魅力—眼神礼仪
└─ 任务2.5 仪态礼仪
    ├─ 2.5.1 坐有坐相—男士标准坐姿
    ├─ 2.5.2 端庄坐姿—女士标准坐姿
    ├─ 2.5.3 行云流水—标准行姿
    ├─ 2.5.4 蹲下有道—标准蹲姿
    ├─ 2.5.5 站有站相—标准站姿
    └─ 2.5.6 规范指示—标准手势

图 2-1 项目二学习导航图

【学习目标】

1. 知识目标
   ① 掌握高铁客运服务人员的女士职场淡妆化法；
   ② 掌握高铁客运服务人员的男士职场妆容塑造；
   ③ 掌握高铁客运服务人员的女士职场编盘发技巧；
   ④ 掌握高铁客运服务人员的男士职场发型打造；
   ⑤ 掌握高铁客运服务人员的职场正装穿法；
   ⑥ 掌握高铁客运服务人员的职场配饰搭配；
   ⑦ 掌握正确运用微笑、眼神等神态进行乘客服务的方法；
   ⑧ 掌握高铁客运服务人员的站、坐、行、蹲、服务手势的正确运用。

2. 能力目标
   ① 具备高铁客运服务人员的形象塑造能力；
   ② 具备高铁客运服务人员的仪容仪表自检能力；
   ③ 具备高铁客运服务人员的标准仪态应用能力；
   ④ 具备高铁客运服务人员保持良好服务状态的能力。

3. 素养目标
   ① 具有高铁客运服务人员良好的服务形象；
   ② 具有高铁客运服务人员良好的礼仪素养；
   ③ 具有高铁客运服务人员良好的服务状态。

【知识储备】

仪容美的基本要素是貌美、发美、肌肤美，主要要求整洁干净。美好的仪容能让人感觉到其五官构成彼此和谐并富于表情，发质发型使其英俊潇洒、容光焕发，肌肤健美使其充满生命的活力，给人以健康自然、鲜明和谐、富有个性的深刻印象。每个人的仪容是天生的，天生丽质、风仪秀整的人毕竟是少数，但我们可以靠化妆修饰、发式造型等手段，弥补和掩盖容貌方面的不足，并在视觉上把自身较美的方面展露、衬托和强调出来，使形象得以美化。

任务 2.1　面 容 修 饰

高速铁路客运服务人员应该在工作中保持洁净、卫生、自然且修饰得当的仪容。修饰时应发挥自己面容以及身体的优势,扬长避短,形象端正。女士职场妆容具体要求如图 2-2 所示。

脸:洁净无油光,无明显伤疤,工作淡妆,自然和谐,干净整洁。

眉:洁净整齐,适度修眉,眉形自然完整,眉色与发色接近。

鼻:内外干净无分泌物,鼻毛不外露。

嘴:唇色自然健康,嘴角无分泌物。口气清新,牙齿干净整洁,无食物残渣。工作中不嚼口香糖或槟榔。

眼:内外干净,无分泌物,无睡意,不充血,不斜视。近视人员佩戴全透明镜片眼镜,洁净明亮,无缺边缺角。不戴假睫毛或有色隐形眼镜。

耳:内外洁净,无分泌物。可戴一对耳钉,耳钉直径不超过 1 cm,双耳均要露出。

绒毛:若体毛较重,建议脱毛。

脖:保持干净,饰品不外露于制服。肤色勿与脸泾渭分明。

图 2-2　女士职场妆容具体要求

　　化妆是现代女士生活中的一门必备技能。适度而得体的妆容,可以展现女士端庄、美丽、温柔、精致的气质。女士客运服务人员适度使用化妆用品进行仪容修饰,有助于表现服务人员的自尊自爱、爱岗敬业的精神,以及训练有素的职业素养。化工作妆时要尽量避开众人,注意"淡雅、简洁、适度、庄重"。

　　化妆前要做好皮肤的护理,保证皮肤健康、湿润。具体化妆步骤如下。

2.1.1　"画板"关键——底妆画法

　　好底妆是精致妆容的第一步,做好日常的面部肌肤护理是成就好底妆的关键。面部肌肤是最微妙、最敏感的,因此它需要得到照顾。通常,人们首先注意的是我们的脸,脸越健康,越有可能得到注意和重视。每天的脏空气、彩妆以及皮肤本身的分泌物,都会在皮肤表面形成覆盖层,以致阻塞毛孔通畅,造成皮肤的不健康。因此,面部护理是极其重要的事情,需要采取健康的生活方式和规律的日常护理。

1. 基础保养

　　了解自己的肤质特点,选择适合自己肤质的护肤品,并通过正确的保养方法来完成日常护理。

　　(1) 清洁。清洁是基础保养的第一步,去除皮肤上的污垢。清洁做得不够彻底,往往会造成毛囊阻塞,使皮肤看起来粗糙、没有光泽,更可能产生粉刺、面疱或衍生其他皮肤的问题。如此一来,即使再好的保养品也无法发挥应有的功能,甚至可能使皮肤变得更糟。因此,选择好的清洁用品,并使用正确的洁面方法是非常重要的,如此才能保有健康美丽的肌肤。

(2) 平衡柔肤。平衡柔肤是保养的第二步,它有三项功能:

① 再次清洁。在清洁步骤中,有可能清洗的不够彻底,使清洁性产品残留在皮肤上,这时可以使用平衡柔肤性产品,达到再次清洁的效果。

② 收敛肌肤。在洗脸的过程中,毛孔受刺激而微张,借此步骤,可有效收敛毛孔。

③ 平衡天然酸碱质。皮肤所分泌的皮脂膜,保护肌肤不受细菌、微生物的侵扰,但洗脸时可能会破坏皮脂膜的酸碱度,使肌肤抵抗外物的能力减弱,因此需以爽肤水来恢复皮肤的天然酸碱质。

(3) 滋润。基础保养的第三步是滋润,适量使用润肤乳,它提供肌肤所需的营养成分与水分,让肌肤拥有健康的肤质与弹性,呈现亮丽动人的神采。

(4) 防护。基础保养的第四步是防护,防晒和隔离是防止皮肤老化非常重要的一个环节,它能在皮肤表面形成一层保护膜,避免皮肤受到伤害。

2. 底妆画法

底妆是整个妆容的基础,它决定了妆容的整体质量。决定底妆好坏的因素很多,如我们需要根据肤质选择合适的化妆品,根据肤色选择合适的粉底及面部遮瑕。所以,完美底妆要从调整素颜肌肤开始,如果肌肤滋润度不够,再贵的粉底上妆效果也会大打折扣。使用粉底产品之前,要涂抹充足的化妆水、乳液和面霜,不仅给肌肤适度的滋润成分,还会起到修整肌肤的作用。

当肤质达到了最佳状态,底妆便能更加服帖,避免出现假面、浮粉、脱妆等问题。

将粉底用手或半湿润的海绵均匀地从上至下、由内而外地拍擦涂抹在面部。用无名指或海绵轻轻按压鼻翼、眼周、上下眼睑和嘴唇等部位,让粉底更贴合肌肤。一般是在全脸上完底妆后,看脸部有瑕疵的地方再用遮瑕膏进行局部遮盖。遮瑕完成后,用化妆刷在面部轻轻扫一层定妆粉,底妆就基本完成了。

遮瑕产品有不同色系,大致分为黄色系、粉色系和绿色系,有的遮瑕盘也会出现紫色、橘色等。所以要分清不同颜色的遮瑕膏适合怎样的皮肤类型。

绿色遮瑕膏适用于遮盖痘印、暗疮、泛红肌肤;橘色、粉色遮瑕膏适用于遮盖黑眼圈;紫色遮瑕膏适用于遮盖暗沉、蜡黄肌肤;紫色遮瑕膏用来提亮和调整肤色;黄色遮瑕膏可遮盖粗大毛孔和面部小瑕疵。在色谱当中,红和绿是典型的互补颜色,所以如果脸上有泛红的肌肤,就要用绿色的产品来消除红色,让肤色变成中性色调;同理,如果脸上有黄色暗沉,黄色对应的是紫色,那就需要用紫色产品来对付暗黄。

好底妆是精致妆容的基础,平时要注重肌肤保养,这样就能减少很多因肌肤问题导致的上妆困难。

2.1.2 改变脸型——眉毛画法

眉毛是影响容貌重要的一环,它不仅框出了脸型,也可以成就或者毁掉你的整个造型,对一个人的气质有很大影响。每个人眉毛的稀疏、形状和颜色都不相同,要打造一款适合自己的眉形。

首先,要了解眉毛的结构。眉毛是由眉头、眉中、眉峰、眉弓和眉尾构成的。画眉时把握这几点的位置,画出的眉形基本就没有问题。

眉头与眼角、鼻翼在三点一线上,眉峰和黑眼球外侧在一条垂直线上,眉尾和外眼角、鼻翼在三点一线上。只有遵循以上三个原则,脸部妆容才有协调的美感。

常见的眉形有粗平眉、剑眉、拱形眉和柳叶眉等。眉形的选择除考虑自身的眉骨特点外,更应该根据自己的脸型特点,画出适合自己的眉形。

在画眉过程中,一定要把握手法轻重。眉毛的颜色从眉头到眉峰是由浅至深的,眉头最浅,慢慢加重至眉尾,有时需要加强眉峰的突出效果,则眉峰的色度也需加强。所以画眉时万万不可将眉头画的颜色过深,这样眉毛看起来会很生硬。一般选择先用眉笔勾勒眉型,再用眉粉进行填充晕染,如眉色过深,也可以用染眉膏进行晕色。

不同的眉形会呈现不同的妆容效果,只要掌握了画眉的正确手法,就可以根据自己的喜好以及不同的造型自由变换眉形了。

2.1.3 画龙点睛——眼影画法

精致眼妆绝对少不了眼影,下面来学习眼影的不同画法。亚洲女生眼窝浅平,只有通过深浅不同的眼影来塑造深邃轮廓才能做出立体效果。常见的眼影画法有平涂法、渐层法及段式画法。

平涂法是最基础的眼影画法。将单色眼影均匀地涂抹在眼睑上,由睫毛根部开始描画。为了提升眼妆的层次感,让双眼更具神采,睫毛根部的眼影可描画得色彩深一些,然后逐渐向上减淡色彩,直至眼影色消失在眼窝处。眉骨处的亮色处理可以提升双眼皮的立体感,同时与上眼影形成衔接。

渐层法经常用于职业妆,因画出来的眼影层次过渡明显,在色彩的表达上也比较丰富。这种画法能够起到消除眼皮浮肿感,拉宽眉眼间距的作用。选用渐层法画眼影时,应先选用浅色眼影,用平涂的手法将其平铺于整个眼睑,使色彩均匀自然。然后选深色眼影从睫毛根部开始以三等分的方式描画眼影,即将自眼线到眼窝的部分划分为三等分,最靠近眼线处的眼影色最深,逐渐向上颜色减淡。注意各层级色彩之间不能有明显的分界线,色彩过渡要自然。

段式画法可表现出跳跃的颜色,明快的节奏,与渐层法相比色彩更丰富一些。段式画法因描画时分段着色而得名,可分为两段式和三段式两种。

两段式画法及着色原则：后段眼影颜色较深，前段眼影颜色较浅；三段式画法原则：前、后段眼影较深，中段最浅。勾勒眼尾眼影时采用倒钩式画法，会呈现比较自然的延长效果。不管采用哪种眼影画法，都要注意下眼尾的晕染过渡。可以把眼头和卧蚕位置打亮，提高眼妆的立体感。

2.1.4 炯炯有神——眼线画法

眼线是提亮双眼最重要的环节，也是最容易出错的位置。

基础外眼线画法是沿着睫毛根部外侧画一条细细的眼线，眼尾适当拉长。这里需要注意眼线切不可飘在睫毛上方，须贴近睫毛描画。眼尾拉长时同样注意不能脱离眼形，眼尾的三角区需填满。

除掌握基础外眼线外，描绘内眼线会让眼妆更加贴合，修饰眼型的效果更加自然。画内眼线时轻抬眼皮，用眼线笔沿着睫毛根部填满。

根据每个人眼形的不同，可以选择不同的眼线画法。眼型大致可分为上扬眼、下垂眼、细长眼、圆眼、宽眼距及窄眼距。

打造下垂眼线适合上扬眼型，沿着睫毛根部从眼头开始均匀描绘，眼尾向下拉长，但切不可低于眼头高度，这样可柔化过于锐利的上扬眼型；打造上扬眼线适合下垂眼型，当外眼线画至眼尾时微微向上翘起，均匀过渡，打造干练的上扬眼线，改善无神的下垂眼型；细长眼型画眼线时在眼球中间上方加粗眼线，眼尾不要拉太长，纵向放大眼睛，让眼型看起来更圆润；圆眼形画眼线中间细两头粗，眼尾向水平方向延长，可以横向拉长眼形；眼距过近的话，下眼尾从后往前画，沿着下睫毛画三分之一，从视觉上可以拉开眼距；若眼距过宽的话，从内眼角最前端向外侧画，下手要轻，延长眼线不能太粗，可以达到开眼角、拉近眼距的效果。

可以根据自己的眼形和理想的妆容效果选择合适的眼线画法，不断练习，为精致眼妆打好基础。

2.1.5 提亮气色——腮红画法

腮红，使用后会使面颊呈现健康红润的颜色。它是化妆过程中容易忽略的部分，但它的重要性不可小觑。如果说，眼妆是脸部彩妆的焦点，口红是化妆包里不可或缺的要件，那么腮红就是修饰脸型、美化肤色的最佳工具。

腮红一般打在颧骨部位，即微笑时两颊突起的位置。可以选择带有高光或细腻珠光的腮红，在苹果肌打圈上妆，打造出饱满的视觉效果；或用腮红刷斜向上晕染，提升面部立体感。

不同肤色适合的腮红颜色不同，皮肤白皙的女生很多颜色的腮红都可以驾驭，但是为了避免肤色过于白皙可能会显得病态，建议选择粉红色系和桃红色系的腮红，肤色会显得白里透红；健康肤色，只要不是太白太黄太暗沉，就可以选择橘红色的腮红,让肌肤看起来健康有活力;大部分亚洲人的肤色都是偏黄的,在腮红方面可以选择有金属感的棕色和珊瑚红色,带有珠光粉色的腮红也可以摆脱蜡黄感,使气色看起来更红润健康;肤色暗沉很容易看起来没有气色,可以使用珠光红色和酒红色的腮红,来增加肌肤的光泽感和红润度。

不同脸型的腮红画法也不同。标准鹅蛋脸基本上所有的腮红画法都适合,可以在笑肌位置由外往内以打圈方式刷上腮红;圆脸要腮红45°往上刷,这样可以拉长脸型;长形脸腮红就要横着刷,视觉上增加脸的宽度;正三角形脸和方形脸,腮红要在两颊处斜着往上刷才可以修饰出脸部的棱角;菱形脸颧骨比较突出,脸颊没肉,所以腮红多是从颧骨处往上刷来修饰脸型;倒三角脸腮红要在脸颊处平行着画,颧骨部位颜色加深。当然这些都是基本的画法技巧,腮红还要根据整体妆容效果适当调整变化。

2.1.6　提升气质——唇妆画法

唇膏是工作生活中最常使用的化妆品,上妆迅速,改善面部气色效果明显。如何让自己的唇部看上去更立体饱满,首先要了解美唇标准。

(1) 唇部纵向比例:上唇与下唇的比例关系为1∶1.5。

(2) 唇部横向比例:两个唇角到唇峰外缘的距离与两个唇峰之间的距离是1∶1∶1。

(3) 唇峰:上唇弧度像"M"字,有一点棱角的唇峰比较好看。

(4) 唇珠:拥有明显唇珠的人,上唇的形状就像一把完美的弓,微微嘟起,显得立体饱满。

(5) 唇角:唇角应该水平对称,也就是左右唇角的连线是平直的。如果两唇角上翘,唇部放松时也好像在微笑,那就更漂亮了。

了解了美唇标准,就可以根据自己的唇形特点选择不同的唇妆画法。

一般的唇妆步骤是,首先用遮瑕膏或粉底液涂抹唇部四周,淡化唇部边缘,再用口红给嘴唇上色。可以选择直接用唇膏涂抹上妆,但要注意不能超出唇形范围。可以用唇刷沾取口红描画唇线,除能打造精致唇线外,还能填补唇纹,均匀唇色。

如果下唇较厚,只需在涂抹唇膏的时候将下唇的唇线上移,不要涂满就好。若上唇比较厚,则对应的将上唇线下移;如果你双唇都比较薄,就应该避免裸色系,选择亮红色能显得唇型更丰满。可以用唇线笔先描绘出你的唇形轮廓、给唇部做好"打底"工作后再涂抹唇膏。线条形成的虚实阴影效果,会让唇部看起来更立体饱满;如果双唇过厚,可以画咬唇妆。因为咬唇本身就是渐变的效果,视觉上就会令唇型看起来薄一些。

虽说在整个妆容打造的步骤中唇妆是相对简单的,但打造更加完美的唇部比例会让五官看起来更和谐美观。

2.1.7 面部立体——修容画法

亚洲人普遍面部立体感不强,通过修容可以让面部五官显得更加凹凸有致。所谓阴影和高光,都是指通过不同的颜色和光泽来使脸部更立体的一种手段。

阴影,顾名思义,就是比底妆深至少一个色号的颜色,一般刷在两颊或者腮线之下的部位,也有打在鼻梁两侧或任何你希望在视觉上"下陷""收缩"的部位。高光,与阴影相对应,一般都是使用比底妆浅至少一个色号的颜色,修饰眉骨、鼻梁、额头或者眼下等部位,使这些部位在视觉上略膨胀或者略高于其他部位。

高光一般都是带有亮粉的,相对细腻,而阴影类产品一般都是亚光的。使用时要注意将颜色晕染开,不要和肤色断截成黑白两个阵营,这样会显得妆容不干净。修容完成后,再扫上一层薄薄的散粉来定妆就可以了。

这里需要提醒的是,白色是可以做高光,但是因为东方人的皮肤偏黄,一般使用偏肉色的高光显得更自然。做阴影的话,一般用深咖啡色,深色腮红也可以。

2.1.8 整洁干练——男士职场仪容

职场男士虽无须像女士一样天天化妆,但是也应保持健康、整洁的仪容。职场男士的形象注重整洁干练、阳光活力、干净利索,好的仪容状态能提升自己的职场气质,这样的男士总是比较受欢迎的。男士职场仪容具体要求如图2-3所示。

脸:洁净无油光,无明显伤疤。适当打底,均匀肤色。

眉:洁净整齐,适度修眉。眉形自然完整,眉色与发色接近。

鼻:内外干净无分泌物,鼻毛不外露。

嘴:唇色自然健康,嘴角无分泌物。口气清新,牙齿干净整洁,无食物残渣。工作中不嚼口香糖或槟榔。

眼:内外干净,无分泌物,无睡意,不充血,不斜视。近视人员佩戴全透明镜片眼镜,洁净明亮,无缺边缺角。

耳:内外洁净,无分泌物。双耳均要露出,不得戴耳饰。

胡须:不得留有胡须,及时修剪干净。

脖:保持干净,不得佩戴饰品,勿与脸泾渭分明。

图2-3 男士职场仪容具体要求

男士通常喜欢简单、直接而有效的产品，这样的皮肤护理，才是他们所要的。所以，男士的护肤要诀非"简单、快捷、有效"六字莫属。

清洁：崇尚"高清爽"。现代男士的生活节奏繁忙且充满动感，长期劳累奔波，需要随时随地保持旺盛的精力，但汗水与油腻仿佛永远也甩不掉，所以，清洁乃男士护肤的第一要义。男士不能长期使用香皂，要用男士专用的洁面产品，使用洗面奶同样要因人而异，油性肤质要用净化平衡洁面乳，中性肤质要用活性嫩肤洁面乳等。对面部进行适度按摩，促进血液循环，在彻底渗透、去除污垢汗水和多余油脂后，找回"清爽"的感受。

清理：选择"最舒适"。清洁过后的第二步，就是清理皮层。男士经常会忽略使用紧肤水，其实它就像须后水一样十分必要。皮肤在洁面后没有油脂保护，水分更容易蒸发于空气中，从而刺激肌肤分泌大量油脂以保存水分。紧肤水可以帮助进一步清除表皮残余油脂、收敛毛孔并保持肌肤弱酸性，有些含保湿因子的紧肤水更能进一步柔化皮肤，在洁面、剃须后使用，感觉更加舒适，还能有效防止因剃须引起的"内生须"或过敏现象。

滋润：追求"零负担"。男士在护肤上总是很怕脸上有负担，讨厌面部被护肤品"糊"着的感觉，所以，追求"零负担"是男士好产品的标准之一。清爽型的润肤露，不油腻，会让脸部感觉轻松并迅速渗透，形成一层保护膜，有效锁住肌肤内水分，给肌肤持久的润泽。

任务 2.2　头 发 修 饰

高速铁路客运服务人员在进行个人发型修饰时，不仅要恪守对于常人的一般规范，还必须严格遵守本行业、单位的特殊要求。

2.2.1　发型基础——头发的养护与修饰

1. 发质分析及护理

想要打造一款精致的职场发型，需要做好日常的发质分析及护理。拥有好的发质才能根据职场需求打造不同款式的发型。要掌握头发护理要诀，拥有健康漂亮的头发，必须对发质有所了解。如何分辨头发的性质，关键在于头发的油脂分泌量。

(1) 干性发质。

① 发质特点：油脂少，头发干而枯燥，无光泽；触摸有粗糙感，不润滑，易缠绕、打结；松散，造型后易变形。头皮干燥、容易有头皮屑。特别在浸湿的情况下难于梳理，通常头发根部颇稠密，但至发梢则变得稀薄，有时发梢还开叉。头发僵硬，弹性较低，其弹性伸展长度往往小于25%。干性发质是由于皮脂分泌不足或头发角蛋白缺乏水分，经常漂染或用过热温度洗发，天气干燥等造成的。

② 护理要诀：使用营养丰富的洗发水，无须天天洗发；每星期做两次焗油

避免暴晒在阳光下,宜用有防晒成分的护发产品和保湿产品。

(2) 中性发质。

① 发质特点:既不油腻也不干燥,软硬适度,丰润柔软顺滑,有自然的光泽。油脂分泌正常,每天脱发数量约 30 根,只有少量头皮屑。

② 护法要诀:注意头皮保养,洗发时多进行头皮按摩,以保证血液循环良好,养分可输送到发梢;定期修剪,保持秀发营养充足。

(3) 油性发质。

① 发质特点:头发油腻,触摸有黏腻感,洗发翌日,发根已出现油垢,头皮屑多。由于皮脂分泌过多,而使头发油腻,大多与荷尔蒙分泌紊乱、遗传因素、精神压力大、过度梳理以及经常进食高脂食物有关,这些因素可使油脂分泌增加。发丝细者,油性发质的可能性较大,这是因为每一根细发的圆周较小,单位面积上的毛囊较多,皮脂腺同样增多,故分泌皮脂也多。

② 护理要诀:注意清洁头皮;不要用过热的水洗发,以免刺激油脂分泌;护发素只宜涂在发丝上,不要抹在头皮上;不要经常用发刷梳头,宜用梳子代替发刷,并只梳理发丝。

(4) 混合性发质。

① 发质特点:头皮油腻但头发干燥,靠近头皮 1 cm 左右头干多油,越往发梢越干燥甚至开叉,是一种干性发质与油性发质的混合状态。处于行经期的妇女和青春期的少年多为混合型头发,此时头发处于最佳状态,而体内的激素水平又不稳定,于是出现多油和干燥并存的现象。此外,过度进行烫发或染发,又护理不当,也会造成发丝干燥但头皮仍油腻的发质。

② 护理要诀:集中修护发丝,避免头发开叉或折断;停止电烫发、染发,修剪干枯发丝,让头发得到养护;选用保湿型护发素,注意头部按摩;改善个人饮食,少食油腻食品,增加黑色食品的摄入量。

作为客运服务人员,如果不注意头发的整洁,会让乘客觉得邋邋遢遢、萎靡不振,甚至缺乏爱岗敬业的精神。因此要做到:定期清洗。避免头屑、异物沾于头发上,避免异味,更不能让头发一缕缕黏在一起。认真梳理。以免给乘客留下不注意细节,大大咧咧的印象。

2. 修饰得当

客运服务人员在选择发型及美化时,应该与自己的职业及工作性质相匹配。对于女士和男士,又有着各自不同的要求。

(1) 女士发型具体要求。

① 长度要求:女士客运服务人员的头发分为长发和短发。

女士客运服务人员的短发是指发尾不超过衬衫衣领的下沿。上岗时必须露出双耳,且前不过眉,后不过肩。当发尾长过衬衫衣领下沿时则定义为长发,需将头发盘成发髻,收于指定的发网中。上岗时禁止披头散发、扎马尾等不符合职业规范要求的发型。如图 2-4 所示为女士服务人员发型标准图。

② 美化要求如下：

美化原则。不论是烫发、选戴假发或染发，都要注意相应的岗位要求，不能过于时尚，更不能长发飘逸，刻意增添女士的妩媚。客运服务人员应在出门前、上岗前、下班时及时梳理头发。

(2) 男士发型具体要求。

① 长度要求：前不附额，侧不掩耳，后不及领，不允许剃光头，不留大鬓角。如图 2-5 所示为男士服务人员发型标准图。

② 美化要求：不提倡男士服务人员染发，建议保持自然发色。如果头发偏黄，可以染成深色，增加对比度，以显精神。不做夸张、前卫的发型，如爆炸式、朋克式、飞机头、大包头等。可将头顶处的头发适度留长，用发胶、发蜡等造型产品做出简单造型，但不能影响戴工作帽。客运服务人员一定要时刻牢记自己的身份与岗位要求，个性化色彩不能太强。

图 2-4　女士服务人员发型标准图　　图 2-5　男士服务人员发型标准图

关于发色。为了体现庄重，服务人员不能将头发染成杂色，应尽可能保持自然发色，或染成深色以增强对比度，显得精神。过于明显的另类发色会给乘客留下不够稳重可靠的印象，是职场上不允许出现的。

关于刘海。女士客运服务人员建议不要剪齐刘海，应根据个人脸形条件，将额头露出 1/3 以上，以提升亲和力。

③ 关于发饰：除了工作发网及头花外，应选择与发色接近且无任何装饰物的皮筋绑头发，将碎发用黑色夹子收夹干净，必要时应借助发胶等将碎发梳理平整。头饰总体来讲应当简单、实用，色彩不宜过于鲜艳花哨，材质不宜过于贵重，款式不宜复杂，不得使用头箍或彩色发卡、发带等。

发型是一个人精神面貌的焦点，好的发型可以提高人的整体形象。打造一款好的发型离不开基础编发的运用，以下介绍三种常用的编发技巧，蝎子辫、鱼骨辫及职场盘发。

2.2.2　百变造型——蝎子辫编发

蝎子辫是我们在日常生活和职场中经常使用的一种编发技巧，单双边编发的任意组合就能呈现不同的造型效果,如图2-6所示。

双边蝎子辫是在三股麻花辫的基础上发展起来的,起手编法相同,后续每编一下加进两侧等量头发。从头顶一直编至发尾,用皮圈固定。编发过程尽量贴头皮进行,避免离得过远导致编发太松;拿取头发时注意左右对称,梳理整齐,否则成型后不易调整。

单边蝎子辫和双边的编法步骤一样,只是一侧加发一侧不加,成型后在不加发的这一侧形成螺旋状的编发效果。一般会用单边蝎子辫处理发髻线边缘,辫发方向不同成型效果也不同。当然,也可以将单双边编发组合起来打造新造型。

图2-6 蝎子辫

2.2.3 淑女风范——鱼骨辫编发

鱼骨辫造型简单大方却不失特色,利用鱼骨的纹理,能够让发型看上去发量丰盈,质感十足。此外将鱼骨辫与盘发两者结合,可以打造出更多优雅的发型,如图2-7所示。

鱼骨辫的基础编法是先将头发分成左右两份,每一份的两侧再分出一小份来,将两侧分出的头发交叉,每交叉一次就从后面头发的两侧再分一束,一直这样交叉往下编。编至发尾用小皮筋绑紧,将编好的头发松紧调整均匀即可;当然,也可以先扎起一个马尾,再将头发分成左右两份,用同样的方法编鱼尾辫。

图2-7 鱼骨辫

编发过程尽量贴头皮进行,避免离得过远导致编发太松;拿取头发时注意左右对称,梳理整齐,否则成型后不易调整;交叉的发量不同,成型后的效果也不同。

2.2.4 发型魅力——女士职场盘发

职场盘发是在编发基础上完成的更具职业感的发型,一般造型感都很端庄,气质也会显得更加稳重大方。经常会用到的盘发工具有一字夹、小皮筋、U形夹、发饰、发套、梳子等。

1. 基础盘发

相较而言,高位马尾时尚,低位马尾优雅,而中位马尾更具职业感。所以,一般会选择在脑后的位置扎起马尾,将发辫扭转盘起,用皮圈绑紧,再用一字夹固定;若碎发较多,可以先编麻花辫,将发尾用小皮筋绑住,再盘起固定。

2. 窝发式盘发

先在脑后扎一个马尾,从马尾上方窝一个发洞,将发辫全部塞进去,整理后用一字夹固定,加上简单的发饰即可。

3. 低位盘发

如图 2-8 所示,在靠近颈部的位置扎一个低马尾,将发辫扭转盘起,用皮圈绑紧,再将发套上的卡子从上方穿过扣住,用网套包住盘起的发辫,梳理整齐即可。发套是职场上经常使用的盘发工具,有实用性和装饰性,既美观又方便。

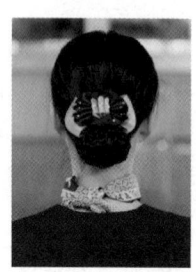

4. 蝎子辫盘发

这种职场盘发是在蝎子辫基础上完成的。先从头顶编双边蝎子辫,编至发尾用小皮筋固定,然后将发尾向内卷起,用一字夹固定;或者可以编斜双边蝎子辫,发尾固定后在侧方盘起,用一字夹固定,造型优雅大方。

图 2-8 低位盘发

职场盘发的方法有很多,在不同编发基础上都能盘出不同的造型。学会了基础编发技巧,可以为平凡的工作和生活增添小乐趣。

2.2.5 职场精英——男士职场发型

发型体现的不仅是一种生活态度,更是对工作的激情与自信,良好的发型会让你在职场上英姿飒爽,传递饱满的精神状态。发型要干净整洁,经常修理,20 天左右修剪一次。前不遮眉,侧不遮耳,后不及领,鬓角不宜过长。头发最长 7~10 cm,最短 3~5 cm,最短不得为零。时尚利落的短发搭配优雅的西装,呈现出男人自信成熟的气质。可根据个人的脸型、头型、年龄、爱好、气质来决定适合的发型。

不同脸型适合的发型不同。人的脸型大致分为七种:锥形脸,长圆脸,圆脸,杏仁脸,方形脸,菱形脸及鹅蛋脸。

1. 锥形脸

锥形脸额头较宽,宽于颧骨和双颚。有着宽额头及尖下巴的人,适合选用修饰宽额头的发型,如上梳侧分线、长刘海、微卷蓬松造型等。这类脸型棱角分明,特征明显,呈现倒三角形。发型应侧分或者背头,但切记要将头发向上吹起,鬓发一定要剃短,这样才能在视觉上拉长脸型。

2. 长圆脸

长圆脸整体呈椭圆形,脸型较长,且轮廓曲线较柔。这种脸型可以选择有刘海的发型,也可以选择无刘海的发型。选择有刘海的发型可以遮盖一部分脑门,让长脸变短脸;而无刘海的发型可以将头发吹起来但切忌过长,鬓发依旧剃干净。

3. 圆脸

圆脸轮廓曲线较柔,且纵横比差距不大,整体脸型圆润。由于无法像鹅蛋脸或长圆脸那样拉长脸部视觉,因此适合较高、有分量的发型来拉高脸部视觉效果,像是上梳油头、上梳长刘海等。

4. 杏仁脸

杏仁脸额头较窄、双颚部分较宽,额头窄于双颚,特征明显的还会呈现"△"形,适合有分量、有刘海的发型来增加额头的宽度,修饰脸型,可以尝试上梳刘海发型、侧分线油头以及有刘海的发型。该脸型选择发型时,鬓发得留出 1~2 cm 的长度,这样才能将耳朵以上的部位视觉上加宽。

5. 方形脸

这类脸型和额头较宽的锥形脸有点类似,不同的是双颚部分。该脸型的双颚会更宽,特征明显会呈现"口"形。因为脸型较大,因此适合干净、较短、利落、阳刚的发型,将脸部视觉效果拉高拉长,像是上梳侧分线、侧分油头、平头等。不要因为觉得脸宽,就想用刘海把脸部遮起来,这样反而会让脸看起来更大。因为脸的轮廓被头发埋没,反而会将缺点放大,因此有刘海、微卷的头发造型可能都要三思,头发一定要吹高。

6. 菱形脸

菱形脸有着非常尖又窄的下巴,削尖的脸型,颧骨颇高。这种脸型通常适合发量较多、较长的造型,例如上梳长刘海、蓬松感、微卷造型、有刘海的发型都可以尝试看看。

7. 鹅蛋脸

相对比较完美的脸型,任何发型基本都能驾驭。其实不同脸型通过发型修饰都是在向鹅蛋脸靠拢,让脸型和头型看起来更加饱满有立体感。

任务 2.3 服饰礼仪

服饰作为人们的外观载体之一,反映着个人的物质、文化、心理内涵,服饰凸显人的主体性。服饰礼仪是人们在交往过程中为了相互表示尊重与友好,达到交往的和谐而体现在服饰上的一种行为规范。

高速铁路客运服务人员在服务过程中应当统一服饰,并遵循着装原则与规范,如图2-9所示。整洁、统一、得体、美观的服装,凝聚着企业的标准与规范,体现协调与和谐的团队精神,对外传递着企业尊严与企业信心,不仅让乘客感觉舒适得体,还体现了客运服务人员的品位和品质。服装具有自我表达功能,作为一名客运服务人员,职业要求规范,强调细节。规范着装就是在用无声的语言告诉乘客客运服务人员专业素养,让乘客感觉值得信赖。

2.3.1 服饰礼仪的作用与影响

心理学研究得出,第一印象对人际交往中双方的关系至关重要,有学者在研究中总结出来形象沟通的"55387"定律,如图2-10所示,即决定人的印象形成=55%着装及仪容+38%肢体语言+7%语言。在现代生活中,服饰逐渐成为礼仪的一个重要部分,穿着打扮的得体不仅仅是个人品位的体现,更成为人们彼此考量的尺度。

图2-9 客运服务人员统一服饰　　　　图2-10 "55387"定律

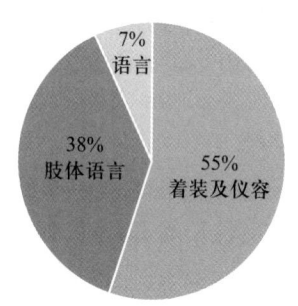

(1) 服饰礼仪的作用。孔子说过:"人不可以不饰,不饰无貌,无貌不敬,不敬无礼,无礼不立。"所谓的"饰"指的就是服饰。古今中外,着装都体现着一种社会文化,不仅反映了一个民族的文化水平和物质文明发展程度,还体现着一个人的文化修养和审美水平,是一个人的身份、气质、内在素质的无言介绍信。因此,客运服务人员的服饰是否整洁、得体、统一在一定程度上可以给乘客留下不同的印象。注重服饰礼仪,会带来更好的作用和影响。

(2) 服饰礼仪的影响。服饰是形体的外延,对人体美起着修饰作用。整洁得体的着装,对集体单位来说,是群体形象问题,体现了单位的性质、传统和风格;对个人来说,是素质修养问题,体现一个人的社会生活、文化水平和各方面的修养,如图 2-11 所示。

① 服饰体现群体形象:对于客运服务人员来说,统一的服饰可以提高乘客的信任感,增强乘客对企业的信心。倘若日常中不注重服饰礼仪,衣着不整、纽扣不齐、衣裤不洁、配饰夸张,会给乘客不协调之感,也会给乘客以不专业之感。

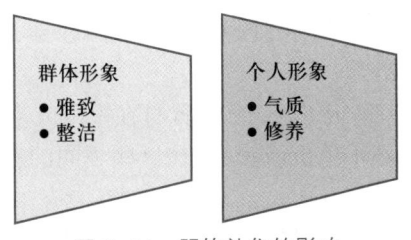

图 2-11 服饰礼仪的影响

② 服饰体现个人形象:服饰是一种情感的符号,服饰不会说话,但人们在特定情境中的某种衣着,会给人以某种思想感情的知觉和体验。特别是与人初次相识时,由于双方不了解,服饰和仪表在人们心目中占有很大分量。清洁的仪表,得体的服饰,这是最基本的要求。服饰的个性,也能让人判断出你的审美和性格特征。

2.3.2 着装的基本原则与禁忌

(1) 着装的基本原则。服装在为人遮蔽身体和避免外部伤害的同时,还具有美学功能、表达功能和标志功能。严格来说,着装既是一门技巧,更是一门艺术。在搭配服饰时应该注意整洁原则、整体性原则、协调原则及 TPO 原则。

① 整洁原则。一个人的卫生习惯也会体现在服饰上,而服饰整洁是仪容美的关键,是礼仪的基本要求。不管长相多好,若服饰有明显污垢,那必然破坏一个人的美感。衣服不能沾有污渍,不能有开线的地方,更不能有破洞,扣子等配件应齐全,衣领和袖口处尤其要注意整洁。

② 整体性原则。正确的着装,能起到修饰形体、容貌等作用,形成和谐的整体美。服饰的整体美构成,包括人的形体、内在气质的衬托和服饰的款式、色彩、质地、工艺及着装环境等。

③ 协调原则。正常的着装,应当统筹考虑、精心搭配、相互呼应,尽可能显得和谐、得体。人的社会生活是多方面、多层次的,在不同的场合承担不同的角色。因此,要根据具体情况选择不同的着装方式,以满足不同角色的需要。着装的协调性原则还表现在与年龄、肤色、体型、个性等方面的协调上。

④ TPO 原则。即着装要考虑时间(Time)、地点(Place)、目的(Object),如图 2-12 所示。

从时间上讲,一年有春、夏、秋、冬四季的交替,一天有 24 小时的变化,显而易见,在不同的时间里,着装的类别、式样、造型随之应有变化。对高速铁路客运服务人员来说,冬天要穿得保暖、御寒,对于外勤工种人员,应当在工装外配以配发的大衣或羽

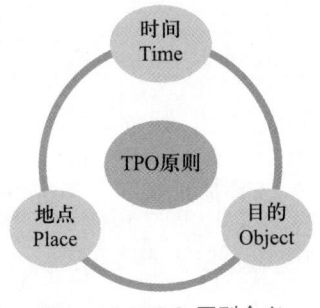

图 2-12 TPO 原则含义

绒服；夏天要穿的通气、吸汗、凉爽，应当按照规定分别着长袖或短袖。白天穿的衣服需要面对他人，应当合身、严谨；晚上穿的衣服不为外人所见，可以宽松、舒适。

从地点上讲，置身在室内或室外，驻足于闹市或乡村，停留在国内或国外，身处于单位或家中，在这些不同的地点，着装的款式也应当有所不同，切不可以不变应万变。

从目的上讲，人们的着装往往体现着其一定的意愿。即自己对着装留给他人的印象如何，是有一定预期的，着装应适应自己扮演的社会角色。服装的款式在表现服装的目的性方面发挥着一定的作用。工作场合需要工作装，社交场合需要正装。

高速铁路客运服务人员应穿着企业定制的制服上岗。在不需要穿制服的正式场合中，服务人员的服装款式要求造型简洁、轮廓清晰、线条干练。男士以西装套装为基本款式，女士以西服套装（裙）为基本款式。

尽管"穿衣戴帽，各凭所好"，但是客运服务人员不应过分突出个人喜好，应该把着装重点放在"尊重乘客，适应工作需要，塑造企业形象，提高个人素养"这四个方面，符合身份、岗位的要求。

(2) 着装的禁忌。

① 切忌过分艳丽；

② 切忌过分短小暴露；

③ 切忌过分紧身；

④ 切忌过分杂乱。

(3) 着装的技巧。对高速铁路客运服务人员来说，注意着装的原则和禁忌，在穿着时，配以相应技巧，会进一步提升个人服饰气质，如图 2-13 所示。

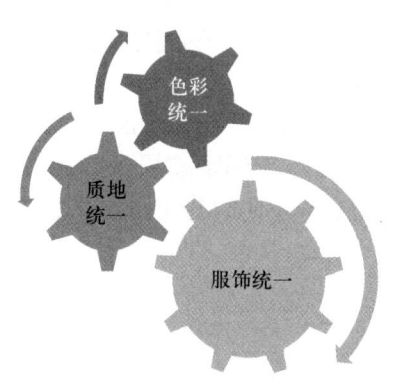

图 2-13 着装的技巧

① 质地统一　领带与西装、衬衫的统一。领带的材质、风格要与西装、衬衫相一致。

② 色彩统一　色彩统一是指职业着装的各个组成元素在色彩上应协调一致。

③ 服饰统一　在高速铁路企业中，统一的服饰产生整体、统一的美，还能体现企业的价值观，比如深色调和保守的职业装能够体现企业的稳健作风，而颜色和款式设计大胆的职业装则能体现企业的创新精神等。

2.3.3　着装得体——男士职场正装

西装，又称西服，是全世界最流行的一种服装，也是男士在正式场合着装的优先选择。挑选西装，需要关注其面料、色彩、图案、款式、造型、尺寸、做工等方面的细节。选择西服既要考虑颜色、尺码、价格、面料和做工，也要注意外形线条和比例。对高速铁路客运服务人员来讲，职业装与常常在白领们身上看到的"衬衫+外套+领带+皮带+裤子+皮鞋"是相似的，不过颜色略有差异，在夏天只穿着衬衫和西裤也是一种职业装，如图2-14、图2-15所示。

图2-14　男士客运服务人员穿着（一）　　图2-15　男士客运服务人员穿着（二）

1. 西装上衣

（1）面料。鉴于西装往往充当正装或礼服，在一般情况下，毛料应为西装首选的面料。

（2）色彩。西装的颜色应显得庄重、正统，而不能过于轻浮和随便。净色且颜色偏深的整套西装适于多种场合，使用频率最高。根据此项要求，西装的颜色首推藏蓝色。

除此之外，还可以选择灰色或棕色的西装，黑色的西装亦可予以考虑，不过它更适于在庄严而肃穆的场合穿着。由于亚洲人肤色偏黄，在选择职业装的颜色时应少选黄色、绿色、紫色,宜选深蓝色、深灰色、中性色等色系。脸色较暗的男士,可选择浅色系和中性色。有明袋的上装适合在较随意的场合穿着,暗袋上装适合正式场合。

对高速铁路客运服务人员来说,工作场合应统一着制服外套,一般夏天制服为长袖西装式样,秋冬制服有毛呢类和羽绒类,颜色多为红色、黑色和深蓝色等。

(3) 款式。为追求成熟、稳重,西装一般以无图案为好。

双排扣西装显得老成、稳重,更为正式,不适合有"将军肚"、腿短、体格过于健壮的人。而单排扣西装则显得精神、干练,比较适合亚洲人的身型,有提高腰线,拉伸视觉效果的作用。一般年轻人,如果身型不是特别的高瘦,选择单排扣西装比较得体。如果想要修饰身型的话,可以选择不同的扣位来达到效果。单排扣西装和双排扣西装如图2-16所示。

口袋也是西装款式的一个要素。如果为了塑型,若觉得腰围过细,可选择带兜盖的横插口袋;反之若觉得腰围较粗,可选择不带兜盖的斜插口袋,在视觉上可以把腰围削弱一些。带兜盖的口袋比不带兜盖的口袋显得正式些。

按西装的件数可将其分为套装西装和单件西装,其中套装西装分为两件套(上装和下装),三件套(上装、下装、西装背心)。

图2-16 单排扣西装和双排扣西装

除此之外,按西装适用场合不同可将其分为正装西装和休闲西装。只要了解其中规律,就可以根据自己的身型选择合适的西装款式。

2. 衬衫

衬衫的款式、面料、颜色更为多样,铁路企业也会在员工入职后向其发放衬衫工装,除了企业的选择外,职工还应当如何选择职场中的衬衫呢?男士衬衫的选择如图2-17所示。

(1) 衬衫颜色和面料的选择。工作中,经典白色衬衫永不过时,能体现出智慧、沉稳的气质,浅蓝色细条纹也是可以接受的,不要穿带图案的或有明显条纹的衬衫。正装衬衫面料多数选用纯棉面料,并且为高支数精仿面料,质地应光滑柔软,厚度以不透出胸部皮肤为宜。

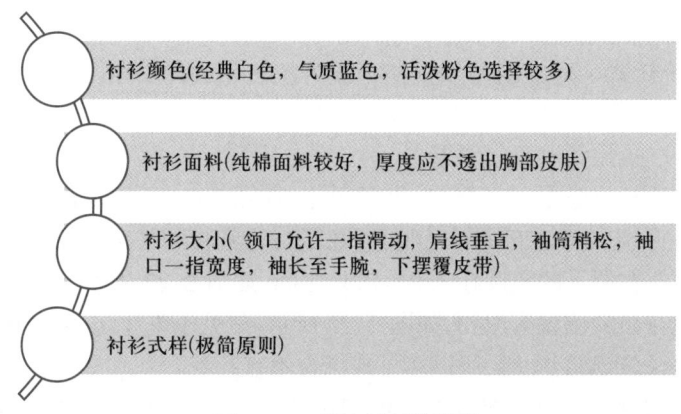

- 衬衫颜色(经典白色,气质蓝色,活泼粉色选择较多)
- 衬衫面料(纯棉面料较好,厚度应不透出胸部皮肤)
- 衬衫大小(领口允许一指滑动,肩线垂直,袖筒稍松,袖口一指宽度,袖长至手腕,下摆覆皮带)
- 衬衫式样(极简原则)

图 2-17　男士衬衫的选择

高速铁路客运服务人员制服中的衬衫一般为白色、蓝色,给人以干净、明亮、可靠的感觉。

(2) 衬衫大小的选择。衬衫的大小一定要合身,衬衫如果不合身,会影响到外套的观感和整体的气质形象。对于合身有一个一般的判断方法,主要从衣领、肩线、衣襟、衣袖、袖口、袖管和下摆几方面来看。衣领以刚好接触脖子周围皮肤,但不会造成压痕为适宜,可允许手指在衬衫衣领和脖子之间来回滑动而没有压迫感,如图 2-18 所示。合适的肩线应当垂直,顺着肩膀往下,挥动手臂不会将肩线扯拽或者扭曲。合适的衣襟应当是扣上纽扣,衣襟轻轻地贴在胸骨处,有舒适感。衣袖的袖筒上臂较袖口略宽,甚至会有锥感,但有一定松动,当手臂弯曲时不会有紧绷感,放下后手肘处不会突起。袖口靠近手腕处的皮肤,但是在袖口和手腕之间有一手指的宽度,如图 2-19 所示。袖管的长度刚好到手腕处,衬衣的下摆刚好将皮带覆盖住,大约超过腰间皮带 1 in(1 in =2.54 cm)。

图 2-18　男士衬衫衣领处大小判断 　　图 2-19　男士衬衫袖口处大小判断

(3) 衬衫样式的选择。衬衫的样式应该遵循极简原则,不应该有过多的

修饰。

① 袖子样式。正装衬衫必须是长袖,短袖衬衫属于休闲衬衫,在正式的商务社交场合不够正式,公司规定的制服除外。

② 领子样式。标准的衬衫领型一般为左右领尖的夹角 75°~90°(以 85° 居多),如图 2-20 所示。除此之外的日常领型,主要有长尖领、温莎领、扣角领、异色领、伊顿领、暗扣领以及立领等。

长尖领比标准领的领子更尖,夹角更小,如图 2-21 所示。这种领子会给人更强的时尚感,配合领带时打结不宜过大,最好是细长的平结或双平结。

温莎领左右领子的角度在 120°~180° 之间,如图 2-22 所示。

扣角领在领尖位置有纽扣,如图 2-23 所示,常见于牛津纺、格子休闲衬衫和高支棉衬衫,材质略为立挺,所以在正式场合不宜穿着。

异色领的领子颜色与衬衣的颜色和花型会不一样,如图 2-24 所示,领型多为标准领或敞角领。

伊顿领的领尖圆润,如图 2-25 所示,穿此类衬衫必须打领带,且适合与古典式西服搭配。

暗扣领的左右领尖缝有暗扣,如图 2-26 所示,这种领型衬衫一般用作较正式的款式,必须打领带,并打得小些,通常打紧密的小结。

立领的领口处去掉翻领,留下立领部分。显得挺拔利落、简洁轻松,更有文化气质。立领衬衫可搭配休闲西装,但不宜搭配正装西装,如图 2-27 所示。

图 2-20 男士衬衫标准领　　图 2-21 男士衬衫长尖领　　图 2-22 男士衬衫温莎领

图 2-23 男士衬衫扣角领　　图 2-24 男士衬衫异色领　　图 2-25 男士衬衫伊顿领

图 2-26　男士衬衫暗扣领 　　　　图 2-27　男士衬衫立领

③ 袖口样式。袖口样式的主要区别是使用纽扣还是袖扣,袖口是单层还是双层。

圆形袖口:使用纽扣扣合,样式可根据个人喜好选择,如图 2-28 所示。

法式袖口(对折):袖口处需要对折然后使用袖扣扣合,对折法式袖口更加正式,如图 2-29 所示。

法式袖口(单层):使用袖扣扣合,但是袖口处无须对折处理,一般搭配晚礼服使用,是最为正式的袖口样式。

图 2-28　男士衬衫圆形袖口 　　　　图 2-29　男士衬衫法式袖口(对折)

④ 口袋样式。正装衬衫是应该没有口袋的,如图 2-30 所示,根据精简原则,衬衫口袋一般是非正式衬衫、休闲衬衫或者工作衬衫上才有的,用于放置名片、卡片或者小工具等,如图 2-31 所示。

图 2-30　正装衬衫 　　　　图 2-31　衬衫带口袋示例

⑤ 背部样式。衬衫背部应该无褶裥,有褶衬衫是为了增加肩部活动空间而设计的,在开车、工作、日常休闲等场合穿着时活动方便,不宜用于正装衬衫。

3. 领带

领带被称为西服的灵魂,最好在材质和风格上与已有的西装、衬衫相同。领带的长度以至皮带扣处为宜。领带的款式上,带斜纹的领带能够体现佩戴者果断、稳重理性的特质,适合在谈判、主持会议、演讲的场合佩戴,如图 2-32 所示;圆点、方格的领带体现佩戴者温和、亲切的特质,适合初次见面和见长辈上司时使用,如图 2-33 所示;不规则图案的领带体现佩戴者活泼、个性、创意和朝气,适合酒会、宴会等场合,不适宜出现在工作场合,作为职业装使用。

图 2-32　带斜纹的领带　　　　　图 2-33　带圆点的领带

(1) 面料选择。领带质地一般以真丝、纯毛为宜,一般不选择棉、麻、绒、皮革等质地。

(2) 颜色选择。在选择领带颜色时,可以采用以下规律:领带与西服同色;领带与西服同是暗色,但色彩形成对比,如黑西服配暗红色领带;单色的西服配花色领带,花色领带上的颜色尽可能与西服的颜色相同或相近。

(3) 图案选择。领带图案的选择要庄重、典雅,一般的单色领带宜选择蓝色、灰色、咖啡色等。或者选择圆点或条纹等几何图案。

(4) 质量选择。尽量选择外形美观、平整、无挑丝、无疵点、无线头、衬里毛料不变形、悬垂挺括、较为厚重的领带。

4. 裤子和腰带

(1) 裤子。在职场穿搭中,裤子往往容易被忽视,优雅得体的西裤是串联整体衣着风格的桥梁和关键,是"木桶最短的木板",一条合适的裤子应当低调、合体。合体应当在坐下、站立、行走时不发生明显变形,没有过多的褶皱出现,坐下时不露出袜子,裤子的长度在站立时要到达鞋面,并稍微覆盖鞋面。穿着西裤时不建议内着秋裤,也不能随意将西裤裤管挽起来。

(2) 腰带。腰带材质以牛皮为宜,皮带扣应大小适中,样式和图案不宜太夸张。腰带颜色与裤子、鞋子颜色应相称,一般以黑色皮质、银色锁扣为宜。深色西装可搭配深色腰带,浅色西装深色、浅色腰带都可搭配。

5. 鞋子和袜子

(1) 鞋。穿西装和制服时一定要搭配皮鞋,同时注意色彩和风格的统一。纯牛皮光面为首选,以自然色、深色为主(黑色最好),皮鞋应当保持洁净,有条件的情况下应随身携带纸巾以便擦除皮鞋上的灰尘。

皮鞋要跟衣服颜色协调。在搭配西装的时候,深色系的套装应当搭配深色系的皮鞋,浅色系的西装最好搭配浅色系的皮鞋。压花、拼色、蛇皮、鳄鱼皮和异形皮鞋等,不适于搭配正式职业装。高速铁路客运服务人员在搭配时,一般要求搭配黑色鞋子,尽量避免光面。

(2)袜子。深色袜子可以搭配深色西装,也可以搭配浅色西装,如图2-34所示。浅色袜子能搭配浅色西装,但不宜搭配深色西装。忌用白色袜子配西装,尤其切忌黑皮鞋配白袜子。袜子长度的原则为宁长勿短,应以坐下跷起腿后不露出皮肤为准。

6. 男士职业装的穿着

图2-34 深色袜子

(1)男士职业装的穿着注意事项。合体是着装的第一法则,正常情况下,外穿西装后衬衫胸部应平整,无余料,不打绺,并活动自如。要了解成衣中衣服型号的标识,在成衣中,经常看到西装的号码,如170/92A、175/96B。这里采用的是国家标准号型。"号"指人体的身高,"型"表示(净)围度。上装指胸围,下装指腰围。A或B指体型分类代号。A代表正常体,B代表偏胖体,C代表肥胖体,Y代表偏瘦体。

在穿职业装时,要特别注意以下的具体穿法问题:

① 除去衣袖上的商标　如若在上衣左边袖口处缝有商标或其他标志,穿着前先行拆除。

② 熨烫平整　除了要定期对职业装进行干洗外,还要在每次正式穿着之前,对其进行认真的熨烫。

③ 系好纽扣　一般而言,站立时,特别是在大庭广众之前起身站立时,职业装上衣的纽扣应当系上,以示尊重。就座之后,职业装上衣的纽扣则要解开,以防其走样。而对于铁路职业装,应当在站立时将所有扣子系好。

④ 不卷不挽　在公共场所里,无论如何,都不可以将职业装上衣的衣袖挽上去,否则极易给人以粗鲁之感。不得挽袖、披衣、敞怀、卷裤腿,内穿毛衣、绒衣、背心时,尽可能不外露。非因公外出应当穿便装。

⑤ 少装东西　职业装讲求以直线为美。在正式场合,职业装的口袋里尽量少放东西,裤耳上不挂任何物件,以保证职业装的服帖、挺括、垂顺。内侧的胸袋,可用来别钢笔、放钱夹或名片夹,但不要放过大、过厚的东西或无用之物。

⑥ 穿着搭配　与职业装搭配穿着的衬衫紧接着颈部在脸的下方,衬衫领子为整体搭配添色,非常重要。首先是颜色,常见铁路衬衫为蓝色或白色,大多以纯色为主。其次是领型,一般以方领为首选,领子夹角大约90°的标准领适合所有不同长相的人。衬衫的领围大小要以系好顶扣后,脖子能放入两指为宜。衬衫领口高于职业装外套2~2.5 cm。领口、袖口要干净、平整、不起皱。不论是单

穿还是搭配外套,衬衫都应当合身、挺括。衬衫要贴身穿着,切忌在衬衫内穿内衣、背心、T恤等。在工作场合,衬衫的下摆建议均匀地束进裤装里面。在打领带时,衬衫顶扣必须系上;在不打领带时,顶扣可以打开不系。衬衫袖长以手臂向前伸直时超出西服外套 1~2.5 cm 为佳,如图 2-35 所示。

  裤装的裤缝线一定要挺直,自然垂到鞋面,从后方观察,裤脚应当恰好长至鞋帮与鞋跟的连接处,裤脚距离地面 1 cm,这样也会修饰腿型,使其看起来更修长。门襟上的拉链及纽扣都要注意全部拉好或系好,腰线处的挂钩也要挂好,发现腰围发紧时,不应随便解开扣子和挂钩。

  除此之外,需要注意:鞋子、腰带、公文包三处应当保持一种颜色,这也是男士穿着西装、套装时的"三一原则"。

  (2) 易犯的错误。

  ① 穿着无袖或无领的衣服。在社交场合,尤其是男士,着无袖或者无领的衣服都是比较无礼的表现,应当尽量避免。

  ② 衬衫四边露在外,衬衫或 T 恤领口开扣超过 1 颗。

  ③ 衣服上有明显品牌标签或大比例卡通图案的衣服。在工作中,倘若衣服上有明显品牌标签会较为引人注目,有大比例的卡通图案也会显得不够稳重。

  ④ 穿着太肥大或太紧身的衣裤。太肥大的衣裤易给人不精神之感,太紧身的衣服不方便行动。

  ⑤ 穿着闪闪发光的衬衫或外套,颜色过于鲜艳或撞色的衣服。

  ⑥ 鞋袜颜色出现跳色,穿短丝袜。

  ⑦ 穿着衣裤褶皱或掉色明显。

  ⑧ 皮带款式与服装不搭配。

  ⑨ 穿短袖衬衫或夹克打领带。

  ⑩ 穿短裤、半截裤、七分裤,或裤身较短,如图 2-36 所示。男士着此类衣裤出现在社交场合也是不恰当的。

图 2-35　男士西装穿着要点　　　　图 2-36　裤身较短

  (3) 着装技巧。男士在选择衣服时,可以使用以下的着装技巧。

  ① 尽量选择净色或花纹不明显的衣服。

② 衣裤建议混纺面料,避免褶皱。
③ 常规配色选择是:上身浅色,下身深色。全身颜色控制在三种颜色以内。
④ 鞋子、皮带、公文包尽量同一个颜色,以深色(接近黑色)为首选。
⑤ 衬衫或有领 T 恤束进裤子。
⑥ 鞋袜颜色接近或一致。
⑦ 穿着款式简单的皮鞋。

2.3.4 着装风采——女士职场正装

职业装能够凸显女士精干、敏捷行动的能力,能让人投来信任的目光,也会让自己迅速进入工作状态。在工作面试、客户约见、企业日常着装中,女士穿好商务正装,能够给自己的工作带来较好的影响,女士的职业装也是穿着者职业风范和个人特色的综合体现。

1. 女士职业装的选择

女士的职业装一般选择西服套裙,主要包括西装上衣、衬衣加一条半截式的西装裙,俗称女士套装,这样的款式会显得女士干练、成熟、洒脱,而且还可以显示出女士的优雅、文静、大方、庄重。当然也有西装上衣配裤子的方法,行动工作更加方便,如图 2-37、图 2-38 所示。

图 2-37　女士裙装职业装　　　　图 2-38　女士裤装职业装

在选择女士职业装时，一般可根据以下几种方式来选择。具体如图2-39所示。

(1) 根据体型选择。女士在选择职业装时应结合体型，才能更加美丽。在选择时应当根据自己的体型合理搭配，塑造精干、美丽的外在。

(2) 根据职业选择。女士套装有裙装和裤装，两者皆可彰显女士的干练和优雅。套裙，可以分为两种基本类型。一种是用女式西装上衣和任意一条裙子进行自由搭配组合成的"随意型"。一种是女式西装上衣和裙子成套设计、制作而成的"成套型"或"标准型"。裙子以窄裙为主，又称"一步裙"。为了行动方便，可选择长到膝盖或膝盖上方3~5 cm处，如图2-40所示。一般不会长过小腿中部，也不能过短。

对于部分场合，有时裤装更为合适，如高速铁路企业中，裤装更方便客运服务人员的工作，裤装在选择时，不宜过紧，贴身有垂感为最好，如图2-41所示。

图2-39 女士职业装的选择

图2-40 职场裙装长度　　图2-41 女士职场裤装选择

(3) 根据搭配选择。女士套装的款式很多，常见的制服以深色为首选，上衣注重平整、贴身，最短可以齐腰。衬衫可以选择白色、蓝色、灰色等浅单色，也可以装饰有简单的线条和图案。衬衫的下摆必须收进裙子内。女士制服需要系领花或丝巾时，要将衬衫顶扣系好，不系领花或丝巾时，可以解开顶扣，如图2-42所示。女士在公众场合，不能随意解衣扣，脱外套也最好避人进行。可根据个人需要常备2~3套职业装经常进行换洗。全身进行职业装搭配时，切记最好能统一颜色，一般遵守三色原则，不要太过鲜艳，否则会看起来不够正式。

(4) 根据尺寸选择。衣服尺寸选择要根据胸围来选择尺码，可从侧面确认肩和胸是否合适。双手自然下垂,看大臂后侧的袖子是否服帖。

(5) 根据颜色选择。职业装的颜色应当以冷色调为主,借以体现出着装者的典雅、端庄与稳重。还须使之与正在风行一时的各种"流行色"保持一定距离,以示自己的传统与持重。一套套装的全部色彩不要超过两种,不然就会显得杂乱无章。职业套裙的最佳颜色是黑色、藏青色、灰褐色、灰色和暗红色。精致的方格、印花和条纹图案也可以,但应避免选择红色、黄色或淡紫色的两件套裙,以防颜色过于抢眼。

2. 女士职业装的穿着

穿着职业装不仅是对服务对象的尊重,同时也使着装者有一种职业的自豪感、责任感,是敬业、乐业在服饰上的具体表现。规范穿着职业装的要求是整齐、清洁、挺括、大方,特别是在正式场合,女士着装一定要忌短、忌露、忌透。

图 2-42 女士职业装搭配选择

(1) 整齐。服装必须合身,袖长至手腕,裙长过膝盖,裤长至脚面,如图 2-43 所示,尤其是内衣不能外露;衬衫的领围、袖围以插入一指大小为宜,如图 2-44 所示,裤裙的腰围以插入五指为宜。不挽袖,不卷裤,不漏扣,不掉扣;衬衫露出外套 1~2.5 cm,如图 2-45 所示;领带、领结、飘带与衬衫领口的吻合要紧凑且不系歪;如有工号牌或标志牌,要佩戴在左胸正上方,有的岗位还要戴好帽子与手套。若着裙装,内要着衬裙,特别是穿丝、棉、麻等薄型面料或浅色面料的套裙时,一定要着衬裙。

(2) 清洁。职业装穿着时候一定要保证整套衣服干净整洁,切忌出现职业装破损和残旧还穿着在身上。要做到衣裤无污垢、无油渍、无异味,领口与袖口处尤其要保持干净。还需注意使鞋面保持干净,作为"盲区",经常被人忽视,如图 2-46 所示。

(3) 挺括。衣裤不起皱,穿前要烫平,穿后要挂好,做到上衣平整、裤线笔挺。

(4) 大方。款式简练、高雅,线条自然流畅,便于岗位接待服务。

图 2-43 女士职场裤装长度　　图 2-44 女士职场衬衫袖围大小

图 2-45 女士职场衬衫袖口长短 　　　　图 2-46 鞋面干净

2.3.5 职场"小心机"——职场配饰

客运服务人员是服务工作的实施者。为了提供优质的服务、塑造良好的形象,客运服务人员在选择配饰时以不妨碍工作、尊重乘客为原则。配饰要求款式简单、线条简洁、面板朴素,不要张扬,过于花哨。

1. 女士饰品的选择与佩戴

在职场中,女士佩戴一件得体的首饰是至关重要的,可以在美化形象的同时彰显品位、身份等。但是,在职场中佩戴饰品时应当保持低调,尤其是对于客运服务人员,过于高调的饰品会给工作带来一定的困扰。

(1) 饰品佩戴原则。高速铁路客运服务人员饰品佩戴的总原则为:符合身份,以少为佳。除此之外,还应满足如下几项原则。

① 场合原则。女士在不同场合塑造的形象是不一样的,首饰的选择也应有差异。比如平日上班,可以佩戴一些小巧精致、淡雅的胸针、项链、耳钉等。而社交场合,可以佩戴一些较大的项链、耳环,以达到华丽大气的效果。

② 服饰协调原则。饰品佩戴应该与服饰相协调。

③ 体型相配原则。饰品佩戴应该与体型相协调。

④ 色彩原则。戴饰品时,建议色彩同色,若同时佩戴两件或两件以上饰品,应使色彩一致或与主色调一致,避免打扮得色彩斑斓。

⑤ 简洁原则。在选择饰品进行搭配时,应当注意简洁,这里有两个方面的含义,一是指数量,全身上下饰品不应过多,一般不超过两件,二是指款式简洁大方,使人赏心悦目。

(2) 饰品的选择与佩戴。个人戴饰品的最重要原则就是少而精,重点突出一个即可。简约精美的饰品可体现职业女士含蓄干练之美。

① 耳饰。女士工作人员只允许戴一对对称的耳饰,选择紧贴耳朵的款式,设计简单,以耳钉为最佳,耳钉直径不超过 3 mm,如图 2-47 所示,不戴夸张的耳饰。

② 戒指。客运服务人员一次只戴一枚戒指,且戒指设计要简单。不应佩戴

有明显凸起物的戒指,以免刮伤他人或影响工作。

③ 项链。客运服务人员可以佩戴项链,但式样设计应当简单,不能过于夸张,也不能过于奢华,只是起到点缀的作用,如图 2-48 所示。

图 2-47　客运服务人员耳饰选择 　　　图 2-48　客运服务人员项链选择

④ 手表。手表最初是用作帮助人们掌握时间的工具,但现在在正规的社交场合,手表往往被视为首饰。客运服务人员应该佩戴手表上岗,以便掌握时间,手表的设计应是简单传统的。表带是银色、金色的金属或皮制表带。卡通表、塑料表、手镯表给人感觉不严肃,不建议佩戴,手腕除了手表外,不应佩戴其他饰品。客运服务人员不允许佩戴脚链。

⑤ 丝巾。丝巾不但具有保暖的功效,更能为一件平凡的衣服增光添彩,达到意想不到的良好效果。选择丝巾时,花色应当与服装颜色相称,暗色、中性色衣服可以大胆用亮色丝巾点缀;亮色衣服要尽量避开颜色饱和度高的丝巾。如图 2-49、图 2-50 所示,丝巾的式样也应当符合工作情境、服装款式和颜色。

图 2-49　客运服务人员丝巾选择(一) 　　　图 2-50　客运服务人员丝巾选择(二)

⑥ 帽子。高速铁路客运服务人员一般需要佩戴制式帽子,它不仅能起到抗寒防晒的作用,也是服饰搭配的重要环节。帽子的选用,应考虑到人的脸形、年龄、身份及与其他服饰之间的配套关系。高速铁路客运服务人员工作时应戴规定式样的帽子,颜色与制服颜色一致、协调。

综上所述,客运服务人员在选择佩饰时,以少为佳,宁缺毋滥,宁可不戴,不可错戴。宜选用款式风格颜色一致的配饰,产生协调美和统一美。

2. 男士饰品的选择与佩戴

（1）耳饰和戒指。高速铁路客运服务人员，男士工作人员禁止佩戴任何耳饰。可以佩戴一枚戒指，设计要简单。

（2）眼镜。在工作中，有些男士会选择隐形眼镜，但是框架眼镜也可以体现男士斯文、睿智而温厚的形象，同时也不乏时尚气息。佩戴眼镜要点见表2-1。

表 2-1 佩戴眼镜要点

眼镜选择技巧及佩戴要点	具体内容
选择与脸型相配	脸型决定着镜架的形状。选择镜架时，应该根据面部的情况反其道而行，例如，脸很圆的人就不宜再戴圆形的眼镜
合理选择眼镜的款式、风格	传统的大边框眼镜是政务人士稳妥的选择；无镜框及小镜片眼镜是时尚款式，适合商务人士和年轻人；佩戴纤细镜框眼镜的男士显得细致、温文尔雅；佩戴粗重框架的眼镜则显得男士时尚且不失沉稳
选择镜架的颜色	镜架的颜色应该与佩戴者的面色、发色、服装相协调。金、银色金属框架透露着高贵典雅的气质、谨慎的风格；宝石蓝及茶、褐色边框，很受追求个性与创意的新潮人士的欢迎
选择镜片的颜色	略带一些色彩的镜片不会太引人注意，在室内使用也很舒适，可以为佩戴者增添一些个性特征。墨镜主要适合在阳光强烈的室外活动时佩戴，以防强烈阳光的照射和紫外线的伤害，室内不宜佩戴。高速铁路客运服务人员在岗工作时不能戴墨镜
镜片应擦拭干净	工作再忙碌、时间再紧迫，都不要忘记经常擦拭镜片以保持镜片的干净。这不仅对保护自己的视力有益，也会让人感到舒适。另外，切忌佩戴镜片或镜架残破的眼镜

（3）手表。男士在正式场合所戴的手表，在造型方面应当庄重、保守，避免怪异、新潮。造型新奇、颜色花哨的手表，如时装表、卡通表等，仅适合青少年。一般而言，正圆形、椭圆形、正方形、长方形手表，适用范围较广，适合在正式场合佩戴。男士正装腕表如图2-51所示。

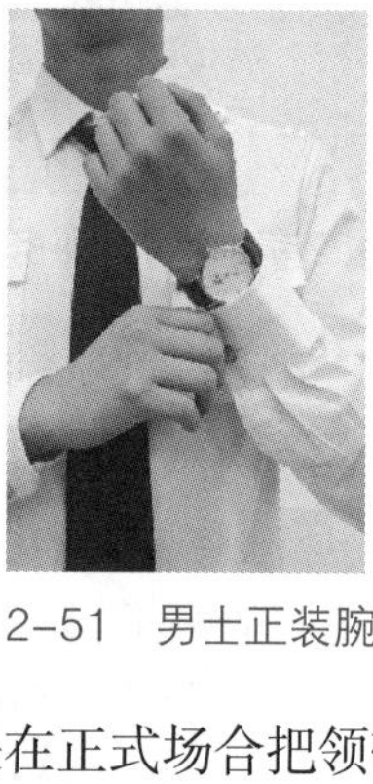

（4）皮带。高速铁路客运服务人员的皮带应选择传统的，配合西装或制服，以黑色、棕色为主，款式不过于夸张和张扬，在选择时，应注意以下几点。

① 皮带的搭配。皮带的颜色一般应比裤子的颜色略深，并且皮带的色泽与质地应与鞋子协调。

② 皮带的庄重性。工作场合，皮带上不能携挂物品。应避免使用带有珠宝或广告语的皮带。

图 2-51 男士正装腕表

（5）领带夹。领带夹是为了使领带保持贴身、下垂的服饰用品。一般场合穿着西服的时候经常需要。它的作用是在正式场合把领带夹在衣襟上，这样领带会显得比较笔直也不会被风吹起，弯腰时也不会直垂向地面。

一般从上往下数,在衬衫的第四与第五粒纽扣之间,将领带夹别上,然后扣上西服上衣的扣子,从外面一般应当看不见领带夹。对于高速铁路客运服务人员来说,领带夹的使用可以帮助工作人员树立仪表整洁的形象,但是使用时,不该超过领带宽度的 3/4。

2.3.6 优雅点缀——女士丝巾系法

丝巾是女士优雅和品位的点缀。对于高速铁路客运服务人员来说,丝巾一般与制服是配套的,将它优雅地表现出来,展现乘务人员的气质,一般配备的都是小方巾,经常起到锦上添花的作用,能突出工作人员整体造型的细节感、精致感。

1. 平结

平结是工作场景中的常用系法之一,简单大方,轻松打造出清爽的风格。此系法适合圆领、V领、低领、翻领和立领。在折叠时,最好不要将丝巾折得过细或过宽,可以结合领口方式进行调整,平结的系法如图 2-52 所示。

(1) 将丝巾按照对角折叠法折叠成长条形。

(2) 将丝巾佩戴在颈部,两端交叉。上方的一端拉长一些,从短的一端下方向上穿出系一个结。

(3) 将穿出的一端绕过短的一端再系一个结。调整丝巾两端的形状,使左右两端对称。

2. 花冠结

花冠结下端类似花冠。最好选用色彩鲜明艳丽带花边的方巾,更能突出美感和青春气息。方巾折叠宽度可根据颈部比例而定,以达到最佳效果,如图 2-53 所示。

(1) 将丝巾折成百褶状。

(2) 将百褶状的丝巾绕在脖子上。

(3) 系一个活结。两端整理好,成花冠形状。

图 2-52 平结的系法   图 2-53 花冠结的系法

3. 宝石结

宝石结适合温婉的女子,用以搭配低领上衣;不适合圆脸的脸型,不建议与方领搭配。宝石结系法如图2-54所示。

(1) 丝巾折成长条状,拿在手上。系一个死结,整理成正三角形,即成为心形结。

(2) 围在脖子上,将心形结戴在颈中间位置,颈后以平结固定。

(3) 若感觉单调,可以用心形丝巾扣加以点缀。

4. 玫瑰花结

也称为蔷薇花结,玫瑰花结方巾的材质不可太硬,太厚;适合颈部修长的女士,颈部较短可以系在胸前;与V领搭配时可以柔化V领的线条,选择鲜艳的丝巾更具有女人味。玫瑰花结系法如图2-55所示。

图2-54 宝石结系法　　图2-55 玫瑰花结系法

(1) 将丝巾两个对角打平结,尽量打小一点。
(2) 右边的丝巾角从结下穿过去。
(3) 和左边的丝巾角一起扭转一下。
(4) 把左边的丝巾角从结下穿回右边。

2.3.7　绅士之品——男士领带系法

领带是男士体现品位、气质、职位、身份、经济能力最重要的服装配饰,打好领带能够体现男士优雅气质,领带应保持整洁,无一丝折痕。男士应掌握打领带的技巧,将领带打得坚挺,两边平衡。现在普遍使用也是最基本的打领带方法有三种,分别为普通结、半温莎结、温莎结。

1. 普通结(又称:单结或平结)

普通结是最常用的一种领带结法。风格简约,非常方便,领结呈斜三角形,适合窄领衬衫。打结和解结都非常容易。对大部分的领带和几乎所有的衬衫领都非常适合。需要注意的是领带结要与衬衫领和谐搭配,应该不紧不松地系在衬衫领上。领带的最宽部分(即在"最宽点"前)应位于腰带处。

(1) 领带搭到颈部,宽的一头在右边,略长于窄头。
(2) 用右手将宽的一头压过短头,左手拿好短的一头,宽头绕短的一圈。
(3) 宽头绕过短头,让短头仍然保持在左边。这时领带结的形状初步形成。
(4) 将宽头从初步形成的领带结下穿过来,可以将领带结略抬高些。
(5) 从下往上,从内向外,将宽头穿过领带结。
(6) 用右手将领带的宽头从领结当中穿过。
(7) 拉领带的短头,将结拉紧。

2. 半温莎结

半温莎结让男士看起来有风度更有自信。半温莎结是一种比较浪漫的领带打法,近似正三角形的领形比普通结打出的斜三角形更庄重,结形比普通结稍微宽一些,适用于任何场合,在众多衬衫领形中,与标准领是最完美的搭配。如果是休闲的时候,用粗厚的材质系半温莎领,能凸显出一股随意与不羁,适合细领带、优质的丝织品和敞开的衣领。

3. 温莎结

温莎结形状对称、尺寸较大,因此适合系在分得很开的衣领上和很细的领带上。一般用于商务、政治等特定场合。

(1) 将领带宽头大大长于短头搭在右边,右手握宽头压过短头,让宽头到左边。
(2) 将宽头从左往右从下面绕过窄头,然后将宽头从上往下穿过打成的结。
(3) 宽头现在反面朝上垂在右边。
(4) 将宽头从上面压过打成的结,放到左边。
(5) 宽头在左手,自下往上,从后往前穿过打好的结。
(6) 让宽头穿出来,垂下来。
(7) 将宽头穿过领结的外层。
(8) 将宽头小心穿过,拉窄头进行调节。
(9) 领带系好之后,宽头不应该长于窄头,不然就重打一遍。

温莎结的打法较为烦琐,但优点在于可以自由掌控领带结的形状和大小,让领口的空间被饱满地填塞,营造出干练、直率的精英风范。

4. 简式结(马车夫结)

适用于质料较厚的领带,最适合打在标准式及扣式领口的衬衫上,将其宽边以180°由上往下翻转,并将折叠处隐藏于后方,待完成后可再调整其领带长度,是最常见的一种结形。

打领带不仅要按照方法步骤进行,还需要注意下面的问题。
(1) 要打得端正、挺拔,外观上呈倒三角形。

(2) 在收紧领结时,有意在其下压出一个窝或一条沟来,使其看起来更美观、自然。

(3) 领带结的大小应大体上与所穿的衬衫领子大小成正比。领口越宽,领带结越宽。

(4) 打好领带后,将领带一端窄头穿过宽头背后的布扣,一方面可防止领带分离移动,也可增加领带的美观。

(5) 太长的领带在穿戴好后,不可将领带末端塞入裤腰带,这是极不雅观的做法,同时也使领带丧失了原有的魅力。

(6) 穿戴好领带后,请检查衣领后的领带是否露出或有歪斜情形,如有,不妨换条宽幅较窄的领带为宜。

任务 2.4　神 态 礼 仪

表情是以眉、眼、鼻、嘴的动作组成的面部神态,是人体语言中最为丰富的部分,是内心情绪的反映。

2.4.1　微笑魔力——微笑礼仪

微笑是人际交往的魔力开关,是人类特有的最甜、最美、最动人的面部表情。微笑不仅能表达友善、传递喜爱,而且能够使我们显得更加可爱、更有魅力。人们对于微笑的表情最为敏感,普遍会产生积极的情绪。你向对方微笑,对方也报以微笑,他用微笑告诉你:你让他体验到了幸福感,你的微笑,使他觉得自己是一个受别人欢迎的人。换言之,你的微笑使他感到了自己的价值。微笑来自快乐,它带来的快乐也创造快乐,微笑虽然无声,但是它说出了如下许多意思:高兴、欢悦、同意、尊敬。

微笑是有自信心的表现,微笑可以表现出温馨、亲切,能有效地缩短双方的距离,给对方留下美好的心理感受,从而形成融洽的交往氛围。微笑也是一种情绪语言,是眼神、眉毛、嘴巴等协调动作的结果。在社会交往中,始终保持善意的微笑,可以反映出一个人良好的修养和待人的真诚。微笑往往还能表现出一个人对自己能力和魅力的自信。

1. 微笑的作用

(1) 表现心境良好。面露平和欢愉的微笑,说明心情愉快,充实满足,乐观向上,这样的人会更加充满魅力。

(2) 表现充满自信。面带微笑,表明对自己的能力有充分的信心,以不卑不亢的态度与人交往,使人产生信任感,更易被他人真正接受。

(3) 表现真诚友善。微笑反映自己心底坦荡,善良友好,待人真心实意,与他人交往时让对方感到自然放松,不知不觉地缩短了心理距离。

(4) 表现乐业敬业。工作岗位上保持微笑,说明热爱本职工作,乐于恪尽职守。在服务岗位,微笑可以创造一种和谐融洽的气氛,让服务对象倍感愉快和温暖。

2. 微笑的要求

(1) 微笑的时机。应该在与交往对象目光接触的瞬间展现微笑,表达友好。如果与对方目光接触的瞬间仍然延续之前的表情,即使是微笑也会让人感觉有些虚伪,是故作姿态。

(2) 微笑的层次变化。在整个交往过程中微笑的程度要有所变化,在整个过程中需要保持微笑,但要有收有放。微笑的程度有很多层次,有浅浅一笑,眼中含笑,也有热情的微笑,开朗的微笑。在什么时候用什么样的微笑是不可能也不应该用具体的标准制定出来并严格遵循的,要根据交往过程中的交流情况和个人特点自然、随机地发生变化。

(3) 微笑的维持长度。在交往过程中,目光停留在对方身上的时间应该占整个过程的 1/3~2/3,这段时间里在与对方目光接触的时候应展现出灿烂笑容。其余的时间段内,应适当地将笑容稍微收拢,保持亲和的态度就可以了。

(4) 微笑的"四要"。

① 要口眼鼻眉肌结合,做到真笑。发自内心的微笑,会自然调动人的五官,使眼睛略眯、眉毛上扬、鼻翼张开、脸肌收拢、嘴角上翘。

② 要神情结合,显出气质。笑的时候要精神饱满、神采奕奕、亲切甜美。

③ 要声情并茂,相辅相成。只有这样你的热情和诚意才能为人理解,并起到锦上添花的作用。

④ 要与仪表举止的美和谐一致,从外表上形成完美统一的效果。

(5) 微笑的"四不要"。

① 不要缺乏诚意,强装笑脸。

② 不要露出笑容,随即收起。

③ 不要仅为情绪左右而笑。

④ 不要把微笑只留给上级、朋友等少数人。

3. 微笑服务的培养方法

(1) 经常进行快乐的回忆,努力将自己的心情维持在最愉快的状态。

(2) 在工作的前一天,尽量保证充足的睡眠。

(3) 当长时间作业感到疲劳时,尤其应该提醒自己不要忘记微笑服务,可以抽空去洗手间用冷水洗脸,放松自己。

(4) 即使是在非常繁忙的时期,也要尽量使自己放松,只有这样才能使自己的微笑看起来轻松自在。

4. 微笑训练

(1) 第一阶段——放松肌肉。放松嘴唇周围肌肉是微笑练习的第一阶段,又名"哆来咪练习"的嘴唇肌肉放松运动,是从低音哆开始,到高音哆,大声地清楚地说三次每个音。

(2) 第二阶段——给嘴唇肌肉增加弹性。形成笑容时最重要的部位是嘴角。伸直背部,坐在镜子前面,反复练习最大限度地收缩或伸张嘴角。

① 张大嘴,使嘴周围的肌肉最大限度地伸张。张大嘴能感觉到腭骨受刺激的程度,并保持这种状态 10 s。

② 嘴角紧张,闭上张开的嘴,拉紧两侧的嘴角,使嘴唇在水平上紧张起来,并保持 10 s。

③ 聚拢嘴唇,在嘴角紧张的状态下,慢慢地聚拢嘴唇。出现圆圆的卷起来的嘴唇聚拢在一起的感觉时,保持 10 s。反复进行这一动作 3 次左右。

④ 咬住筷子保持微笑——用门牙轻轻地咬住筷子。把嘴角对准筷子,两边都要翘起,上扬 15° 左右。并观察连接嘴唇两端的线是否与筷子在同一水平线上,保持这个状态。并在这一状态下,轻轻地拔出筷子之后,练习维持这种状态。

(3) 第三阶段——形成微笑。这是在放松的状态下,根据大小练习笑容的过程,发现最适合自己的微笑。

① 小微笑——把嘴角两端一齐往上提。给上嘴唇拉上去的紧张感。稍微露出 2 颗门牙,保持 10 s 之后,恢复原来的状态并放松。

② 普通微笑——慢慢使肌肉紧张起来,把嘴角两端一起往上提。给上嘴唇拉上去的紧张感。露出上门牙 6 颗左右,眼睛也笑一点。保持 10 s 后,恢复原来的状态并放松。

③ 大微笑——一边拉紧肌肉,使之强烈地紧张起来,一边把嘴角两端一起往上提,露出 10 颗左右的上门牙。也稍微露出下门牙。保持 10 s 后,恢复原来的状态并放松。

(4) 第四阶段——保持微笑。一旦寻找到满意的微笑,就要进行至少维持那个表情 30 s 的训练。

(5) 第五阶段——修正微笑。虽然认真地进行了训练,但如果笑容还是不那么完美,就要寻找其他部分是否有问题。

① 缺点 1:嘴角上升时会歪。两侧的嘴角不能一起上升的人很多。这时利用木制筷子进行训练很有效。

② 缺点 2:笑时露出牙龈。笑的时候露很多牙龈的人,往往笑时没有自信,不是遮嘴,就是腼腆地笑。露出牙龈时,通过嘴唇肌肉的训练可以弥补。

5. 微笑服务的要求

对于服务行业来说,至关重要的就是微笑服务。微笑服务并不意味着只在脸上挂笑,而应真诚地为服务对象服务,在感情上把服务对象当作亲人、朋友,为其排忧解难。

（1）要有发自内心的微笑。对于乘客来说，服务人员硬挤出来的笑还不如不笑。在工作岗位上，服务人员只要把乘客当作自己的朋友来尊重，就可以很自然地向乘客展现会心的微笑。唯有这种笑，才是乘客所需要的笑，才是最美的笑。

（2）要会排除烦恼。当服务人员遇到不顺心的事情时，难免心情会不好，做不到满脸微笑。但是高铁服务工作的特殊性又决定了服务人员不能把自己的情绪发泄在乘客身上，所以，服务人员必须学会分解和淡化烦恼与不快，时刻保持一种轻松的情绪，把欢乐传递给乘客。

（3）要有宽广的胸怀。在服务过程中，难免会遇到出言不逊、胡搅蛮缠的乘客，服务人员一定要谨记"忍一时风平浪静，退一步海阔天空"。当服务人员拥有宽广的胸怀时，工作中就不会患得患失，服务乘客也不会斤斤计较，就能永远保持一种良好的心情，微笑服务就会变成一件轻而易举的事。

不同的微笑会给人传递不同的感觉。如图 2-56 所示，立姿站岗时的微笑一般只是嘴角微微上扬，给人传递认真踏实、有责任心的感觉；与乘客交流时的微笑幅度稍大，体现出热情待客、尊重乘客的感觉；当服务重点乘客时的微笑就要温柔亲切，传递出可靠、温暖的感觉。

（a）立姿站岗　　　（b）与乘客交流　　　（c）服务重点乘客

图 2-56　不同的服务微笑

2.4.2　眼神魅力——眼神礼仪

从医学上来看，眼睛在人的五种感觉器官中是最敏锐的，大概占感觉领域 70% 以上，因此，被称为"五官之王"。眼神是最富有表现力的一种身体语言，眼神交流处于人际交流的重要位置。人们相互间的信息交流，总是以眼神交流为起点，眼神交流发挥着信息传递的重要作用，故有所谓的眉目传情之说。目光接触和面部表情提供了重要的社会及情感的信息，在某些情况下，眼神交流会引起

PPT
眼神礼仪

强烈的情感反应。

1. 眼神交流的功能

（1）爱憎功能。亲昵的眼神交流可以打破僵局，使谈话双方的目光长时间相接。若在公共场合对异性死死地盯视，则可能伤害对方，引起不愉快的结果。

（2）威吓功能。用眼神长时间盯视对方还有一种威吓功能。警察对罪犯常常怒目而视，形成无声压力。

（3）补偿功能。两个人面对面交谈，一般的规矩是说者看着对方的次数要少于听者，这样便于说者将更多的注意力集中到要表达的思想内容上。一段时间后，如果说者的视线转向听者，这就是暗示对方可以讲话。

（4）显示地位功能。如果地位高的人与地位低的人谈话，那么，地位高的人投于对方的视线，往往多于对方投来的视线。

2. 眼神交流的注意事项

眼神属于表情范围。各种表情中特别是眼、眉、嘴等的形态变化最容易引起他人的注意。在与他人交流时，通常眼神的交流总是在先。因此，眼神要尽量看起来柔和、友好。由于眼神受情感的制约，人眼睛的表现力极为丰富和微妙，因此只有把握好自己的内心情感，才能充分地发挥眼神的作用。但凡炯炯有神的目光，都会给人以感情充沛、生机勃发的感觉；目光呆滞麻木，则给人以疲惫厌倦的印象；而目光凶相毕露，交往必然难以持续。

与他人见面时，不论是陌生的还是熟悉的，不论是偶然相遇还是如期约会，都要首先睁大眼睛目视对方，面带微笑，表现出喜悦和热情。如果你希望给对方留下很深的印象，则要凝视对方，用目光进行长久的交流。

与他人交谈时，不要不停地眨眼，不要眼神飘忽，不要怒目圆睁，不要目光呆滞，最忌讳目光闪烁、盯住对方或逼视、斜视、瞟视对方，这些都会使对方产生不信任和不舒服感。注视他人时，应以对方面部中心为圆心、以肩部为半径，这个视线范围是目光交流的最佳范围。在与他人交谈时应始终保持目光接触，以表示对对方很尊敬，对话题感兴趣；如果左顾右盼，则表示对人或事都不感兴趣；如果不看着对方说话则表示藐视，或者心不在焉。随着话题、内容的变换，目光应做出及时恰当的反应，或喜或惊，用目光会意，使整个交谈融洽而有趣。交谈结束时，应将目光抬起。道别时，应用目光表现出惜别之意。

在进行目光注视时，服务人员应注意以下几点：

（1）目光注视的区域。目光的表现力很丰富。它直接受情感因素的驱使，表现出对身体不同部位、不同内涵的注视。在社会交往中，要根据交往活动对象、目的及其关系的不同，正确地把握和体现不同情感内涵下的不同注视区域。

近距离注视对方通常有三种不同的方式，即注视对方面部的上三角部位

(双眼与额头之间的部位)、下三角部位(双眼与嘴部之间的部位)和脖子部位,如图 2-57 所示。注视对方面部的上三角部位,表示严肃、严厉、控制;注视下三角部位,表示随和、亲切、轻松;注视脖子部位,则表示谦虚。

① 公务注视。公务注视是指在洽谈业务、贸易谈判或者磋商问题时所使用的一种注视方式。其注视区域是以两眼为底线、额头中部为顶点所形成的三角区。洽谈业务时,如果注视对方的这个区域显得严肃认真,对方就会觉得你有诚意。在交谈时,如果你的目光总是落在这个区域,将有助于把握住谈话的主动权和控制权。

② 社交注视。社交注视区域,是以两眼为上线,唇部为顶点所形成的倒三角形区域。通常在一般的商务交往场合使用这种注视方式。在与人交谈时注视着对方的这个区域,能给人一种平等而轻松的感觉,有助于营造良好的社交气氛。像一些茶话会、舞会和各种友谊聚会的场合,都适合采用这种注视方式。

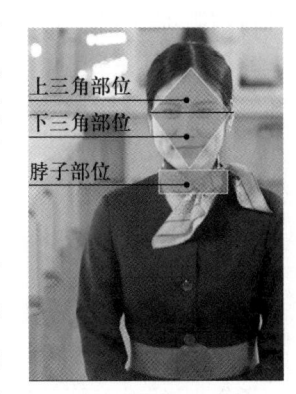

图 2-57 近距离注视方式

当服务人员接待服务对象时,宜注视对方脸部的下三角部位和脖子部位,即眼部以下、颈部以上的部位。如果服务人员近距离地上下打量服务对象或注视身上的某个部位,则意味着对他的怀疑,这对服务对象是一种冒犯和不尊重。在注视对方的脸部时,通常不能聚焦于脸部的某一部位,而应尽量把目光放虚一点,用目光笼罩对方的整个脸。

(2) 目光注视的角度。服务人员在注视服务对象时应采取正视、平视或仰视,以表示对服务对象的重视和敬重。

(3) 目光注视的时间长短。当人们听话时会注视讲话者,当讲话者搜索词句时会避开目光转向空间;当听话人对讲话内容有兴趣时会长久注视讲话者;当与地位低的人谈话时会减少目光接触;当一次盯视对方长达 10 s 以上时,就会让人感到很不舒服。

服务人员在与服务对象交谈时,视线接触对方面部的平均时间应占全部谈话时间的 30%~60%。如果注视的时间超过这个平均值,服务对象就会觉得受到了冒犯或挑衅;如果低于这个平均值,服务对象可能会有受冷落和被忽视的感觉。

(4) 目光注视的兼顾。服务人员既要保证对先到的服务对象的重点服务,又要在适当的间隙向后来的服务对象投去歉意和安慰的目光,以保证不忽视任何一位在场的服务对象。

3. 眼神训练

服务人员在与乘客沟通交流时,恰当地运用眼神,既可以让乘客觉得服务人员诚实可信,又可以让乘客感到自己是被尊重的。在客运服务中,恰当的眼神应是自然稳重、温和亲切的。比如在服务重点乘客时,应该以关切的眼神给予乘客温暖,但在面对恶意滋事的乘客时,也应该以坚定的眼神来告诫他行为欠妥。眼神是可以通过日常训练来更好地达到沟通交流的作用的,接下来学习如何训练自己的眼神。

(1) 定眼。眼睛盯着一个目标,分正定法和斜定法两种。

① 正定法:在前方 2~3 m 远的明亮处选一个点,点的高度与眼睛基本相平。进行定眼训练,眼睛要自然睁大,但眼轮匝肌不宜收得太紧。双眼正视前方目标上的标记,目光要集中,不然就会散神。注视一定时间后可以双眼微闭休息,再猛然睁开眼,立刻盯住目标,进行反复练习。

② 斜定法:要求与正定法相同,只是所视目标与视者的眼睛成 25° 斜角,训练要领也同正定法。

(2) 转眼。眼珠在眼眶里上、下、左、右来回转动。定向转眼的训练有以下各项:

① 眼球由正前方开始,移到左眼角,再回到正前方,然后再移到右眼角。如此反复练习。

② 眼球由正前方开始,眼球由左移到右,由右移到左。反复练习。

③ 眼球由正前方开始,眼球移到上(不许抬眉),回到前。移到右,回到前。移到下,回到前。移到左,回到前。再反复练习。

④ 眼球由正前方开始,由上、右、下、左各做顺时针转动,每个角度都要定住。眼球转的路线要到位。然后再做逆时针转动,反复练习。

左转:眼球由正前方开始,由上向左按顺序快速转一圈后,眼球立即定在正前方。

右转:同左转,方向相反。

慢转:眼球按同一方向顺序慢转,在每个位置、角度上都不要停留,要连续转。

快转:方向同慢转,不同的是速度加快。

以上训练开始时,一拍一次,一拍二次,逐渐加快。但不要操之过急,正反都要练。

(3) 扫眼。眼睛横向扫视,视线经过路线上的东西都要全部看清。

① 慢扫眼:在离眼睛 2~3 m 处,放一张画或其他物体。头不动眼睑抬起,由左向右,做放射状缓缓横扫,再由右向左,四拍一次,进行练习。视线扫过所有东西尽量一次全部看清。眼球转到两边位置时,眼睛一定要定住。逐渐扩大扫视长度,两边可增视斜 25°,头可随眼走动,但要平视。

② 快扫眼:要求同慢扫眼但速度加快。由两拍到位,加快至一拍到位。两边定眼。

任务 2.5　仪 态 礼 仪

仪态也叫仪姿、姿态,泛指人们身体所呈现出的各种姿态,它包括举止动作、神态表情和相对静止的体态。人们的面部表情、体态变化,行走、站立,举手投足都可以表达思想感情。高速铁路客运服务人员应该在工作中时刻注意自己的仪态,给旅客留下专业、真诚、热情的服务形象。

2.5.1 坐有坐相——男士标准坐姿

常见的男士标准坐姿大致分为以下五种。

1. 标准式坐姿

标准式坐姿要求上身挺直,双肩正平,小腿垂直于地面,两脚和两膝自然分开,与肩同宽,大腿和小腿成 90°,双手以自然手形分放在两膝后侧,如图 2-58 所示。

2. 前伸式坐姿

在标准坐姿的基础之上,双脚前伸一脚掌的距离,全脚掌着地,脚尖不能翘起,如图 2-59 所示。

图 2-58　标准式坐姿　　　　图 2-59　前伸式坐姿

3. 交叉式坐姿

男士双脚脚踝部位交叉,双膝自然分开一拳左右的距离。可以调整双脚的位置形成前交叉,后交叉及侧交叉式坐姿,无论双脚位置在哪儿,脚尖都不能翘起,需前脚掌或全脚着地。如图 2-60 所示。

图 2-60　交叉式坐姿

4. 屈直式坐姿

屈直式坐姿也叫前伸后屈式坐姿，要求右小腿屈回，前脚掌或全脚着地，左脚前伸一脚掌距离，全脚掌着地。两脚一前一后，自然分开，双手分放于大腿中部，如图 2-61 所示。

5. 重叠式坐姿

重叠式坐姿要求一条腿垂直于地面，另一条腿在上重叠，小腿向内收，脚尖斜向下，双手自然放在架起的腿上，双腿尽量重叠，不要留过大缝隙，如图 2-62 所示。

图 2-61　屈直式坐姿　　　图 2-62　重叠式坐姿

这是常见的五种男士标准坐姿,无论选择哪种坐姿都要求上身挺直,前脚掌或全脚着地。只有把握住这几点要领,坐姿才更端庄大方。

2.5.2 端庄坐姿——女士标准坐姿

坐姿是指臀部置于椅子、凳子、沙发等物体上,单脚或双脚放在地上的姿势。它是一种静态的仪态造型,是高速铁路客运服务人员常用的姿势之一。

1. 高速铁路客运服务人员坐姿基本要领

坐姿不仅包括坐的静态姿势,同时还包括入座和离座的动态姿势。坐姿的基本要求如下:

(1) 入座礼仪。入座时有以下四点注意事项:

① 在别人之后入座。和别人同时入座时,要分清主次关系,请客人首先入座,不能够抢先入座;

② 从座位左侧入座。在移动脚步的过程中一定要注意轻稳,尽量不要发出过多的响声,注意避免小碎步和斜跨步;

③ 向周围的人致意。落座后无论与周围的人是否认识,都应向身边人打招呼,向较远距离的人点头致意;

④ 以背部靠近座椅。入座过程中不能背向其他人,不然动作不文雅,显得不尊重。

需要注意,落座时脊椎要保持挺直,目视前方,不能撅臀或低头。女士抚裙落座过程如图2-63所示。

图2-63 女士抚裙落座过程

臀部坐在椅面的2/3处,两手放在膝盖上方(男士两手分放于双膝之上,女士双手自然叠放在膝盖上方),双目平视,下颌微收,面带微笑。

(2) 离座礼仪。离座时同样有四点注意事项:

① 事先示意。离开座椅时,身旁如有人在座,须以语言或动作向其先示意,随后方可站起身来;

② 注意先后。与他人同时离座,须注意起身的先后次序。地位低于对方时,应稍后离座;地位高于对方时,则应首先离座;双方身份相似时,可同时起身离座;

③ 起身缓慢。起身离座时,最好动作轻缓,无声无息,尤其要避免弄响座椅,或将椅垫、椅罩掉在地上;

④ 从左离开。离座起身后,宜从左侧离去,离开座椅站定之后,方可离去。

离座前,同样后撤右腿,前后脚支撑身体起身,右脚与左脚并齐,再从左侧离开。

2. 坐姿禁忌

坐姿禁忌是指工作人员在工作岗位或与乘客交谈时不应出现的坐姿。

(1) 仅以脚跟触及地面;
(2) 叠腿而坐时大腿之间留过大空隙;
(3) 反复抖动腿部,使人心烦意乱;
(4) 双脚直伸出去或将双腿伸到桌子外面;
(5) 将腿部高高翘起或踩踏身边的桌椅;
(6) 跷脚时将自己的脚尖指向别人;
(7) 过度岔开自己的大腿或小腿。

常见的女士标准坐姿大致分为七种。

(1) 标准式坐姿。标准式坐姿要求双腿并拢,上身挺直,两脚两膝并拢,两手搭放在双腿上,置于大腿二分之一处;上身和大腿、大腿和小腿都应成直角,小腿垂直于地面,如图2-64所示。

(2) 后点式坐姿。在标准坐姿的基础之上,双脚后挪,前脚掌或脚尖点地,双膝、双脚包括两脚的脚跟都要完全并拢,如图2-65所示。

(3) 交叉式坐姿。女士双脚脚踝部位交叉,双膝并拢。可以调整双脚的位置形成前交叉(见图2-66(a)),后交叉(见图2-66(b))及侧交叉式坐姿(见图2-66(c)),无论双脚位置在哪儿,脚尖都不能翘起,需前脚掌着地或脚尖点地。

图 2-64　标准式坐姿　　　　图 2-65　后点式坐姿

（4）屈直式坐姿。屈直式坐姿也叫前伸后屈式坐姿，要求上身挺直，大腿靠紧后，一脚在前，一脚在后，前脚全脚掌着地，后脚前脚掌或脚尖点地，双脚前后要保持在一条直线上，如图 2-67 所示。

(a)　　　　　　　　(b)　　　　　　　　(c)

图 2-66　交叉式坐姿

（5）重叠式坐姿。重叠式坐姿要求先将双腿一上一下交叠在一起，交叠后双腿之间不能留有缝隙，小腿贴紧，叠放在上方的脚尖应垂向地面，犹如一条直线，如图 2-68 所示。

图 2-67　屈直式坐姿　　　　　　　图 2-68　重叠式坐姿

（6）侧点式坐姿。侧点式坐姿要求双膝并拢，双脚向左或向右斜放，内侧的脚稍稍内收，斜放后的腿部与地面呈 45°角。这种坐姿适用于穿短裙的女士在较低处就座，如图 2-69 所示。

（7）侧挂式坐姿。在侧点式坐姿的基础上，将内侧的腿叠放于外侧腿上，交叠后双腿之间不能留有缝隙，小腿贴紧，叠放在上方的脚部应与小腿形成一条直线，脚尖指向斜下方，如图 2-70 所示。

图 2-69　侧点式坐姿　　　　　　　图 2-70　侧挂式坐姿

2.5.3 行云流水——标准行姿

行姿礼仪的基本要求是"行如风",规范的行姿首先要以端正的站姿为基础。走路时上身挺直,头部保持端正,下额颌收,双肩保持齐平,挺胸、收腹、立腰。双目平视前方,表情自然,精神饱满。以肩关节为轴,双臂前后自然摆动,前摆约35°,后摆约15°。行走时注意步位。脚尖略开,起步时,身体微向前倾,不要将重心停留在后脚,同时注意在前脚着地和后脚离地时要伸直膝部,步幅适当。

1. 男士行姿要领

男士走路以步幅较大为佳。昂首闭口,两眼平视前方,挺胸收腹,上身不动,两肩不摇,两臂在身体两侧自然摆动,两腿有节奏的交替向前迈进,步态稳健有力,显示出男士雄健、英武、豪迈之美,如图 2-71 所示。

2. 女士行姿要领

女士走路以步幅较小为美。头部端正,不宜抬得过高,两眼直视前方,上身自然挺直收腹;两手前后摆动幅度要小,以含蓄为美,两腿并拢,小步前行,走成直线,步态要自如、匀称、轻盈,显示出女士庄重、文雅之美,如图 2-72 所示。

图 2-71 男士行姿

图 2-72 女士行姿

3. 行姿变向步伐种类

行姿礼仪中有一个内容就是变向行姿礼仪。变向行姿礼仪是指在行走中,需转身改变方向时,注意要让身体先转,头随后转,并同时向他人告别、祝愿、提醒、寒暄等时的行走姿态礼仪,具体包括以下几种形式:

（1）后退步。在后退的过程中，左右脚各退一小步，手臂前后轻微摆动，左脚在退第三步时，脚掌轻擦地面，身体后转180°，同时适度留头，即可完成转身后退步。

（2）引导步。服务人员引领乘客向前行走时，应走在乘客的左前方，保持两至三步的距离，髋部朝向前行方向，上身微微向右转向乘客，并在上下楼梯、拐弯、进门时，要伸出左手示意，提示请乘客上楼、进门等。

（3）前行转身步。在前行中要向左或向右90°转向时，要在距所转方向远侧的一脚落地后，立即以该脚掌为轴，转过全身，然后迈出同转向侧的那只脚。即向左转，要右脚在前时转身；向右转，要左脚在前时转身。

4. 不同情况下的行姿

针对不同的工作情况，对服务人员的行姿有着不同的标准。

（1）在与乘客迎面相遇时，服务人员应放慢脚步，面带微笑目视乘客表示致意，并实时伴随礼貌的问候用语。以规范的右侧通行原则，让乘客先行。

（2）在进出升降式电梯时，如果无人驾驶电梯，服务人员应让乘客后进先出；如果有人驾驶电梯，服务人员应让乘客先进先出。

（3）在搀扶帮助他人时，服务人员应注意步速与对方保持一致。在行进过程中，服务人员可适当停顿，询问乘客的身体状况。

5. 高铁客运服务人员行姿禁忌

为了更好地服务乘客，展现高铁服务人员的良好形象，服务人员应避免一些不文雅或不礼貌的行姿，具体的禁忌内容有：

① 走路"内八字"或者"外八字"；
② 蹬踏和拖蹭地面，踮脚走路；
③ 大甩双臂、左摇右摆；
④ 行走速度多变；
⑤ 瞻前顾后。

2.5.4 蹲下有道——标准蹲姿

标准蹲姿的原则是迅速、美观、大方。在捡拾东西时，可站在所取物品的旁边，一脚前、一脚后，弯曲双膝，以双脚支撑身体，蹲下时要保持上身的挺拔、体态自然。若用右手捡东西，可以先走到东西的左侧，右脚向后退半步后再下蹲，避免弯腰翘臀的姿势。两腿间可留有适当距离，大致与肩同宽。

1. 蹲姿基本要求

（1）下蹲拾物时，应自然、得体、大方，不遮遮掩掩。

（2）下蹲时，两腿合力支撑身体，避免滑倒。

（3）下蹲时，应使头、胸、膝关节在一个角度上，使蹲姿优美。

（4）女士无论采用哪种蹲姿，都要将腿靠紧，臀部向下。

2. 蹲姿动作要领

蹲姿注重"稳"和"雅"。下蹲时一脚在前，一脚在后，两腿向下蹲，前脚全着地，小腿基本垂直于地面，后脚脚跟提起，脚尖着地。女士应靠紧双腿，男士则可适度的将其分开。臀部向下，基本上以后腿支撑身体。

3. 高铁客运服务人员蹲姿的种类

在蹲姿的动作要领的基础上，男士客运服务人员和女士客运服务人员的蹲姿通常需要根据自身的性别特点，选择不同的蹲姿种类。对男士蹲姿的要求以端正、稳重为主，对女士蹲姿的要求则是以优雅、端庄为主。

① 男士标准蹲姿。常见的男士蹲姿大致分为三种，半蹲式蹲姿、高低式蹲姿、半跪式蹲姿。

A. 半蹲式蹲姿。半蹲式蹲姿一般是在行走时临时采用，基本特征是身体半立半蹲。主要要求在下蹲时，上身稍许弯下，但不要和下肢构成直角和锐角。臀部务必向下，而不是撅起；双膝略为弯曲，角度一般为钝角。身体的重心应放在一条腿上，两腿之间不要分开过大，如图2-73所示。

B. 高低式蹲姿。高低式蹲姿下蹲时左脚在前，全脚着地，小腿基本垂直于地面，右脚后撤半步，脚跟提起，前脚掌着地。形成左膝高右膝低的姿态，两腿分开与肩同宽的距离，臀部向下，基本上以右腿支撑身体，如图2-74所示。

C. 半跪式蹲姿。两腿一蹲一跪，其要求是下蹲之后，改为一腿单膝着地，臀部坐在脚跟上，以脚尖着地；另一条腿应当全脚着地，小腿基本垂直于地面，双腿与肩同宽，上身挺直，如图2-75所示。

图2-73 半蹲式蹲姿　　图2-74 高低式蹲姿　　图2-75 半跪式蹲姿

② 女士标准蹲姿：女士服务人员在蹲立时，要注意表现出女士轻盈、娴静、典雅的韵味，要努力给人以一种优美感。常见的女士蹲姿大致分四种，高低式蹲姿、交叉式蹲姿、半跪式蹲姿、半蹲式蹲姿。

A. 高低式蹲姿。下蹲时，左脚在前，右脚后撤半步。左脚全脚着地，小腿基本垂直于地面。右脚前脚掌着地，脚跟提起。右膝内侧靠于左小腿内侧，形成左膝高右膝低的姿态。在这个时候要并紧双腿，高低式蹲姿是日常工作中帮助乘客捡拾东西时最常使用的，既方便又优雅的蹲姿形态，如图 2-76 所示。

B. 交叉式蹲姿。下蹲时，左脚在前，右脚后撤至左脚的左后方。下蹲后两腿交叉重叠，右小腿垂直于地面，全脚着地，左脚脚跟抬起，前脚掌着地。两脚前后靠近，合力支撑身体。上身略向前倾，臀部朝下。这种蹲姿尤其适合穿职业套裙的工作人员，其特征是下蹲后双腿交叉重叠在一起。这种蹲姿对于女士来说最为优雅大方，如图 2-77 所示。

图 2-76　高低式蹲姿　　　　图 2-77　交叉式蹲姿

C. 半跪式蹲姿。半跪式蹲姿又叫作单跪式蹲姿。它是一种非正式蹲姿，多用在下蹲时间较长，或为了用力方便时使用。双腿一蹲一跪，主要要求在下蹲后，改为一腿单膝点地，臀部坐在脚跟上，以脚尖着地。另外一条腿，应当全脚着地，小腿垂直于地面，双腿应尽力贴紧靠拢，如图 2-78 所示。

D. 半蹲式蹲姿。半蹲式蹲姿基本特征是身体半立半蹲，主要要求在下蹲时，上身稍许弯下，但不要和下肢构成直角或锐角。臀部务必向下，而不是撅起。双膝略为弯曲，角度一般为钝角。身体的重心应放在一条腿上，两腿之间尽量贴近，不要分开过大，如图 2-79 所示。

图 2-78　半跪式蹲姿　　　　图 2-79　半蹲式蹲姿

4. 蹲姿禁忌

不良的蹲姿是高铁客运服务人员在工作岗位上不应当出现的。高铁客运服务人员蹲姿禁忌有以下四种：

① 行进中突然下蹲；
② 背对他人或正对他人蹲下，方位失当；
③ 女士着裙装下蹲时毫无遮饰；
④ 正常工作中以蹲姿休息。

2.5.5　站有站相——标准站姿

1. 男士站姿要求

男士站立要稳健、挺拔、收腹、抬头，双肩放松齐平，双臂自然下垂，显示出男士刚健、强壮、英武、潇洒的风姿。

2. 女士站姿要求

女士站立要柔美，抬头、挺胸、收腹，好像有带子从上方把头部拉起，体现女士轻盈、娴静、典雅的韵味。

3. 站姿动作要领

站姿动作要领为头正、肩平、躯挺、臂垂、腹收、腿并。

头正：两眼平视前方，不要左右乱看，眼睛要有神。头摆正，头要向上顶，不要缩脖子。鼻子嘴巴不能乱动。嘴微闭，收颌梗颈，表情自然，稍带微笑。

肩平：两肩平正，微微放松，稍向后下沉，不能耸肩。

躯挺：胸部挺起、腰部正直，臀部向内向上收紧，不要翘臀部。

臂垂：两肩平整，两臂自然下垂，中指对准裤缝，五指都要并拢并且伸直。

腹收：腹部往里收。

腿并：两腿直立、贴紧，两个膝盖要紧紧并在一起，肌肉略有收缩感，脚跟靠拢，两脚尖向前。脚尖尽量要在一条线上。

4. 高铁客运服务人员站姿的种类

（1）基本站姿。基本站姿是指人们在自然直立时所采取的姿势。它的标准做法如下：头部抬起，面部朝向正前方，双眼平视，下颌微微内收，颈部挺直。双肩放松，呼吸自然，腰部直立。双臂自然下垂，处于身体两侧，手部虎口向前，手指稍许弯曲，指尖朝下。两腿立正并拢，双膝与双脚的跟部紧靠在一起。两脚呈V状分开，二者之间相距约一个拳头的宽度（有时又叫"外八字"）。注意提起髋部，身体的重量应当平均分布在两条腿上。

（2）不同性别的站姿。在站姿基本要求的基础上，男士客运服务人员和女士客运服务人员的站姿通常需要根据自身的性别特点，采取一些局部的变化，对男士站姿的要求以挺拔、稳重为主，对女士站姿的要求以优雅、端庄为主，主要表现在手位和脚位会有一些不同。

① 男士标准站姿。男士服务人员在站立时，要注意表现出男士刚健、潇洒、英武、强壮的风采，要力求给人一种壮美感。常见的男士站姿大致分为三种。

A. 肃立式站姿。要求双脚微分，两手垂放在身体两侧，中指贴于裤缝，两眼平视，下颌微收，挺胸收腹。这种站姿适用于立姿站岗、出乘会等庄重严肃的场合，如图2-80所示。

B. 体前交叉式站姿。要求双脚略窄于肩宽，右手拇指与四指分开握住左手手腕，置于腹前，这种站姿适合与乘客或同事交谈时使用。需要注意的是，双脚左右开立时，两脚之间的距离不可以过大，不要挺腹，不得双腿交叉，如图2-81所示。

C. 体后交叉式站姿。与体前交叉式相反，双脚略窄于肩宽，右手握住左手手腕，置于体后腰节线处，这种站姿适合在迎接乘客时使用。同样需要注意的是，双脚左右开立时，两脚之间的距离不宜过大，不要顶髋，向上仰头，如图2-82所示。

② 女士标准站姿。女士服务人员在站立时，要注意表现出女士轻盈、娴静、典雅的韵味，要努力给人以一种"静"的优美感。常见的女士站姿大致分为三种。

图 2-80　肃立式站姿　　　图 2-81　体前交叉式站姿　　　图 2-82　体后交叉式站姿

　　A. 肃立式站姿。要求两肩平齐，双臂自然下垂，中指贴于裤缝，两脚跟并拢，脚尖张开 45°，身体重心落于两腿中间，两眼平视，下颌微收，挺胸收腹，如图 2-83 所示。车站服务台等需要长时间站立的岗位工作人员，可以采用这种站姿适度缓解疲劳。

　　B. 体前交叉式站姿。要求右手握左手四指至于小腹前，四指并拢，拇指内收，左手四指不外露，同样身体重心落于双腿中间，可采用 V 字步或丁字步，双眼平视，下颌微收，挺胸收腹，如图 2-84 所示。工作人员在迎送乘客的时候可以采用这种站姿，辅以适当的问候语和欠身致意，表示对乘客的热情和尊重。

　　C. 体前屈臂式站姿。与体前交叉式大致相同，只是手位上有区别。要求右手握左手四指置于中腹前，四肢并拢，拇指内收，左手四指不外露，双手呈拱状，如图 2-85 所示。

5. 高铁客运服务人员站姿禁忌

　　不良的站姿是高铁客运服务人员在工作岗位上不应当出现的。不良站姿大致有如下八种：

　　(1) 弯腰驼背。

　　(2) 手位不当。站立时手位不当主要表现在：一是双手抱在脑后；二是用手托着下巴；三是双手抱在胸前，这种姿势容易给人傲慢的印象；四是把肘部支在某处；五是双手叉腰；六是将手插在衣服或裤子口袋里，这样显得过于随意。

　　(3) 脚位不当。在正常情况下，"V" 字步、"丁" 字步或平行步均可采用，但要避免 "人" 字步和 "蹬踩式"。"人" 字步即俗称的 "内八字"；"蹬踩式" 指的是在一只脚站在地上的同时，把另一只脚踩在鞋帮上，或是踏在其他物体上。

图 2-83　肃立式站姿　　图 2-84　体前交叉式站姿　　图 2-85　体前屈臂式站姿

（4）半坐半立。
（5）身体歪斜。
（6）趴伏倚靠。
（7）双腿大叉。
（8）浑身乱动。

2.5.6　规范指示——标准手势

高铁客运服务人员在向乘客介绍、说明、引导等时，都会用到手势，准确有效的手势会强化所要表达的意思。手势的运用要规范和适度，下面具体来看高铁客运服务人员手势的基本要求。

1. 服务人员手势基本要求

（1）意思明确。服务人员的手势必须与语言的内容相一致，不能让乘客难以理解，甚至误解。

（2）手势要适度。服务人员使用手势时必须控制使用的频率和幅度，如果没有手势，对话内容会有呆板的感觉，但如果手势动作过多，又会给人留下装腔作势、缺乏涵养的印象。

（3）简单明了。服务人员的每一个手势都力求简单、精练、清楚、明了，要做到干净利索、优美动人，不要过于烦琐、拖泥带水。

（4）自然大方。手势的使用要自然大方，不要太机械、僵硬。

2. 高铁客运服务人员常用手势的种类

引导乘客时，服务人员要言行并举。常见的标准手势有五种，横摆式、直臂式、曲臂式、斜摆式和双臂式。

(1) 横摆式。手势通常用作迎接乘客,表示"请进"。

动作要领:五指伸直并拢,手掌自然伸直,手心向斜上方,不要凹陷,手与地面呈45°。腕关节微屈,腕关节要低于肘关节。动作时,轻声对乘客说"您请",手从腹前抬起,然后,以肘关节为轴向右摆动,到身体右侧稍前的地方停住。同时,双脚形成右丁字步,或双腿并拢,左手自然下垂或背在后面。头部和上身微向伸出手的一侧倾斜,目视乘客,面带微笑,表现出对乘客的尊重、欢迎,如图2-86所示。

(a)　　　　　(b)

图 2-86　横摆式

(2) 直臂式。手势通常用作为乘客指示方位,表示"请往前走"。

动作要领:五指伸直并拢,屈肘由腹前抬起,手臂的高度与肩同高,肘关节伸直,再向要行进的方向伸出前臂。在指引方向时,身体要侧向乘客,眼睛要兼顾所指方向和乘客,直到乘客表示已清楚了方向后,再把手臂放下,向后退一步,施礼并说"请您慢走"等礼貌用语。如图2-87所示。

(3) 屈臂式。手势同样用作为乘客指示方位,表示"这边请"或者"里边请"。

动作要领:以右手五指伸直并拢,从身体的侧前方,由下向上抬起。上臂抬至离开身体45°,然后以肘关节为轴,手臂由体侧向体前左侧摆动成曲臂状,距身体20 cm处停住;掌心向上,手指尖指向左方,头部随客人由右转向左方,面带微笑,请乘客上车,如图2-88所示。

图 2-87　直臂式

图 2-88　屈臂式

（4）斜摆式。手势通常在请乘客入座时使用,表示"请坐"。

动作要领：一只手屈臂由身前抬起,再以肘关节为轴,前臂由上向下摆动到距身体 45° 处,手臂向下形成一斜线。当请乘客入座时,要用双手扶椅背将椅子拉出（当座位不可移动时则省略此步）,手势摆向座位的方向,面带微笑,请乘客入座,如图 2-89 所示。

（5）双臂式。也称双臂横摆式,双臂式手势通常在引导较多乘客时使用,表示"诸位请"。

动作要领：两臂从身体两侧向前上方抬起,两肘微曲,向两侧摆出,如图 2-90 所示。

(a)   (b)

图 2-89　斜摆式

(a)   (b)

图 2-90　双臂式

若服务人员引导乘客向一侧前行,可两手从体前抬起,同时向一侧摆动,两臂之间保持一定距离。指向前进方向一侧的手臂应抬高,伸直一些,另一手稍低,弯曲一些,如图 2-91 所示。

运用手势时还要注意与眼神、步伐、礼节相配合,才能使乘客感觉到这是一种"感情投入"的热诚服务。

3. 高铁客运服务人员手势禁忌

高铁客运服务人员运用手势时应避免以下几种手势禁忌:

(a)　　　　　　　　(b)

图 2-91　双臂式

（1）指手画脚。在服务过程中，任何情况下都不要用大拇指指自己的鼻尖和用手指指点他人。

（2）手势过多。在交往中，手势不宜过多，动作不宜过大，更不要手舞足蹈，手势要控制在一定的范围内。

（3）掌心向下。一般认为，掌心向上的手势有诚恳、尊重他人的含义；掌心向下的手势意味着不够坦率、缺乏诚意。

（4）有小动作。服务人员在引导乘客时，正确使用手势的同时，一定要避免有抓头发、摆弄手指、抬腕看表、掏耳朵、抠鼻孔、剔牙、咬指甲、玩饰物、拉衣服袖子等动作。

【任务实施】

你是某站的客运员，今天第一次上岗，领导要求你通过恰当的化妆修容、发式造型完成自己的仪容修饰，以良好的精神面貌、微笑、优雅的仪态服务乘客，具体任务如下：

任务 1　按照高速铁路客运服务人员规范完成妆容及面容修饰。

按照仪容标准，检查自己的头发、脸部、口腔、耳朵、手臂和腿部等部位的清洁，达到干净、整洁、简洁大方的要求。要求男生为自己进行皮肤护理，改善皮肤状态，并适当修容，修理眉毛、胡须等；要求女生为自己进行皮肤护理，改善皮肤状态，并给自己化妆修容，化出适合自己的职场淡妆。每次训练时间为 20~30 min。训练前可提前进行皮肤护理，保持良好的肌肤状态。高速铁路客运服务人员面容修饰检视标准见表 2-2。

表2-2 高速铁路客运服务人员面容修饰检视标准

内容及评价标准		分值	最后得分	备注
女士	男士			
底妆——底妆色号与肤色接近,上妆均匀,与脖颈连接自然,无起皮或出油现象	底妆——肤色均匀,与脖颈连接自然,肤质状态良好,无起皮或出油现象	20分		
眉妆——眉眼处无多余杂毛,眉笔颜色与眉色接近,眉形自然,能起到修饰脸型的作用	眉妆——眉眼处无多余杂毛,眉笔颜色与眉色接近,眉形自然,能起到修饰脸型的作用	20分		
眼妆——眼妆干净自然,眼影颜色不过分夸张,眼线流畅且贴合眼形,睫毛自然上翘,眼睛有神	唇妆——唇部无干裂起皮现象,唇色自然饱满	20分		
腮红——上妆自然,提亮气色	五官——五官清洁到位,无隐藏污垢	15分		
唇妆——唇膏颜色不夸张另类,上妆后唇色饱满,唇线流畅,无粘牙现象	手部——手部清洁到位,无干裂起皮现象,不留长指甲	15分		
修容——整体妆容干净,面部五官立体	颈部——颈部清洁到位,领口干净整洁无污渍	10分		
合计		100分		

备注:评价满分为100分,60~74分为及格,75~84为良好,85分以上为优秀。

任务2 按照高速铁路客运服务人员规范完成发型及头型修饰。

要求男生为自己进行头发护理,改善发质状态,并修剪至规定长度,利用造型工具适当修饰发型;要求女生为自己进行头发护理,改善发质状态,并根据头发长短为自己设计发型,按照工作要求打造干练利落的职场发型。每次训练时间为20~30 min。训练前可提前进行头发护理,保持良好的发质状态。高速铁路客运服务人员头发修饰检视标准如表2-3所示。

任务3 按照高速铁路客运服务人员规范着装以及手表、耳环、皮带等配饰的穿戴,进行个人仪表修饰及自检。

在穿衣搭配过程中要求注重细节,正装不得出现明显褶皱和损坏,配饰不得过于夸张显眼,整体搭配要呈现稳重大方、干净整洁的仪表状态。每次训练时间为5~10 min。训练前需提前对衣物进行清洗和熨烫,提前准备好相关可用配饰进行现场穿搭训练。高速铁路客运服务人员服饰礼仪检视标准见表2-4。

表 2-3 高速铁路客运服务人员头发修饰检视标准

内容		评价标准	分值	最后得分	备注
基本要求		头发洁净自然,修饰得当	25 分		
具体要求	男	前不附额,侧不掩耳,后不及领;发色自然,造型简单大方	25 分		
	女	短发前不过眉,后不过肩,露出双耳;长发盘成发髻,收于发网,发色自然			
发型与头型		发型与头型协调,修饰头型饱满美观	10 分		
发型与脸型		发型与脸型协调,修饰脸型接近鹅蛋脸	10 分		
发型与五官		发型与五官协调,修饰五官比例适中	10 分		
发型与体型		发型与体型协调,修饰体型比例适中	10 分		
发型与发质		发型与发质协调,利用发质特点设计适合发型	10 分		
合计			100 分		

备注:评价满分为 100 分,60~74 分为及格,75~84 为良好,85 分以上为优秀。

表 2-4 高速铁路客运服务人员服饰礼仪检视标准

内容	评价标准	分值	最后得分	备注
服装选择	服装选择符合要求,能够根据自身体型选择合适的正装或者制服,正装不得出现明显褶皱和损坏	25 分		
配饰选择	配饰选择符合要求,腰带、领带、皮鞋等与服装搭配和谐,不得过于夸张显眼	25 分		
穿着整齐	服装颜色配套,整体搭配呈现稳重大方、干净整洁的状态	25 分		
穿着正确	无选择不当及穿着不当等问题,尤其是衬衣、服饰等的穿着、搭配要符合要求	25 分		
合计		100 分		

备注:评价满分为 100 分,60~74 分为及格,75~84 为良好,85 分以上为优秀。

任务 4 按照高速铁路客运服务人员规范进行微笑及眼神训练。

微笑训练中要求口眼鼻眉肌结合,做到自然真诚的微笑。在服务交流过程中要求微笑富有层次变化,并把握微笑的维持长度。主要从放松肌肉、增加嘴唇肌肉弹性、形成和保持微笑、修正和修饰微笑几个方面进行微笑训练,同时加强调整心态和保持状态的训练,使微笑服务更加真诚;眼神训练中把握正确的目光注视区域、角度以及时间长短,以友好善意的眼神注视乘客。从定眼、转眼、扫眼几个方面进行眼神训练,同时加强眼神的灵活运用,如面对多位乘客时学会眼神兼顾,不让乘客受冷落。每次训练时间为 20~30 min,训练后仍需在日常工作生活中坚持进行表情管理和训练,形成良好的神态习惯。高速铁路客运服务人员神态礼仪检视标准见表 2-5。

表 2-5　高速铁路客运服务人员神态礼仪检视标准

内容	评价标准	分值	最后得分	备注
微笑	口眼鼻眉肌结合,做到真笑	20 分		
	神情结合,显出气质	10 分		
	声情并茂,相辅相成	10 分		
	与仪表举止的美和谐一致	10 分		
眼神	注视范围以对方面部中心为圆心,以肩部为半径	15 分		
	交谈中始终保持目光接触	15 分		
	随着话题、内容的变换,目光应做出及时恰当的反应	20 分		
	合计	100 分		

备注:1. 评价满分为 100 分,60~74 分为及格,75~84 分为良好,85 分以上为优秀。
　　2. 在与人交谈过程中观察神态变换进行检视。

任务 5　按照高速铁路客运服务人员的仪态标准服务乘客。
具体服务要求包括以下几点:
1. 站台引导乘客上车时,要求保持标准站姿,辅以恰当手势,微笑服务乘客;
2. 引导乘客根据上下车导向标识排队,要求采用标准站姿和服务手势进行方向引导;
3. 为乘客指引出口方向,要求采用标准服务手势进行方向指引,必要时需采用标准行姿引领乘客至出口;
4. 在人工售票窗口为乘客进行售票及找零等服务,要求采用标准坐姿,座椅面的 2/3,递送车票和找零需使用双手,正确使用手势进行售票服务;
5. 在服务台为乘客解答问题,要求保持标准站姿,耐心细致地为乘客进行服务,同时注意服务神态;
6. 乘客物品遗落,帮助其从地上捡拾物品,要求采用标准蹲姿快速捡拾,双手递送物品;
7. 站厅内小朋友寻求帮助,下蹲与小朋友交流了解情况,要求采用标准蹲姿,语言温和,耐心安抚并帮助小朋友解决问题;
请你按照标准站姿、坐姿、行姿、蹲姿、手势等要求,设置服务情境进行展示。

男生要求按规范穿着制服、衬衫、皮鞋。女生要求按规范穿着制服、衬衫、西裙、皮鞋进行展示练习。高速铁路客运服务人员仪态礼仪检视标准见表2-6。

表2-6 高速铁路客运服务人员仪态礼仪检视标准

内容	评价标准	分值	最后得分	备注
站姿	按照平、直、高、收、挺、脚位、手臂的站姿标准要求	20分		
坐姿	按照头部、肩部、背部、腰部、手部、腿部、脚部的坐姿标准要求	20分		
行姿	按照正、直、平、收、挺、步幅、手臂的行姿标准要求	20分		
蹲姿	按照上身、腰部、下身、双脚、方位、礼仪的蹲姿标准要求	20分		
手势	按照手掌、手肘、手腕、视线、微笑、语言的手势标准要求	20分		
合计		100分		

备注：评价满分为100分，60~74分为及格，75~84为良好，85分以上为优秀。

测试
仪之美——高速铁路客运服务人员职业形象礼仪测一测

【巩固练习】

扫描二维码完成"仪之美——高速铁路客运服务人员职业形象礼仪测一测"练习。

项目三
礼之用——高速铁路客运服务人员日常接待礼仪

【问题引入】

孔子曰:"有朋自远方来,不亦乐乎?"自古以来,中国人就以热情好客而闻名。礼待宾客,向来被中国人视为最基本的社交礼仪之一。近些年来,随着我国高速铁路的不断发展,高速铁路客运服务人员的素质也越来越被大家重视,提高高铁客运服务人员的礼仪素养,服务素养也是现阶段极为重要的内容。假如你是一名高速铁路客运服务人员,面对下面的情形,你应该怎么接待乘客呢?

1. 假如你是高速铁路车站的一名工作人员,某天,有位男士乘客想要询问从西安到北京的某趟车大概几点到北京,这时候你应该怎么称呼这位乘客呢?

2. 作为高速铁路车站的一名工作人员,早上上班时,你与领导同时在等电梯,这时候,电梯来了,请问你是先进电梯还是后进电梯呢?

3. 当你需要和车站领导同乘一辆车时,你应该先上车还是后上车,坐在车的什么位置比较合适?

4. 某天,有位乘客因为有些事情想要与车站的领导见面,这时候,假如你是车站的客运服务人员,如何将这位乘客介绍给车站的领导呢?怎样介绍才比较合适?

5. 某日,某铁路局想要召开一次全体职工大会,鉴于一些客观原因,此次大会同时在线上、线下召开,假如安排你为会议准备人员,请问该从哪些方面开始着手准备,才能使此次会议顺利召开呢?

6. 某外国代表团将要来你们某铁路局参观,领导安排你负责外宾接待事宜,既要展示路局的风采,又要显示对对方的尊重,应该如何安排会面、出行、会务、饮食问题呢?

【学习导航】

学习导航图如图 3-1 所示。

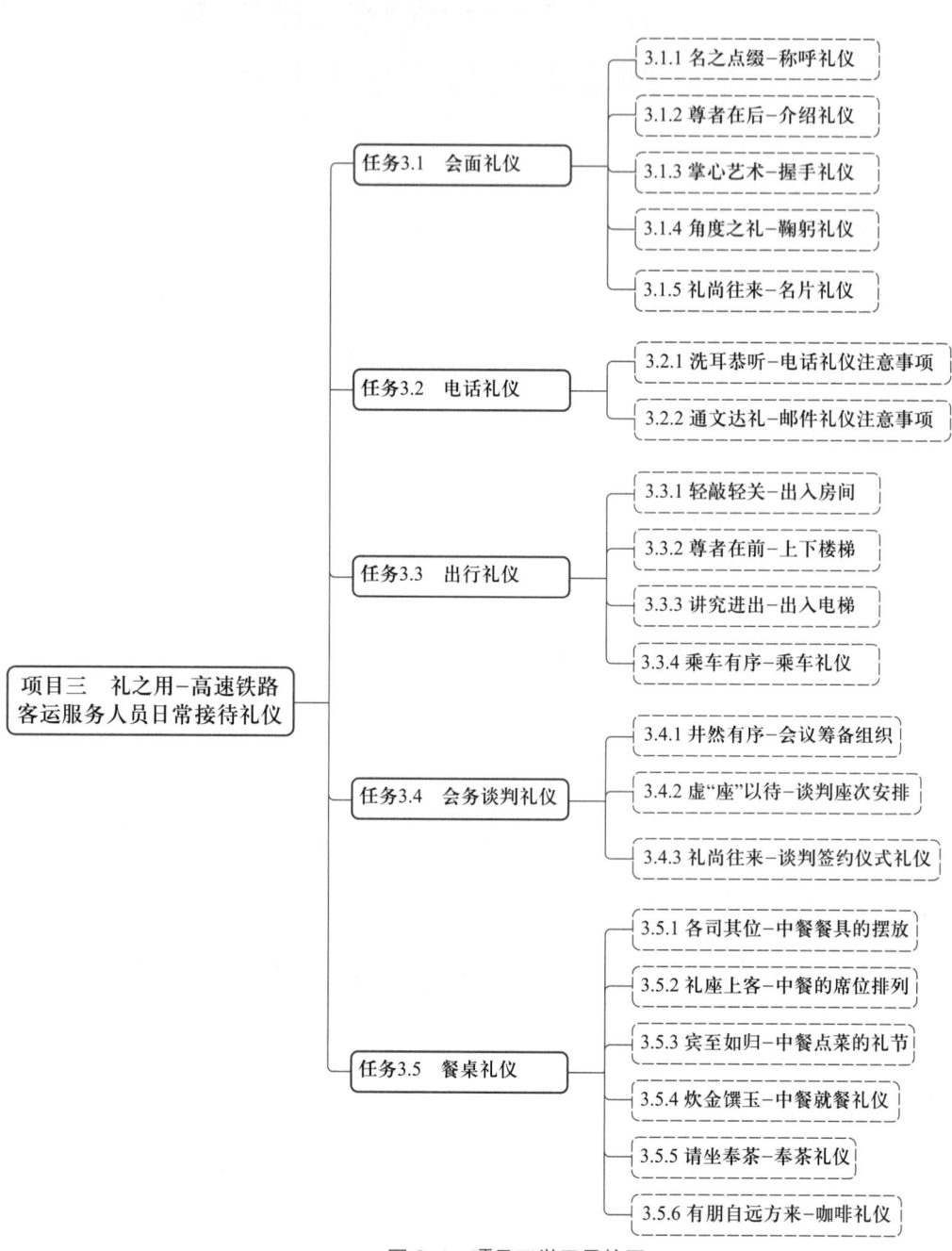

```
项目三 礼之用-高速铁路
客运服务人员日常接待礼仪
├── 任务3.1 会面礼仪
│   ├── 3.1.1 名之点缀-称呼礼仪
│   ├── 3.1.2 尊者在后-介绍礼仪
│   ├── 3.1.3 掌心艺术-握手礼仪
│   ├── 3.1.4 角度之礼-鞠躬礼仪
│   └── 3.1.5 礼尚往来-名片礼仪
├── 任务3.2 电话礼仪
│   ├── 3.2.1 洗耳恭听-电话礼仪注意事项
│   └── 3.2.2 通文达礼-邮件礼仪注意事项
├── 任务3.3 出行礼仪
│   ├── 3.3.1 轻敲轻关-出入房间
│   ├── 3.3.2 尊者在前-上下楼梯
│   ├── 3.3.3 讲究进出-出入电梯
│   └── 3.3.4 乘车有序-乘车礼仪
├── 任务3.4 会务谈判礼仪
│   ├── 3.4.1 井然有序-会议筹备组织
│   ├── 3.4.2 虚"座"以待-谈判座次安排
│   └── 3.4.3 礼尚往来-谈判签约仪式礼仪
└── 任务3.5 餐桌礼仪
    ├── 3.5.1 各司其位-中餐餐具的摆放
    ├── 3.5.2 礼座上客-中餐的席位排列
    ├── 3.5.3 宾至如归-中餐点菜的礼节
    ├── 3.5.4 炊金馔玉-中餐就餐礼仪
    ├── 3.5.5 请坐奉茶-奉茶礼仪
    └── 3.5.6 有朋自远方来-咖啡礼仪
```

图 3-1 项目三学习导航图

【学习目标】

1. 知识目标
   ① 了解不同情境下,正确、恰当的会面礼仪内容;
   ② 掌握在工作场合下,准确接打电话的方法;
   ③ 掌握出行礼仪的相关内容;
   ④ 掌握安排会议座次、谈判座次的技巧;
   ⑤ 掌握签约方式的相关技巧;
   ⑥ 掌握中餐点餐,中餐座次顺序等相关内容。

2. 能力目标
   ① 具备在不同的场合、情境和对象的情况下,礼仪接待和服务的基本技能;
   ② 具备在工作场合下,能够正确得体的接打电话的能力;
   ③ 具备在不同场合下,合理应用出行礼仪的能力;
   ④ 具备在正式会议场合中,合理安排座次的能力。

3. 素养目标
   ① 具有高速铁路客运服务人员良好的礼仪素养;
   ② 具有高速铁路客运服务人员善于沟通的职业素养;
   ③ 具有高速铁路客运服务人员广阔兼容的文化素养。

【知识储备】

任务 3.1 会 面 礼 仪

在较为正式的场合与人相见,一般称为会面礼仪,会面礼仪涉及方面较多,主要包括称呼礼仪、介绍礼仪、握手礼仪、鞠躬礼仪、名片礼仪等内容。作为高速铁路客运服务人员,在日常的工作中不可避免的需要与各种各样的乘客进行接触,在会见过程中,高速铁路客运服务人员既要体现对乘客的热情、友好,同时又要讲究基本的会面礼节,因此,高速铁路客运服务人员掌握合乎礼仪规范的会面礼仪极其重要。

3.1.1 名之点缀——称呼礼仪

人际交往,礼貌当先;与人交谈,称谓当先。作为交际语言中的先锋官,称呼礼仪在生活、社交、职场中起着至关重要的作用。称呼礼仪是在对他人称呼时使用的一种规范性礼貌语言，是人们交往的开始。在人际交往中，选择正确、合适的称呼，反映着自身的修养和对对方的尊重程度。

1. 称呼的分类

（1）社交生活中的称呼总体要遵循的原则是亲切、自然、准确、合理。亲属是与自己有血缘关系的，为此在日常生活中的称呼要按已经约定俗成的、辈分的规范要求和习惯来称呼。如"父亲""母亲""祖父""祖母"等。在与亲属的称呼中，有时为了表达尊敬之意，可以根据不同情况采用谦称或敬称。敬称是尊人，谦称是抑己，也是为了表示对别人的尊重。

（2）在工作过程中，彼此之间的称呼有着一定的特殊性，总体要求为庄重、正式、规范。

① 职务性称呼。在工作、职场中以交往对象的职务相称，以示身份有别、敬意有加，是一种最常见的称呼方法。以职务相称，具体来说分为以下几种情况：

仅称职务。例如"站长""段长"等。

在职务之前加上姓氏。例如"隋站长""马主任"等。

在职务之前加上姓名。这种称呼仅适用极其正式的场合。

② 职称性称呼。对于具有职称者，尤其是具有高级、中级职称者，可以在工作中直接以其职称相称，以下列三种情况较为常见。

仅称职称。例如"工程师""会计师"等。

在职称前加上姓氏。例如"钱编审""孙研究员"等。这种称呼也可加以约定俗成的简化，例如可将"李工程师"简称为"李工"。

在职称前加上姓名，它适用于十分正式的场合。

（3）行业性称呼。在工作、职场中，有时可按行业对对方进行称呼，具体又可以分为以下两种情况。

① 称呼职业。即直接以被称呼者的职业作为称呼。例如将教员称为"老师"，将教练员称为"教练"等。在一般情况下，在此类称呼前，均可加上姓氏或姓名。

② 称呼"小姐""女士""先生"。对商界、服务业从业人员，一般约定俗成地按性别的不同分别称呼为"小姐""女士"或"先生"。其中，"小姐""女士"二者的区别在于未婚者称"小姐"，已婚者或不明确其婚否者则称"女士"。

（4）姓名性称呼。在工作岗位上称呼姓名，一般限于同事、熟人之间。其具体方法主要涉及以下三种：

① 直呼姓名。如"张三""李四"等。这种称呼只适用于交往双方地位、年龄都差不多，并且比较熟识，直呼其名比较能够凸显交往双方的亲密度，一下拉近双方的距离。

② 只呼其姓，不称其名，但要在它前面加上"老""大""小"等。

③ 只称其名，不呼其姓，通常限于同伴之间，尤其是上司称呼下级、长辈称呼晚辈之时。在亲友、邻里、同学之间，也可使用这种称呼。

(5) 人称敬称。通常这样的称呼有"您""您老""您老人家",多用于对尊长、长辈的称呼,表示对其的尊敬与敬重。

2. 称呼的禁忌

使用错误的称呼,是一种十分不礼貌的行为,应避免。使用错误的称呼,主要在于粗心大意,用心不专,常见的错误称呼有两种:

(1) 误读。一般表现为念错被称呼者的姓名。比如"郇""查""盖"这些姓氏就极易弄错。要作好先期准备,必要时,虚心请教。例如:"查"姓,应读"zhā";"盖"姓,应读"gě"等。在误读中还有一种情况为误会称呼,主要指对被称呼的年纪、辈分、婚否以及与其他人的关系作出了错误判断。比如,将未婚妇女称为"夫人",就属于误会。

(2) 使用庸俗低级的称呼。在人际交往过程中,有些称呼在正式场合切勿使用。例如"哥们儿""姐们儿"等这类的称呼,容易显得庸俗,不宜在正式场合使用。

(3) 使用绰号作为称呼。对于一般关系者,切勿自作主张给对方起外号,更不能随意道听途说的用绰号去称呼对方,例如"四眼儿""傻大个"等。另外,还要注意的是不要随意拿别人的姓名开玩笑。要尊重一个人,首先就应尊重他的姓名。

3.1.2 尊者在后——介绍礼仪

在交际礼仪中,介绍是一个非常重要的环节,人际交往始自介绍。"介绍是交际之桥""介绍是在说明情况",因此,人和人打交道,介绍是一座必经的桥梁。无论是自我介绍、为别人介绍还是业务介绍,介绍在人际交往中都是不可或缺的。

1. 自我介绍的定义

自我介绍是指在别人不认识自己时,将自己主动的推荐给他人,从而达到让别人了解自己的目的。学会自我介绍,是高速铁路客运服务人员走向社会、走向工作、成就我的必修课。

2. 自我介绍的表现形式

在不同的场合下,自我介绍的内容不尽相同,具体表现形式有五种。

(1) 工作式。工作式的自我介绍是指在工作场合所进行的介绍,主要适用于工作之中。有时,它也叫公务式的自我介绍。这种介绍主要包含本人姓名、供职的单位及其部门、担负的职务或从事的具体工作等三项。这是工作式自我介绍的三个要素,通常缺一不可。其中,第一项姓名,应当一口报出,不可有姓无名,或有名无姓。第二项供职的单位及其部门,有可能最好全部报出,具体工作部门有时也可以暂不报出。第三项担负的职务或从事的具体工作,有职务最好报出职务,职务较低或者无职务,则可报出所从事的具体工作。例如:"你好,我叫××,是××车站的站长"。

(2) 交流式。交流式的自我介绍主要适用于在社交活动中,它是一种刻意寻求与交往对象进一步交流与沟通,希望对方认识自己、了解自己、与自己建立联系的自我介绍。有时,它也叫社交式自我介绍或沟通式自我介绍。交流式自我介绍的内容,大体应当包括介绍者的姓名、工作、籍贯、学历、兴趣以及与交往对象的关系等。但它们不一定要面面俱到,而应依照具体情况而定。例如:"我叫××,我是××次列车的列车员,我想咱们是校友,对吗?"

(3) 礼仪式。礼仪式自我介绍是指在庆典、会议、讲座等比较正式、隆重的场合所进行的自我介绍。它是一种意在表示对交往对象友好、敬意的自我介绍。礼仪式的自我介绍的内容除了应包含姓名、单位、职务等,还应多加入一些适宜的谦辞、敬语,以示自己礼待交往对象。例如:"各位来宾,大家好!我叫××,热烈欢迎大家光临××列车的首发仪式,谢谢大家的支持。"

(4) 应酬式。应酬式自我介绍是指在一般的应酬场合以及公共场所要进行的自我介绍,一般的应酬式自我介绍只需要提及自己的姓名或者姓就可以了,内容较为简单。

(5) 问答式。问答式自我介绍是指在对方询问你时,所进行的自我介绍,主要适用于应聘、面试等场合。例如,A:"你好,请进行下自我介绍。"B:"你好,我叫××,曾经从事过客运员的工作,这次想应聘贵单位客运员的岗位。"

3. 自我介绍的顺序

在进行自我介绍时,应按照场合、对象的不同而采用不同的介绍顺序,正确、合理的自我介绍顺序才能够达到既"推销"自己又尊重他人的目的。自我介绍的顺序总体原则是"位尊者优先了解情况",具体表现为:

(1) 当职位高者的与职位低者相见时,职位低者应主动先进行自我介绍,以显示对于职位高者的尊重。例如,A:"王站长,你好,我是小贺,贺××。"B:"小贺,你好。"

(2) 男士想要认识女士时,为了表示对女士的尊重,男士应主动先让女士了解情况,先进行自我介绍。

(3) 资历深与资历浅的人相识时,资历浅的要主动向资历深的人进行自我介绍,以示对资历深者的尊重。例如:"李站长,你好,我是刚来咱们车站的小张,听说您来咱们车站已经很久了,有一些问题想向您请教。"

(4) 年长者与年少者相识,为了体现对年长者的尊重,年少者应主动向年长者进行自我介绍,让其了解自身情况。

4. 自我介绍的注意事项

在进行自我介绍时,除了需遵循一定的介绍顺序,体现对他人的尊重,还需注意一定的介绍禁忌,以免产生相反的效果。

(1) 讲究态度。态度一定要自然、友善、亲切、随和。应镇定自信、落落大方、彬彬有礼。既不能唯唯诺诺,也不能虚张声势、轻浮夸张。任何人都以被他人重视为荣幸,如果你态度热忱,对方也会热忱。语气要自然,语速要正常,语音要清晰。

(2) 注意时机。时机不仅仅指时间,还包括场合、地点等。要抓住时机,在适当的场合进行自我介绍,在对方有空闲,而且情绪较好,又有兴趣时进行介绍,这样就不会打扰对方,也更容易让人接受。

(3) 注意时间。自我介绍时要言简意赅,尽可能地节省时间,以半分钟左右为佳,不宜超过一分钟。话说得多了,不仅显得啰嗦,而且交往对象也未必记得住。为了节省时间,作自我介绍时,还可利用名片、介绍信加以辅助。

(4) 注意全简称。在自我介绍时,倘若单位和部门名称较长的话,第一次介绍的时候使用全称,后面可以改为简称。在国际交往中,用字母来做简称,或者以中文来做简称,一定要注意先讲全称,再讲简称,否则容易南辕北辙。

5. 他人介绍的定义

他人介绍,又称第三者介绍,是经第三者为彼此不相识的双方引见、介绍的一种交际方式。在为他人进行介绍时,作为介绍人应当实事求是,把握分寸,不过分吹捧,以免被介绍者感到难堪。通常可以采用以下的表达方式"请允许我介绍你们认识一下"或"我介绍你们认识一下可以吗?"在介绍双方时,语速应当缓慢一点,以至于双方都能听清。在被介绍后,双方应点头示意或握手问候,如图 3-2 所示。

图 3-2 为他人介绍

6. 介绍他人的顺序

在为他人做介绍时,谁先谁后,这是一个比较敏感的礼仪问题。根据职场礼仪规范,在处理为他人做介绍的问题上,需要遵从"尊者优先了解情况"规则。根据相关礼仪规则,为他人做介绍时的礼仪顺序大致分为以下几种:

(1) 介绍年长者与年幼者认识时，应先介绍年幼者，后介绍年长者；

(2) 介绍老师与学生认识时，应先介绍学生，后介绍老师；

(3) 介绍女士与男士认识时，应先介绍男士，后介绍女士；

(4) 介绍同事、朋友与家人认识时，应先介绍家人，后介绍同事、朋友；

(5) 介绍来宾与主人认识时，应先介绍主人，后介绍来宾；

(6) 介绍社交场合的先至者与后来者时，应先介绍后来者，后介绍先至者；

(7) 介绍上级与下级认识时，应先介绍下级，后介绍上级；

(8) 介绍职位、身份高者与职位、身份低者认识时，应先介绍职位、身份低者，后介绍职位、身份高者。

7. 为他人介绍的方式

在日常生活中，由于实际需要的不同，为他人做介绍时的方式也不尽相同。一般主要有以下的介绍方式：

(1) 一般式。也称标准式，以介绍双方的姓名、单位、职务等为主，适用于正式场合。例如："请允许我来为两位引见一下。这位是某高铁站的李站长，这位是某高铁站王站长。"

(2) 简单式。只介绍双方姓名一项，甚至只提到双方姓氏而已，适用一般的社交场合。例如："我来为大家介绍一下，这位是李站长，这位是徐列车长。"

(3) 附加式。也可以叫强调式，用于强调其中一位被介绍者与介绍者之间的关系，以期引起另一位被介绍者的重视。例如："这是咱们站的李站长，站在他旁边的是刚来咱们站实习的小张，大家以后要多多帮助他。"

(4) 引见式。介绍者所要做的，是将被介绍的双方引到一起即可，适用于普通场合。例如：A："小周，我带你去见这次项目的总负责人王总。王总，这是小周。"

(5) 推荐式。推荐式是指介绍者经过精心准备再将某人举荐给另一人，介绍时通常会对前者的优点加以重点介绍。例如：A："王站长，这是小周，是咱们这的业务能手，在这次技能大比武中获得了一等奖。小周，这是王站长。"

(6) 礼仪式。礼仪式是一种最为正规的他人介绍，适用于正式场合。其语气、表达、称呼上都更为规范和谦恭。例如："孙段长，您好！请允许我把我们站的王明站长介绍给您。王站长，这位就是孙段长。"为他人介绍的方式见表3-1。

表3-1 为他人介绍的方式

介绍他人的方式	适用场合	介绍内容
一般式	比较正式的场合	以介绍双方的姓名、单位职务为主
简单式	一般社交场合	只介绍双方姓名一项，甚至只提到双方姓氏而已
附加式	各种交际场合	用于强调其中一位被介绍者与介绍者之间的关系，以期引起另一位被介绍者的重视

续表

介绍他人的方式	适用场合	介绍内容
引见式	普通场合	将被介绍双方引到一起
推荐式	比较正式的场合	介绍者经过精心准备,将某人推荐给另一人时,一般会将被介绍者的优点加以重点介绍
礼仪式	正式场合	语气、表达、称呼上更为规范和谦恭

8. 集体介绍

集体介绍实际上是介绍他人的一种特殊情况,它是指被介绍的一方或者双方不止一人的情况。集体介绍的形式很多,要根据活动的内容、参加人员的多少、活动的时间长短以及必要性决定介绍的形式。其中一种是由一位主持人或熟悉各方人员的人出面为大家互相介绍。

9. 集体介绍的顺序

进行集体介绍的顺序可参照他人介绍的顺序,也可酌情处理。但注意越是正式、大型的交际活动,越要注意介绍的顺序。一般需遵循以下规则:

(1) 少数服从多数。当被介绍者双方地位、身份大致相似时,应先介绍人数较少的一方。

(2) 强调地位、身份。若被介绍者双方地位、身份存在差异,即使人数较少,也应将其放在尊贵的位置,最后加以介绍。

(3) 单向介绍。在演讲、报告、比赛、会议、会见时,往往只需要将主角介绍给广大与会者。

(4) 人数较多一方的介绍。若一方人数较多,可采取笼统的方式进行介绍。如:"这是我车站的同事"。

(5) 人数较多各方的介绍。若被介绍的不止两方,需要对被介绍的各方进行位次排列。排列的方法:以其负责人身份为准;以其单位规模为准;以单位名称的英文字母顺序为准;以抵达时间的先后顺序为准;以座次顺序为准;以距介绍者的远近为准。

3.1.3 掌心艺术——握手礼仪

两人相向,握手为礼,这是当今社会最为流行的社交方式之一。握手是一种礼仪,人与人之间、团体之间的交往,都赋予这个动作丰富的内涵。

1. 握手的起源

握手的起源众说纷纭,其中一种说法认为握手最早发生在人类刀耕火种的年代。那时,在狩猎和战争时,人们手上经常拿着石块或棍棒等武器,他们遇见陌生人时，如果大家都无恶意，就要放下手中的东西，并伸开手掌，让对方抚摸手掌心，表示手中没有藏武器。这种习惯逐渐演变成今天的握手礼节。

2. 握手的方法、力度和时间

一般的正确握手方式表现为掌心相对，对等相握，上下震动，三次为宜，力量适中。具体做法为：握手时，距离受礼者约一步，上身稍向前倾，两足立正，伸出右手，四指并拢，拇指张开，向受礼者握手，上下稍晃动3、4次，随即松开手，恢复原状。

握手的时间要恰当，长短要因人而异。握手时间控制的一般原则可根据双方的熟悉程度灵活掌握。初次见面握手时间不宜过长，以三s为宜。男士与女士握手，时间以1 s左右为原则。切忌握住异性的手久久不松开，与同性握手的时间也不宜过长，以免使对方感觉不舒服。

握手的力度应当适宜，不可过重也不可过轻。可以握的稍微紧些，以示热情，但不可太过用力。跟不同的对象握手时，要求也不尽相同。男士和女士握手时，注意不可握女士的手太满，稍微握住其手指部位即可。下级跟上级或者长辈握手时，下级应充满热情，稍有力度地握住长辈的手，同时，上级应回报以同样的力度，显示对于下级的亲切鼓励。

3. 握手的不同方式

不同的握手方式体现着不同的态度，不同的场合也适用不同的握手方式。握手方式具体可分为垂臂式握手、背臂式握手、抱握式握手、按握式握手、拍臂式握手、拍肩式握手。

（1）垂臂式。在初次相见时，尤其是在政务、商务相见时，垂臂式握手是最好、最合适的方式，它基本的方式为"右手握手、左手垂臂"，并伴以"你好，欢迎你"等话语，表示对对象尊重，如图3-3所示。

（2）背臂式。背臂式握手的方式为右手相握，左手握拳背于身后，并伴有"您好，很高兴认识您"等话语。相比于垂臂式握手方式，背臂式握手给人以自信和年轻的感觉，如图3-4所示。

图 3-3　垂臂式握手　　　　　　图 3-4　背臂式握手

（3）抱握式。抱握式握手方式为右手相握，左手抱于他人的右手。抱握式握手方式主要传达出的是感激和祝贺之意。意思通常分为两种：一种为"感谢你对我的关怀"；另一种则是"祝贺你做出这么卓越的成就"，如图3-5所示。

（4）按握式。按握式握手方式是右手握手，左手由上往下按握。这种握手方式通常传递出安慰与慰问的情感。例如当你的朋友离开本地时，你可以用按握式握手方式告诉对方要好好保重，一路顺风。当去医院看望病人时，此种方式可以传达出希望病人好好休息，早日康复。如图3-6所示。

（5）拍臂式。拍臂式握手是指两人右手相握，左手拍一拍他的小臂。此种握手方式传达出的是夸奖和赞誉的意思。例如，轻拍他人说声"小伙，你太棒了！"如图3-7所示。

（6）拍肩式。拍肩式握手是指两人握手时，辅以拍肩动作，其传达出的体语是肯定以及鼓励。拍肩式最合适的方式是以肩膀为开始，45°斜拍下去，从而传达夸奖赞誉之意，如图3-8所示。

图 3-5　抱握式握手　　　　图 3-6　按握式握手

图 3-7　拍臂式握手　　　　图 3-8　拍肩式握手

4. 握手的顺序

根据相关的礼仪规范，握手时应当遵循"尊者先伸手"的原则。因此，在双方握手时,位尊者应当先伸出手,位卑者再给予响应,应避免位卑者贸然伸出双手,做出不符合礼仪的动作,其基本规则归纳如下：

（1）男女之间握手。为了表示对女士的尊重,男士要等女士伸出手时才可伸手与其相握,如果女方不愿意握手,男方可以用点头示意来代替握手。

（2）乘客之间握手。无论乘客是男女长幼,男主人或女主人都应该主动热情的先伸出手,表示出对于乘客的欢迎。送别客人时,主人也应主动握手表示欢迎再次光临。

（3）年长者与年幼者握手时,年幼者一般要等到年长者先伸手,再热情地迎上去,这样既可以体现出年长者对于年幼者的关怀爱护,也能反映出年幼者对于年长者的尊敬。

（4）上下级之间握手时,下级要等上级伸出手时,再上前与其相握,但涉及乘客关系时,不考虑上下级之间的关系,主人都应该主动先伸出手,让客人感到宾至如归。

（5）当老师与学生需要握手时,老师需要先伸出手,学生再伸手相迎。

（6）当多人在场时,要按照先下级再上级、先长辈后晚辈、先主人后客人、先女士后男士的顺序。如果对方是长者、领导、贵宾,一定要等对方伸手之后才可上前握手,如果随访者没有伸手的意思,点头致意即可。握手的顺序见表3-2。

表3-2 握手的顺序

握手双方	先	后
男女之间握手	女	男
乘客之间握手	主人	客人
年长者与年幼者握手	年长者	年幼者
上下级握手	上级	下级
老师与学生握手	老师	学生

5. 握手的注意事项

作为当今社会人与人之间最为通用的会面礼仪之一,握手礼已日益普遍,但在握手过程中,应对有些事项加以注意,避免握手时不礼貌、不文雅的举止出现。

（1）当一人需要与多人握手时,握手应当讲究先后次序,先尊后卑。切不可出现一人与多人同时握手。

（2）在公务场合,握手的先后顺序取决于职位的高低,而在社交场合,握手的先后顺序则取决于年龄、性别等因素。例如在公务场合,一般职位高者应先伸手与职位低者相握,而在家庭聚会等场合,则不论职位,均以年龄长幼来决定谁先伸手,谁后伸手。

（3）忌用左手。握手时须用右手,尤其在和外国人握手时,慎用左手与之相握,因为有些国家,左手是不圣洁的,为表尊重,应用右手。国际惯例也是右手握手。

（4）忌戴手套。与人握手时，不可戴着手套。如果是戴着手套，握手前要先脱下手套。若实在来不及脱掉，应向对方说明原因并表示歉意。不过在隆重的晚会上，女士如果是穿着晚礼服并戴着通花的长手套则可不必脱下。

（5）忌坐着握手。除非是年老体弱或者身体有残疾的人，握手双方应当站着而不能坐着握手。

3.1.4 角度之礼——鞠躬礼仪

在现代社会，鞠躬礼是人们在日常生活中对别人表示恭敬的一种礼节，既适用于庄严肃穆、喜庆欢乐的仪式，也适用于一般的社交场合。在一般的社交场合，晚辈对长辈、学生对老师、下级对上级、表演者对观众等都可行鞠躬礼。

1. 鞠躬礼仪要领

鞠躬前以基本服务站姿为基础，面对受礼者，并拢双脚，男士双手自然下垂，贴放于身体两侧裤线处，女士右手压左手放在身体前面，面带微笑，神态自然。

鞠躬时要挺胸、抬头、收腹，自腰以上向前倾。视线由对方脸上落至自己的脚前1.5 m处（15°礼）或脚前1 m处（30°礼），鞠躬时上身抬起的速度要比下弯时稍慢一些如图3-9所示。在鞠躬时，还可附带问候语，如"你好""早上好"等。施完礼后恢复立正姿势。

图 3-9　鞠躬礼仪

通常受礼者应以与行礼者的上身前倾幅度大致相同的鞠躬还礼，但是，上级或长者还礼时，可以欠身点头或在欠身点头的同时伸出右手答之，不必以鞠躬还礼。

2. 鞠躬礼度数

在鞠躬礼仪中，不同的鞠躬度数表示不同的含义，对鞠躬要求也有所不同。

（1）15°鞠躬，通常情况下运用在一般的场合，如问候、介绍、握手、让座等都可以用15°鞠躬礼。在鞠躬时应注意：以标准站姿为基础，男士双手放于裤缝两侧，女士双手交叉放于体前，头、颈、背成直线，前倾15°，目光约落于体前1.5 m处，再慢慢抬起，注视对方，如图3-10所示。

图 3-10　15°鞠躬

(2) 30°鞠躬,一般用于迎客礼。在鞠躬时应注意:以标准站姿为基础,男士双手放于裤缝两侧,女士双手交叉放于体前,头、颈、背成直线,前倾30°,目光约落于体前1.5 m处,再慢慢抬起,注视对方,如图3-11所示。

(3) 90°鞠躬,属于最高的礼节,分场合、人物来定论,如图3-12所示。

图3-11　30°鞠躬

图3-12　90°鞠躬

3. 鞠躬礼的注意事项

鞠躬是向他人表示尊敬的一种无声语言,但在做动作时,很多人并没有做对,反而产生了南辕北辙的效果。在行鞠躬礼时,以下问题需要加以注意:

(1) 有的人在向别人鞠躬时,为了避免麻烦,倾向于坐着鞠躬,虽然在特定的场合是可以的,但容易给人以不礼貌的感觉,如图3-13所示。

(2) 一般情况下,如果戴着帽子,应该将帽子摘下,这样做一方面是因为戴帽子鞠躬是极其不礼貌的,另一份方面是因为帽子容易滑落,会使自己处于尴尬的境地,如图3-14所示。

图3-13　坐着鞠躬

(3) 在鞠躬时,眼神应该往下看,表示谦恭的态度,切忌一边鞠躬,一边翻着眼睛看对方。同时,鞠躬礼毕起身时,双方还应该有礼貌的注视双方,如果视线移到别处,即使行了鞠躬礼,也不会使人感觉到诚心诚意,如图3-15所示。

(4) 行鞠躬礼时务必注意,绝不能够把手插在衣袋里,那是极为失礼的行为。

3.1.5　礼尚往来——名片礼仪

图3-14　鞠躬需脱帽

名片,现代人际交往中最为经济实用的介绍性媒介。由于名片文字简洁、使用方便、便于携带、易于储存等特点,因此用途广泛,颇受欢迎。

1. 名片的制作

一般而言，名片的制作基本上交给第三方，然而，为了使自己的名片看起来美观质量精良，即使交给第三方制作，自己也需要认真考虑，细心设计。通常，名片的制作主要包括4个方面。

（1）规格材料。各国名片的规格不尽相同。国际上较为通行的名片规格是10 cm×6 cm。而我国比较通行的名片规格是9 cm×5.5 cm，这样的比例是

图3-15 眼神游离

符合最佳和谐视觉的"黄金矩形"，给人以舒服的美感。制作名片在选材时，尽量选择美观、大方、耐磨的白卡纸、再生纸等。

（2）图案色彩。名片的色彩首选淡雅清新的颜色，例如白色、米色等。尽量避免杂色名片的出现，以免给人眼花缭乱之感。而深色名片，例如黑色、红色等也不太可取，容易给人过于沉闷的感觉。一般而言，名片上除了印制文字符号之外，尽量不要印制无关图案，影响信息的接收。

（3）文字板式。名片的版式主要分为两类，一类是横式，行序由上至下，字序由左至右，另一类是竖式，行序由右而左，字序由上而下。通常情况下，名片的板式以横式为主。

（4）在国内使用的名片，应尽量使用简体字，避免繁体字的出现，以免给人以故弄玄虚之感。

2. 名片的分类

名片按照用途以及内容的不同，分为不同的种类，主要有社交式名片、公务式名片、应酬式名片和单位式名片四大类。

（1）社交式名片。主要是指客运服务人员在工作之余，以私人身份在社交场合所使用，并用来保持联系目的的个人名片，它的主要内容包含两个：一是个人姓名，由于是在社交场合所使用的名片，因此无须印制单位职衔。二是联络方式，主要印制个人电话及住宅地点等，如果不想被外界过多打扰，在名片上也可不印制私人电话，如图3-16所示。

（2）公务式名片。公务式名片是指在商务、政务、学术等活动中所需要使用的个人名片，它是现在最为常见和流行的名片。公务式名片主要内容包括归属单位、本人称呼、联络方式等内容，如图3-17所示。

① 归属单位。一般印制在名片的左上角，由客运服务人员所供职的单位和所在部门正式名称两部分组成，一般情况下，不能采用简称或缩写。同时，在印制公务式名片的归属单位时，如果供职单位或部门较多时，不能在一张名片上印制两个以上的职位，而是应该分别印制不同的名片，根据不同的交往对象，分发不同的名片。

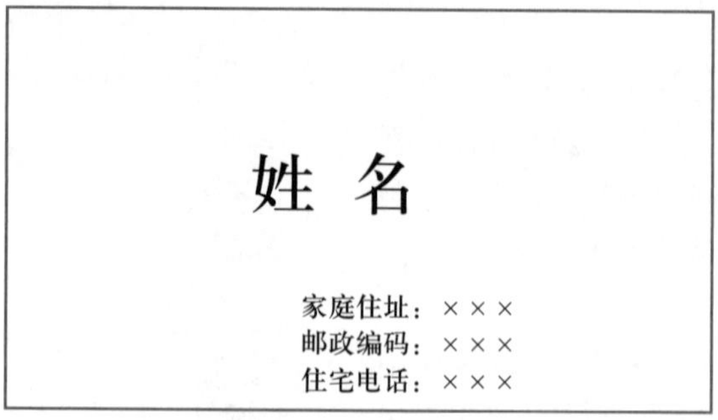

```
┌─────────────────────────────────┐
│                                 │
│           姓　名                │
│                                 │
│           家庭住址：×××        │
│           邮政编码：×××        │
│           住宅电话：×××        │
└─────────────────────────────────┘
```

图 3-16　社交式名片

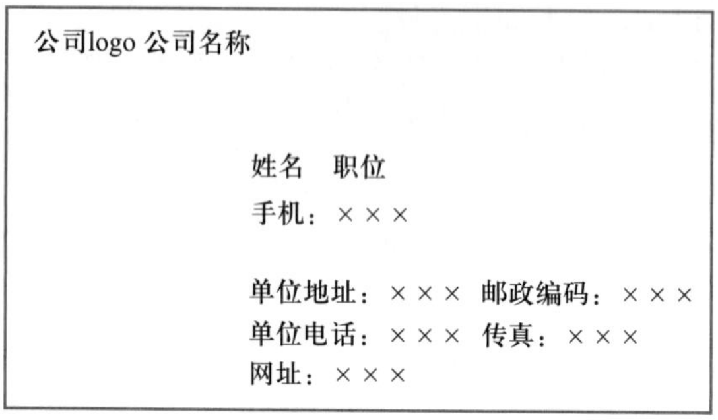

```
┌─────────────────────────────────┐
│ 公司logo 公司名称               │
│                                 │
│      姓名　职位                 │
│      手机：×××                 │
│                                 │
│      单位地址：×××  邮政编码：×××│
│      单位电话：×××  传真：×××  │
│      网址：×××                 │
└─────────────────────────────────┘
```

图 3-17　公务式名片

② 本人称呼。一般印制在名片的正中央，由本人姓名、职务、学术头衔等部分组成。一般而言，不宜印制两个以上的职务或学术头衔，并且注意要和归属单位保持一致。

③ 联络方式。一般印制在名片的右下角，由单位电话、邮政编码、单位地址等部分组成。一般而言，不宜将私人电话、家庭住址等印制在公务式名片上，以免给人造成公私不分的印象。联络方式的印制同时还要注意与归属单位保持一致性。

（3）应酬式名片。主要适合在社交场合拜会他人时说明身份，馈赠时替代礼单，以及用作便条或短信。一般名片上只需要加上本人姓名即可，如图 3-18 所示。

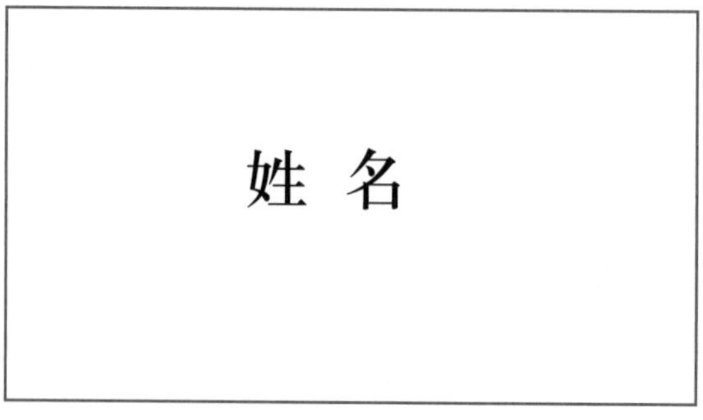

```
┌─────────────────────────────────┐
│                                 │
│                                 │
│           姓　名                │
│                                 │
│                                 │
└─────────────────────────────────┘
```

图 3-18　应酬式名片

(4) 单位式名片。顾名思义就是单位所用名片,是单位用于对外宣传,推广活动所使用的名片。它的内容主要分为两类:一是单位的全称和标识;二是单位的官方联系方式。

3. 名片的递接

名片的递接礼仪有很多,有些人可能觉得这就是一递一接的事,只要递接时,用双手递过去就可以了,没有太多的礼节可讲。其实不然,在这个小事上,是有很多讲究的。

(1) 名片的递送。名片的递送应在自我介绍之后,想要对对方进行进一步的了解时所发出的行为。具体步骤是,第一步:取出名片。名片应存放得当,放在随手可取的地方,例如上衣的口袋、公文包内等(裤兜是不可取的)。第二步:站立对正,上身前倾,欠身。第三步:名片放低,双手拇指和食指分别持名片的两个角,字体朝向对方,齐胸送出,并进行清楚简明的自我介绍,如图3-19所示。

(a) 取出　　(b) 递送

图 3-19　名片的递送

在收到他人名片时,合理的举止礼仪应为,第一步:起身站立,面带微笑。接受名片时应起身,面带微笑注视对方。接过名片时应说:"谢谢。"第二步:面带微笑,低声阅读。在接过名片时,应该有一个微笑阅读名片的过程。第三步:回敬名片。在收到名片并小声阅读后,应及时回敬一张本人的名片,如身上未带名片,应向对方表示歉意。在对方离去之前,或话题尚未结束时,不必急于将对方的名片收藏起来,如图3-20所示。

(2) 名片递送的顺序。名片递送的先后顺序通常遵照"先高后低"的原则,也就是地位低的人要先向地位高的人递名片、晚辈先向长辈递名片、客人先向主人递名片、男士先向女士递名片等,以示对地位高者的尊重。如果现场人比较多并分不清职位的高低时,可以从距离自己最近的地方开始递送名片,并按顺时针依次进行。

图 3-20　名片的递接

4. 名片的整理

聚会、会议、饭局、商务往来、日常工作等均是获取名片的途径,获取之后要进行科学整理,尤其对于商务人士,可以用名片夹和电脑整理名片。按工作关系、单位性质、工作性质、重要程度、利益关系等标准进行分类。整理完还要定期更新,保持名片的时效性,让名片信息经常处于更新状态。

5. 电子名片

随着经济的不断发展,互联网技术不断普及,越来越多的企业和个人倾向于选择较为时尚、经济、便捷的电子名片替代纸质名片。它是一种图文、声像并茂的多媒体"光盘名片",其方法是在传统名片上印制二维码,用户只需要扫描二维码即可登录对应网站了解企业、个人详细信息,还可随时更新、维护信息。

无论是电子名片还是纸质名片,目的都是与交往对象建立联系。可根据情况灵活选择,并遵循相关的名片礼仪。

任务 3.2　电 话 礼 仪

电话是被现代人公认为便利的通信工具,是现代社会信息沟通的重要手段。由于打电话是一种"不见其形,但闻其声"的有声语言交往,所以打电话时双方表达的内容是否清晰、方法是否得当、用词是否准确、语气是否得体,不仅反映出打电话者语言表达艺术的高低而且直接影响着企业的形象与效益。

3.2.1　洗耳恭听——电话礼仪注意事项

电话礼仪是人们在进行电话交流时所应遵循的礼貌和仪态。在打电话时要体现一定的电话形象,它是人们在通电话的整个过程中的语音、声调、内容、表情、态度、时间等的集合。它能够真实地体现出个人的素质、待人接物的态度以及通话者所在单位的整体水平。

1. 拨打电话礼仪

(1) 选择对方方便的时间。不论与他人有多熟,最好不要在别人休息时打电话,比如用餐时间、午休时间,尤其是晚上的睡觉时间。如果是公事,也尽量不要占用他人私人的时间,尤其是节假日期间。如果是公家,也力求避免在对方的通话高峰和业务繁忙的时间打电话。

(2) 要长话短说。打电话时要力求遵守"三分钟原则"。所谓"三分钟原则"是指打电话时,拨打者应自觉地、有意地将每次通话时间控制在三分钟内,尽量不要超过这个限定。此外,在通话时,其基本要求应为:以短为主,宁短勿长,不是十分重要、紧急、烦琐的事务一般不宜通话时间过长。

(3) 规范内容。充分做好通话前的准备,在通话之前,最好把对方的姓名、电话号码、通话要点等列出一张清单。这样做可以避免通话者在谈话时出现现说现想、缺少条理的问题。说话时要简明扼要。电话接通后,除了首先问候对方外,要记得自报单位、职务和姓名。需请人转接电话时,一定要向对方致谢。拨打电话礼仪见表3-3。

表3-3 拨打电话礼仪

顺序	基本用语	注意事项
1. 准备		确认拨打电话对方的姓名、电话号码;准备好要讲的内容、说话的顺序和所需要的资料、文件等,明确通话所要达到的目的
2. 问候、告知自己的姓名	"您好!我是××铁路公司的××。"	一定要报出自己的姓名;讲话时要有礼貌
3. 确认电话对象	"请问××部的××先生在吗?" "麻烦您,我是找×××先生。" "您好!我是××铁路公司的××"	必须确认对方的身份;如与要找的人接通电话后,应重新问候
4. 电话内容	"今天打电话是想向您咨询一下关于××事……"	应先将想要说的结果告诉对方;如是比较复杂的事情,请对方做记录;对时间、地点、数字等进行准确的转达;说完后可总结所说内容的要点
5. 结束语	"谢谢""麻烦您了""那就拜托您了"等	语气诚恳、态度和蔼
6. 放电话		等对方放下电话后再轻轻放回电话机上

2. 接听电话礼仪

(1) 接电话前。

① 准备笔和纸。如果未准备好纸和笔,那么当对方需要留言时,就不得不要对方稍等一下,让对方等待是很不礼貌的。所以在接听电话前,要准备好纸和笔。

② 停止一切不必要的动作。不要让对方感觉你在处理一些与电话无关的事情,让对方感觉你在分心,这也是很不礼貌的表现。

③ 使用正确的姿势。如果姿势不正确,不小心电话从手中滑下来,或掉在地上,发出刺耳的声音,也会让对方感到不满意。应带着微笑接起电话,让对方

也能在电话中感受到你的热情,如图 3-21 所示。

(2) 接电话中。

① 及时接听。一般情况下应该保证在电话铃响三声之内接听电话,当电话响第二声时接听是最合适的时间。如果因为其他原因在电话铃响三声之后才接起,首先要说:"对不起,让您久等了!"

② 应对谦和。拿起话筒后,首先要问好,然后自报家门。接电话时的问候应该是热情而亲切的"您好!",然后自报家门,告诉对方,这里是哪个单位或哪个部门或具体哪一位。在通话过程中,对打电话的人要谦恭友好,尤其是在打来业务电话咨询或有求于己的时候,更要表现得不卑不亢、热情亲切。对方打来电话,一般会自己主动介绍。如果没有介绍或者没有听清楚,就应该主动问:"请问你是哪位?我能为您做什么?您找哪位?"接到对方打来的电话,拿起听筒应首先进行自我介绍:"您好!我是××。"如果对方找的人在旁边,应说:"请您稍等。"然后用手掩住话筒,轻声招呼同事接电话。如果对方找的人不在,应该告诉对方,并且询问:"需要留言吗?我一定转告!"打电话时的内容准备如图 3-22 所示。

图 3-21　打电话前的准备　　图 3-22　打电话时的内容准备

(3) 通话终止时。

① 通话终止的时候,不要忘记向对方说"再见。"如通话因故暂时中断,要等候对方再拨进来。对于重要的客人或上级,要主动拨回去。不要随便走开,也不要为此而责怪对方。接到误拨进来的电话,需要耐心、简短地向对方说明。如有可能,还要给对方提供必要的帮助,或者为其代转电话。

② 主次分明。接听电话的时候,要暂时放下手头的工作,不要和其他人交谈或做其他事情。如果你正在和别人谈话,应示意自己要接电话,稍后再说,并在接完电话后向对方道歉。如果目前的工作非常重要,可在接电话后向来电者说明原因,表示歉意,并再约定具体时间,到时主动打过去,在通话的开始再次向对方致歉。

③ 须搁置电话时或让乘客等待时,应给予说明,并致歉。每过 20 s 留意一下对方,向对方了解是否愿意等下去。接电话礼仪见表 3-4。

表 3-4　接电话礼仪

顺序	基本用语	注意事项
1. 拿起电话听筒,并告知自己的姓名	(1)"您好,这里是××铁路公司。"如上午10点以前可使用"早上好",电话铃响3声以上时应说"让您久等了,我是××部的××"	1. 电话铃响3声之内接起 2. 在电话机旁准备好记录用的纸笔 3. 接电话时,不使用"喂"回答 4. 音量适度,不要过高 5. 告知对方自己的姓名
2. 确认对方	(2)"×先生,您好""感谢您的关照"等	6. 必须对对方进行确认 7. 如是客户要表达感谢之意
3. 听取对方来电用意	(3)"是""好的""清楚""明白"等回答	8. 必要时应进行记录 9. 谈话时不要离题
4. 进行确认	(4)"请您再重复一遍""那么明天在××,9点钟见。"等等	10. 确认时间、地点、对象和事由 11. 如是传言必须记录下电话时间和留言人
5. 结束语	(5)"清楚了""请放心……""我一定转达""谢谢""再见"等	
6. 放回电话听筒		12. 等对方放下电话后再轻轻放下

3.2.2　通文达礼——邮件礼仪注意事项

电子邮件在日常工作中时刻伴随着我们,在职场活动中起着重要的作用。电子邮件的表达方式代表了职业素养、专业程度、可靠性,甚至是公司的形象。一封完整的邮件包含主题、称呼、正文、结尾、日期、收件人等。

1. 邮件主题

主题要提纲挈领,添加邮件主题是电子邮件和信笺的主要不同之处,在主题栏里用简短的几个字概括出整个邮件的内容,便于收件人权衡邮件的轻重缓急,分别处理。具体的主题要求为:第一,一定不要空白标题,让收件人无法一目了然。第二,标题要简短、明确,不宜冗长,过长的邮件标题使收件人无法在短时间确定邮件的内容,确定邮件的重要程度。第三,标题要能真实反映文章的内容和重要性,切忌乱用虚假标题。第四,一封信尽可能只针对一个主题,不在一封信内谈及多件事情,便于日后整理。第五,可适当使用大写字母或特殊字符来突出标题,引起收件人注意,但应适度,特别是不要随便就用"紧急"之类的字眼。第六,回复对方邮件时,应当根据回复内容需要更改标题,不要过长,同时主题千万

PPT
邮件礼仪

不可出现错别字和不通顺之处。对于外部邮件,最好写上来自××公司的邮件,以便对方留存。

2. 邮件的称呼与问候

在发送邮件时,除了要注意邮件主题问题外,还要对邮件的称呼和问候加以注意。第一,应恰当地称呼收件者,拿捏尺度,忌不称呼、乱称呼。称呼是第一行顶格写,邮件的开头要称呼收件人。这样既显得礼貌,又明确提醒收件人,此邮件是面向他的,要求其给出必要的回应;在多个收件人的情况下可以称呼大家。如果对方有职务,应按职务尊称对方,如"×经理";如果不清楚职务,则应按通常的"×先生""×小姐"称呼,但要把性别先搞清楚。不熟悉的人和级别高于自己的人不宜称呼英文名。称呼全名也是不礼貌的。第二,邮件开头结尾最好要有问候语。开头问候语格式是称呼换行空两格写,最简单的开头是"你好"或者"您好"。第三,结尾在日常工作中常被忽略,写明"祝您顺利"之类即可,若是尊长应使用"此致敬礼"。

3. 邮件正文

邮件的正文要简明扼要、行文通顺、重点突出、段落清晰。选择恰当规范的语言进行表述,应符合书面语言表达,不要使用口语化用语,避免情绪化用语,慎用含有敌意的词句或者批评的语气。根据收件人与自己的熟络程度、等级关系,邮件是对内还是对外性质,选择恰当的语气进行论述,以免引起对方不适。

除了邮件内容清楚明白之外,邮件的正文应尽可能避免拼写错误和错别字。这是对别人的尊重,也是自己态度的体现。在邮件发送之前,务必仔细阅读一遍,检查行文是否通顺,拼写是否有误。邮件的正文页可以合理提示重要信息,使用大写、粗斜体、颜色字体等,但不可过多使用。除了对文字突出之外,还可以合理利用图片、表格等形式来辅助阐述,引用资料时要注明出处并慎用表情符号,正文不能太过拥挤,保持一定的字距和行距。转发或回复邮件时,应保持原邮件格式和内容,不要刻意压缩或隐淡字体。

邮件的总体结构应符合"第一段与最后一段是重点",电子邮件的撰写,应该掌握由上而下的重点,也就是说,重点在最前面的第一段。如果信件很长,最好在结尾的部分,再度强调第一段的重点。当想要收件者采取行动时,如果邮件内容长,在开始,就要说明要求。如果内容很短,不超过一个屏幕可以读完的范围,就直接在信件内容的结尾提出要求。

4. 邮件的收件人

收件人需要受理邮件所涉及的主要问题,理应对邮件予以回复响应。请示性的邮件一般只有一个收件人,不相关的人不可随意抄送。收件人(包括抄送人)若为一个以上,不论在邮件地址位置、正文位置,还是附件内,均需要排序。最具礼仪的方式是按照职务高低排序,同样职位按姓氏字母顺序排序,不了解职位时可以按照字母顺序排,但重要邮件不建议这样做,尤其是重要客户。有内外之别时,应以客为先。

任务 3.3　出行礼仪

3.3.1　轻敲轻关——出入房间

出入房间看似简单,在日常生活中,几乎每个人都在时不时地重复这个动作,可是却甚少有人知道合理、规范的出入房间礼仪。对于高铁客运服务人员来说,掌握规范的、标准的出入房间礼仪,不仅能够彰显个人素质,同时在一定程度上也能够使得工作的进展更为顺利。

出入房间礼仪,顾名思义,在这里有两个行为动作,一个为"出",一个为"入"。而在日常生活、工作过程中,"出""入"的礼仪既有相似又有不同,只有同时掌握正确、规范的"出""入"房间礼仪,才不会贻笑大方。

(1)"入"——进入房间时的引导方法。

① 进入房间开关房门,都应以手轻扒、轻拉、轻关,绝不可以以身体的其他部位代劳。例如,不能以肘推门、以脚踢门、以臀拱门、以膝顶门,也不能听任房门自由关闭。

② 注意面向门。进门时,如已有人在房内,则始终应面向对方,尤其是切忌反身关门,背向对方。

③ 讲究顺序。在一般情况下,应请尊长、女士、来宾率先进入房间,率先走出房间,必要时应主动为之效劳,替对方开门或关门。

许多房间往往由长度、宽窄不等的走廊连接在一起。走廊虽有室内走廊与露天走廊之分,但通过它们时所讲究的步行礼仪却基本相近。

① 单排行进。在走廊里行进时,至多允许两人并排行走在一起。

② 主动右行。这样做的话,即使有人从对面走来,也会两不相扰。不过若是在仅容一人通过的走廊遇上了此种情况,则应面向墙壁、侧身相让,请对方先通过。若对方先这样做了,则勿忘向其道谢。

③ 缓步而行。通过走廊时,宜步伐和缓,悄然无声。因为走廊多连接房间,若快步奔走、大声喧哗、制造噪声,难免会干扰别人。

④ 循序而行。不要为了走捷径、图省事、找刺激,而去跨越某些室外的栏杆,或是行走于其上。

(2)"出"——走出房间时的引导方法。

① 出门时,若房内仍旧有人,则在行至房门、关门这一系列的过程中,都应尽量面向房内,不要以背示人。

② 若出房间时恰逢他人与自己方向相反出入房间,则应对其礼让。一般的讲究是房内之人先出,房外之人后入,倘若房外的对方为尊长、女士或来宾,应先

让其进入。

3.3.2 尊者在前——上下楼梯

上下楼梯是高速铁路客运服务人员在工作及生活中常见的一项活动,在此项活动中应注意先后次序,礼让他人,这既是对乘客与个人安全的保障,也是文化礼仪的展示和自身素质的体现。

1. 上下楼梯基本原则

(1) 靠右单行。在上下楼梯时,均应靠右侧单侧行走,如果楼梯较宽时,并排行走最多不要超过两个人,但在特殊情况下也是可以的。比如,某铁路局王站长和李站长在上楼梯时,两人为方便商量工作的事情而并排走,也是可以的。

(2) 少交谈。上下楼梯时,尽量少交谈,注意楼梯,避免摔倒、摔伤,更不应站在楼梯上或楼梯转角处进行深谈,妨碍他人通过。

(3) 保持距离。高速铁路客运服务人员在引领乘客上下楼时,出于安全的需要,上楼时应走在乘客的后面,下楼时走在乘客的前面,引领者与乘客距离一两级台阶为宜,既要注意对方安全,又要注意与身前、身后之人保持距离,以防碰撞。

(4) 互相礼让。在上下楼梯时,若携带物品较多,应待楼梯上人较少时再走,以免发生碰撞,酿成安全事故,造成财物损失。同时应注意行走姿势和速度。不管有多么紧急的事情,都不应推挤他人,也不宜快速奔跑。

2. 上楼梯引导礼仪

高速铁路客运服务人员在引导乘客上楼梯时,更多的时候会用到从开始会面,到最后会面结束整个过程中所涉及的礼仪,具体可分为引导前、引导中、引导后三个过程。

(1) 引导前。

① 对前来访问、洽谈业务、参加会议的乘客,首先了解对方到达的车次、航班,安排与客人身份、职务相当的服务人员前去迎接。

② 见到乘客的时候,先握手,然后拿出名片,两手的食指和拇指捏住名片的两角,然后正面朝上,面对着乘客,双手递给乘客,同时要看着对方,面带微笑。可以说:"请多多关照。"

(2) 引导中。

① 在前往楼梯口时,高速铁路客运服务人员应与乘客寒暄交谈,不要冷场,并且当遇到拐弯处或者路上有障碍时要及时加以提醒,以表示对对方的关注。

② 多人同行要上楼梯时,走在最前方的应该是业主或者职位较高的人,其右后方次之。只有当初次莅临的乘客或者不认识路时可以在其前方进行引导。

(3) 引导后。当引领乘客至合适位置时,高速铁路客运服务人员应根据现场情况分析是撤离现场还是继续进行引领。

3. 下楼梯引导礼仪

在引导乘客下楼梯时,高速铁路客运服务人员应走在乘客的侧前方,并用得体的手势为其指引方向,同时为了安全起见,应遵循男士在前,女士在后原则。

(1) 如乘客中有长者携带幼者时,应遵循幼者在前,长者在后的原则;

(2) 当楼梯较窄时,应单行行走,如果楼梯较宽时,则应注意并排行走最多不要超过两个人;在行走过程中要尽量靠右,以免影响他人的通行;

(3) 在遇到楼梯拐角处时,应提醒乘客注意脚下安全。当出现特殊情况时,例如鞋带松绑,高速铁路客运服务人员应主动帮其拿随身物品,并在其一侧进行耐心等候。为避免乘客尴尬,应主动采用诙谐幽默的话语进行缓解气氛。

3.3.3 讲究进出——出入电梯

无论是在日常生活还是工作中,我们都不可避免的需要搭乘电梯。乘坐电梯,需要遵守一定的电梯礼仪,也是乘坐电梯的"交通规则",需要所有人都明白和遵守。如果不掌握相应礼仪,可能出现一些比较尴尬的场面,甚至引发电梯安全事故。掌握恰当、得体的电梯礼仪是每一位高速铁路客运服务人员的必修课程。

1. 电梯运行礼仪

电梯运行过程中,需注意的礼仪如下:

(1) 电梯内禁止吸烟。电梯是狭小的公共场所,禁止吸烟是公共场所的禁烟要求,也是电梯的安全要求。

(2) 进入电梯后,先进去的人应站在电梯门的两侧,给后面进来的人腾出地方。不要站在电梯门口挡住他人进出,也不要与人面对面站立。

(3) 在电梯很拥挤时,一旦电梯门开启,站在最外面的未到人员都应主动让开,里面的人可用"借过""请让一让"等礼貌用语,以示提醒。

(4) 注意电梯内卫生,如果要咳嗽或打喷嚏,一定要用纸巾、手帕掩住嘴鼻,若没纸巾,需用手掌遮掩,尽量避免交谈。

(5) 依次按动自己所要去的楼层按钮,如果离按钮太远或电梯拥挤,请尽量让离按钮近的乘客帮忙按楼层按钮,需带有"请帮忙按一下 ×× 层""谢谢"等礼貌用语。如果有人快步向电梯口走来,请及时按住"开门"按钮,等他人进来。

2. 无人值守电梯引导方法

高速铁路客运服务人员在引导乘客出入电梯时,一般会遇到有人值守的电梯和无人值守的电梯两种情况。面对不同种类的电梯,高速铁路客运服务人员在引导时,也要根据实际情况,采取合理、恰当的方式来进行引导。尤其是面对无人值守的电梯,高速铁路客运服务人员在一定程度上既要充当接待人员的角色,又要充当电梯值守人员的角色,其中任何一个环节出错,都有可能影响整体事件的进程,具体的引导流程如下:

(1) 先按电梯按钮。门开后如果乘客不止一个,高速铁路客运服务人员可先进入电梯,一手按住开门按钮,另一手按住电梯侧门,礼貌地说:"请进。"并用礼貌的眼神示意。

(2) 请乘客进入电梯内。如果电梯行进间有其他人员进入,可以主动询问对方要去的楼层。帮忙按下按钮。

(3) 有外人同在时,进行适当的寒暄。电梯内尽量侧身面对乘客。

(4) 到达目的楼层后,一手按住开门按钮,一手做请出的动作,并礼貌地说:"到了,您先请。"乘客走出电梯后,自己立刻步出电梯,并热心的引导行进方向。

3. 有人值守电梯引导方法

不同于无人值守电梯的引导,有人值守的电梯在引导时动作、流程会较之简单,但仍需注意不可粗心大意。

(1) 高速铁路客运服务人员用适当的礼仪手势邀请进入电梯内,随后应紧随乘客进入电梯内,并尽量侧身面对乘客。

(2) 在电梯上升、下降时高速铁路客运服务人员应用得体恰当的语言进行寒暄,应该多表现出积极热情,避免尴尬、冷场的情况出现。

(3) 到达目的楼层后高速铁路客运服务人员需用适当的礼仪手势请乘客走出电梯,并紧随其后,指引行进方向。

3.3.4 乘车有序——乘车礼仪

汽车如今已成为现代社会最主要的交通工具,"不在桌前,就在车上"已经成为现代人生活最真实的写照。在日常生活、工作中,与领导、同事、乘客一同乘车更是难免,因此,乘车礼仪在日常生活中的作用就显得十分重要,掌握合理、规范的乘车礼仪是每一位高速铁路客运服务人员所应具备的最基本的要求。

1. 座次安全系数

在掌握合理、规范的乘车礼仪之前,高速铁路客运服务人员需要对车内各个座次的安全系数进行简单了解,从而在引导乘客乘车时,才能做到心中有数。轿车的前排,特别是副驾驶座,是全车最不安全的座位,因此按惯例,该座位不宜请女士或儿童就座。最安全的座位为后排左座(驾驶座之后),或是后排中座。但当主人亲自开车时,副驾驶则为上座,这样既是为了表示对主人的尊重,也是为了显示与之同舟共济。而由专人驾车时,副驾驶座一般也叫随员座,通常坐于此处者多为随员、译员、警卫等。

2. 上下车的礼仪

上下车的基本礼仪原则是"方便领导,突出领导"。一般是让领导和客人先上,自己后上。下车时,自己先下,领导和客人后下。上车时,为领导和客人打开车门的同时,左手固定车门,右手护住车门的上沿(左侧下车相反),防止领导或客人碰到头部,确认领导和客人身体安全进车后轻轻关上车门。下车时,方法相同。如果很多人坐一辆车,那么谁最方便下车谁先下车。

3. 乘车的座次安排

一般来说,轿车内的座位是后排为上,前排为下,后排的三个座位(通常只坐两人)又以右为上,左为下,也就是说,与司机成对角线的位置是车内最尊贵的位置。其次是后排左座、前排右座(副驾驶)。该顺序是和我国交通规则相关,我国是右侧行驶,这样坐在右侧的人上下车就相对方便一些。看似复杂多变的商务礼仪所遵循的基本规则不外乎三条:方便为上,安全为上,尊重为上。轿车上座次的安排,在礼仪上来讲,主要取决于下述四个因素。

司机一般有两种人:一种是轿车主人,另一种是专职司机。国内目前所见的轿车多为双排座和三排座,车上座次尊卑的差异如下:

① 主人亲自驾车时:当主人或领导亲自驾车的时候,一般称为社交用车,上座为副驾驶座。这种情况,一般前排座为上,后排座为下,以右为尊,以左为卑。这种坐法体现出"尊重为上"的原则,体现出客人对开车者的尊重,表示平起平坐,亲密友善。

a. 双排五人座轿车,顺序是副驾驶座—后排右座—后排左座—后排中座,如图3-23所示。

b. 三排七人座轿车,顺序是副驾驶座—后排右座—后排左座—后排中座—中排右座—中排左座,如图3-24所示。

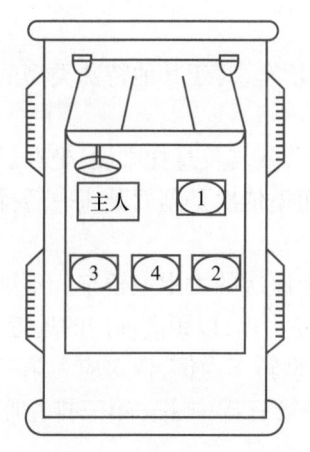

图3-23 双排五人座座次　　图3-24 三排七人座座次

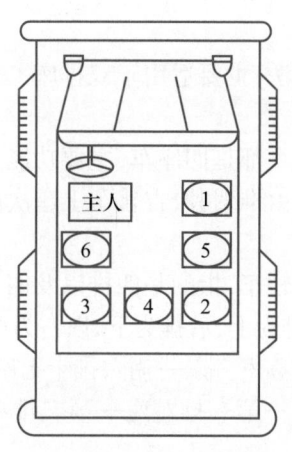

测试
乘车礼仪

育人小故事
乘车礼仪

c. 三排九人座轿车，顺序是前排右座—前排中座—中排右座—中排中座—中排左座—后排右座—后排中座—后排左座，如图 3-25 所示。

② 专职司机驾车时：由于右侧上下车更方便，因此要以右尊左卑为原则，同时后排为上，前排为下。在接待非常重要客人的场合，比如说政府要员、重要外宾、重要企业家，这时候上座是司机后座，因为该位置的隐秘性好，而且是车上安全系数较高的位置。

图 3-25　三排九人座座次

a. 双排五人座轿车，顺序是后排右座—后排左座—后排中座—副驾驶座，如图 3-26 所示。

b. 双排六人座轿车，顺序是后排右座—后排左座—后排中座—前排右座—前排中座。

c. 三排七人座轿车，顺序是后排右座—后排左座—后排中座—中排右座—中排左座—副驾驶座，如图 3-27 所示。

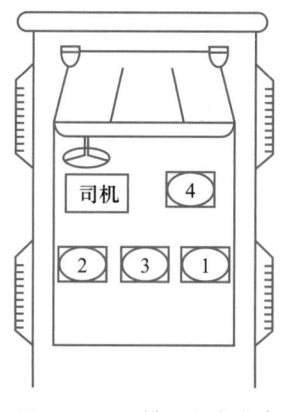

图 3-26　双排五人座座次　　图 3-27　三排七人座次序

上述方法，主要适用于双排座、三排位轿车，对于其他特殊类型的轿车并不适用。

吉普车大都是四座车，主要功能是越野，减震及悬挂太硬，坐在后排颠簸得厉害。不管由谁驾驶，吉普车上座次由尊而卑依次是副驾驶座—后排右座—后排左座。

多排座轿车，指的是四排以及四排以上座次的大中型轿车。不论由何人驾驶，均以前排为上，后排为下，以右为尊，以左为卑，以距离前门的远近，来排定其具体座次的尊卑。以一辆六排十七座的中型轿车为例，依次应为第一排右座—第一排中座—第一排左座—第二排右座—第三排中座—第三排左座—第四排右座。

任务 3.4　会务谈判礼仪

3.4.1　井然有序——会议筹备组织

在铁路日常运营中,会安排安全运营事宜、文件学习等会议活动,需要了解会议流程和注意事项,精心筹备组织。会议中双方人员的座次安排看似十分简单,却是有一番讲究的。

1. 会议一般流程

一般在会议开始之前会定好会议流程,开始时要进行欢迎及致辞,说明会议目的,告知参会者会议议程以及具体的时间安排,强调会议的纪律要求。在会议过程中分享会议议题及目标,要注意主题鲜明,避免产生任何歧义或误解,目的明确,应当结合单位实际有切实的依据。还要组织参会者交换信息,分享观点,做出议题决定,并进行总结。在会议结束时进行结束致辞,必要情况下简单进行下次会议安排。在会中及会后,应当进行议题及活动追踪,做好会议计划。会议一般分为线上会议和线下会议,下面分别进行阐述。

2. 线上会议注意事项

（1）会前准备工作注意事项。

① 时间选择　线上会议安排应当挑选适当的时间,居家办公会议时间一般不挑选饭点,时间确定后要及时将会议信息通知参会人员,确认大部分人员都能按时参加。

② 会议地点选择　视频会议时大家的背景最好干净整洁,一面白墙是最不会出错的,可以选择简约的窗帘或者绿植为背景,书架前也是不错的选择。不仅避免打扰到参会人员的注意力,也能体现出自己对于会议和工作认真的态度,如图 3-28 所示。

③ 着装打扮　视频会议中也要注意着装打扮,根据不同的会议场合进行着装选择。一般至少要保证出镜上半身的端庄。

图 3-28　会议环境选择

④ 网络检查　另外在会议前,要记得检查好网络情况。要避免因为网络不好而交流不畅,影响工作效率。

⑤ 笔记本准备　除了电脑,再应准备一个笔记本记录重要的内容,如图 3-29 所示。

线上会议准备内容如图 3-30 所示。

图 3-29　会议前准备好笔记本

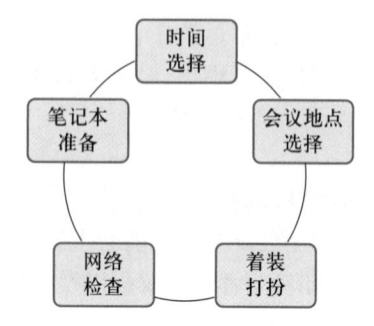

图 3-30　线上会议准备内容

(2) 会议过程中注意事项。在线上会议中,也应当注意以下要点。

① 注意音频和视频设置,检查麦克风是否消音,摄像头是否打开。

② 共享资料准备,为节约会议时间,需提前将共享资料准备好并打开待用。

③ 排除干扰,专注于议程,注意电子产品静音,避免参会者有不受尊重之感。

④ 如果是主持人,请不要提前离开。

⑤ 注意发言礼仪,注意讲话时举手示意,结束时告知大家"以上是我的观点",避免抢话、打断等问题。

(3) 线上会议后注意事项。

① 整理笔记。

② 任务分工。

3. 线下会议注意事项

(1) 会前选好会场,保证人数和会议室环境。选择可以保持空气正常流通的会议室。优先选择开窗通风的会议室,原则上不要选择无窗户的会议室。根据会议申请结合会议室具体情况整体安排会场布局。根据会议要求调整室内的各种装饰品、宣传用品,搞好会议的清洁卫生。注意调整好音响、话筒、投影等设备。

(2) 会议前拟发会议通知。会议通知必须写明开会时间、地点、会议主题及参加者等内容。要提前发通知,以便参加者有所准备。

出席会议和列席会议的有关人员,应根据会议的性质、议题、任务来确定。

会议地点要根据会议的规模、规格和内容等要求来确定。有时也考虑政治、经济、环境等因素。

(3) 会前邀请客户的方式。可以有面对面邀请、电话邀请、邮件邀请。

面对面邀请时应当熟练掌握会议相关信息,对参会者提出真挚的邀请,必要情况下给出打印清晰的邀请函或通知,提高参会者兴趣,在邀请函或通知中应当有重点信息的准确传递;最后双方对关键信息如会议的时间、地点再次进行确认。

电话邀请时要注意礼貌三要素,包括声音、态度、措辞,通话前做好通话准备,通话时讲究通话态度,并做好通话记录,通话后做好问题的及时反馈。必要时建议使用短信进行信息的补充。

邮件邀请时应当注意内容合规,要点清晰,标注重点,措辞委婉,发送前进行反复阅读,避免歧义或错别字。

4. 线下会议座次安排

在线下的会议中,如果参会人员较多需设主席台时,在会议前应对领导能否按时出席会议,逐一落实,设主席台会场形式如图 3-31 所示。领导到会场后,要安排在休息室稍后,再逐一核实,并告知上台后所坐方位。如主席台人数很多,还应准备座位图。席次设计一般遵循前排高于后排、中间高于两侧、左侧高于右侧的原则,但在实际操作中需要根据不同的会议主题、参会范围及会场情况灵活调整。

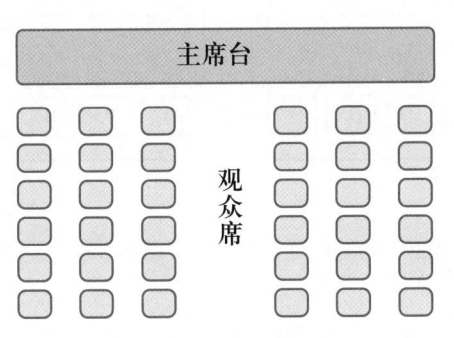

图 3-31　设主席台会场形式

在线下会议座次安排时要注意以下要点:
(1) 如果有临时变化,应及时调整座次、名签。
(2) 防止主席台上名签位置错误或领导空缺。
(3) 一定要注意认真填写名签,谨防错别字出现。
(4) 事先定好座次、放名签,以便领导对号入座,避免上台之后互相谦让,既方便,又合乎礼节。
(5) 主席台座次安排时,主要依据左为上,右为下的原则。领导人数为单数时,主要领导居中。2 号在 1 号左手位置,3 号在 1 号右手位置,如图 3-32 所示。

领导人数为双数且大于两人时,1、2 号同时居中,然后一左一右依次排,如图 3-33 所示。

图 3-32　主席台人数单数座次安排　　　　图 3-33　主席台人数双数座次安排

如果会场地点在会议室时,可以安排为"双方对坐式",双方坐在长条桌,一般离入口较远的地方为上座,主方或客方座次具体排序参考"以左为尊",依次安排,如图 3-34 所示,安排时也可以按本单位习惯,照顾客方或上级领导,按双方职务等级面对面安排,如图 3-35 所示。如果长条桌竖对门,则面门而站,左边为客方,右边为主方,遵循"以左为上"的原则,如图 3-36 所示。但三人时以中间为主位。同行中的领导在中途要退席时,要一起站起来向客户致意。当对方的领导进来时,要一起站起来打招呼,表示礼貌。

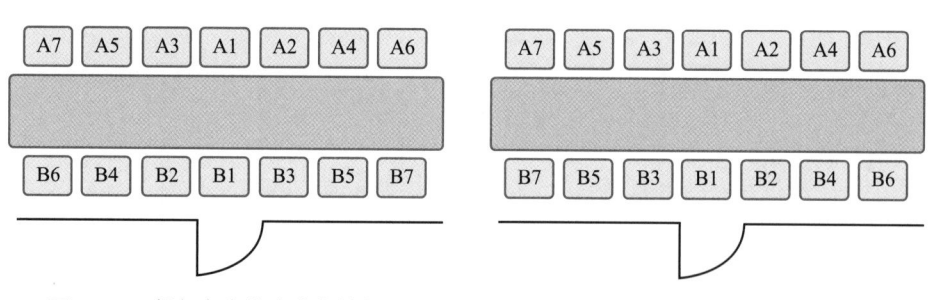

图 3-34　长条桌会议座次安排(一)
A 为上级领导(或客方席),B 为主方席。

图 3-35　长条桌会议座次安排(二)
A 为上级领导(或客方席),B 为主方席。

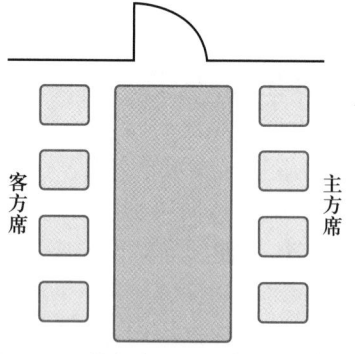

图 3-36　长条桌竖对门会议座次安排

如果是沙发室小型会议或商务接洽形式,也可按照下列方式进行安排,如图

3-37 所示。

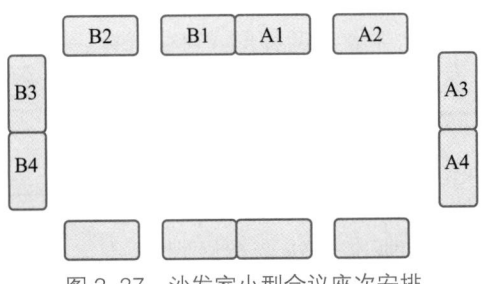

图 3-37　沙发室小型会议座次安排

与上级领导座谈，A 为上级领导（客方席），B 为主方席。

有的时候为了避免出错，或者避免主方客方的主次安排，可以安排圆桌会议，在圆桌会议中，可以不拘泥于过多的礼节，所有参会人员围着桌子就座，适合讨论环节较多的会议，主要的座位安排至靠内的位置，也可摆放名牌，提醒就座，如图 3-38 所示。

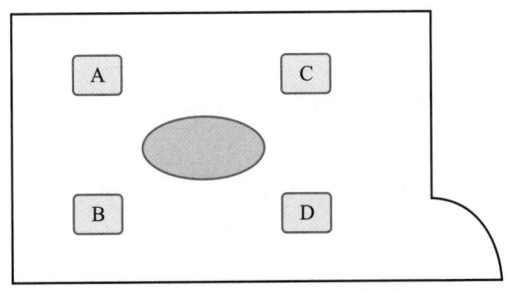

图 3-38　圆桌会议座次安排

3.4.2　虚"座"以待——谈判座次安排

铁路运营过程中，尤其是面对客运或货运市场营销时，可能面临与合作方谈判的情境。商务谈判要想取得成功，除了双方互相了解，创造必备的谈判环境，合理安排谈判座次也是谈判礼仪中重要的一环。

圆桌谈判不分主次席位，表达一种双方愿意合作的态度，也便于彼此沟通；把客方放在主位，也可以表现出对谈判方的尊重。

长桌谈判彼此面对面而坐，有利于谈判双方和一方内部的信息传递与交流，同时也可以使同伴之间相互接近，在心理上产生安全感和团结感，可以提振己方的士气与信心。

从总体上讲，正式谈判排列方式分为双边谈判和多边谈判。位次排列分为每桌只有一个主位的排列和每桌有两个主位的排列。

PPT
谈判座次安排

1. 双边谈判

双边谈判，指的是由两方人士所举行的谈判。

双边谈判的座次排列，主要有两种形式可供选择。

(1) 横桌式。横桌式座次排列是谈判桌在室内横放，客方人员面门而坐，主方人员背门而坐。除双方主谈者居中就座外，各方的其他人士应依其具体身份的高低，各自先左后右、自高而低地分别在己方一侧就座。

(2) 竖桌式。竖桌式座次排列是指谈判桌在室内竖放，具体排位时以进门时的方向为准，右侧由客方人士就座，左侧由主方人士就座。在其他方面，则与横桌式排座相仿，如图3-39所示。

双边谈判时应当注意如下事项：

谈判桌准备，选择使用长桌或椭圆形桌子，宾主应分坐于桌子两侧。

图3-39 竖桌式双边谈判座次安排

横放谈判桌，面对正门的一方为上，应属于客方；背对正门的一方为下，应属于主方。

竖放谈判桌，应以进门的方向为准，右侧为上，属于客方；左侧为下，属于主方。

主谈判座次，各方的主谈人员应在自己一方居中而坐。

2. 多边谈判

多边谈判是由三方或三方以上人士所举行的谈判，多边谈判的座位排列，主要可分为两种形式。

(1) 自由式。自由式座位排列，即各方人士在谈判时自由就座，而无须事先正式安排座位。

(2) 主席式。主席式座次排列，是指在室内，面向正门设置一个主席位，由各方代表发言时使用。其他各方人士一律背对正门、面对主席之位分别就座。各方代表发言后，亦须下台就座，如图3-40所示。

一般而言，举行签字仪式时，座次排列有三种基本形式，分别适用于不同的具体情况。

(1) 并列式。并列式排座是举行双边签字仪式时最常见的形式。签字桌在室内面门横放，双方出席仪式的全体人员在签字桌后并排排列，双方签字人员居中面门而坐，客方居右，主方居左。

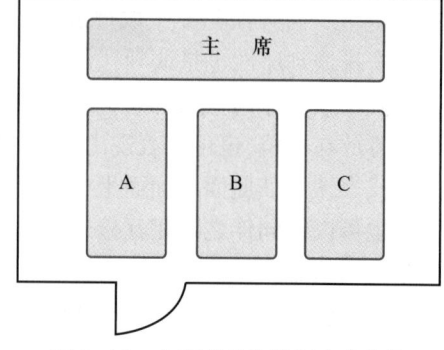

图3-40 主席式多边谈判座次安排

（2）相对式。排列方式与并列式签字仪式的基本相同。二者之间的主要差别只是相对式排座将双边参加签字仪式的随员席移至签字人的对面。

（3）主席式。主要适用于多边签字仪式。签字桌仍须在室内横放，签字席设在桌后，面对正门，但只设一个，并且不固定其就座者。

举行仪式时，所有各方人员，包括签字人在内皆应背对正门、面向签字席就座。签字时，各方签字人应以规定的先后顺序依次走上签字席就座签字，然后退回原位就座。

3.4.3 礼尚往来——谈判签约仪式礼仪

在谈判中营造良好氛围，拉近彼此距离的同时，塑造良好形象，推动交易成功，并加深理解、促进最终达成签约的目的。

为了达成这一目的，应当注意以下礼仪要点。

1. 谈判前的准备礼仪

（1）要注意谈判时间的选择。谈判时间要经双方商定而不能一方单独作主，否则是失礼的。

（2）要注意谈判地点的选择。谈判地点最好选择自己熟悉的环境，或选择双方都不熟悉的中性场所。如要进行多次谈判，谈判地点应该互换以示公平。

（3）要注意谈判人员的选择。一般来说，谈判队伍由主谈人、助手、专家和其他谈判人员组成。谈判人员与对方谈判代表的身份、职务要相当。

（4）要选择合适的着装。外表礼仪是国际商务谈判中最基本的礼仪，对于男士应该穿商务装，并且戴领带；对于女士，职业装是最好的选择，如图3-41所示。

图3-41　着装整洁

（5）选择合适的妆容与发型。

2. 谈判签约过程中的礼节

(1) 介绍礼仪。首先,要了解介绍人和第三方是不是想相互了解和认识。然后,要澄清被介绍人与介绍人的关系,便于被介绍人和第三方相互理解并且建立信任。最后,要注意介绍顺序。

(2) 握手礼仪。见面时应注意握手的礼仪。

(3) 语言礼仪。首先,谈判者要善于表达。谈判人员要常用一些委婉的言辞,紧密围绕谈判主题进行谈判。谈判中遇到阻碍时,要能够灵活采取各种适当的应急手段,摆脱困境。

其次,适当地使用肢体语言,要把握多听少说原则,善于倾听是人际交往的法宝,倾听可以表示对对方的尊重,还能因此获得对方大量信息,争取时间了解对方的意图,最终找到解决办法。

(4) 行为礼仪。首要标准是入乡随俗。尤其在涉外谈判中,每一个国家都有自己独特的宗教、语言、文化和习俗,所以,要实现成功的谈判,就要学习他国文明。这样有利于国家间的沟通,显示对外国友人的善意和友好。所以谈判者的语言和行为应该从容和得体。在谈话的时候,不要用手指着别人,谈判者之间的距离不要太近或太远。如果你要参加别人的谈话,要说"对不起"。要给别人发表意见的机会。

(5) 表情礼仪。自然是商务谈判中最重要的一个因素。在谈判时,体现的是一种互相尊重,互惠互利的原则。但是表情会在谈判时不自觉地流露,会让对方觉察到自己的想法,因此,商务谈判中要尽量避免展露出自己真实的面貌,当生气或者惊讶的时候,避免使用极度夸张的表情和神色。尽量以微笑带过,眉毛不可上挑,嘴巴也不能做出轻佻的样子。

(6) 情绪礼仪。举行正式谈判时,谈判者尤其是主谈者的临场表现,往往直接影响到谈判的现场气氛。在整个谈判进行期间,每一位谈判者都应当自觉地保持风度,礼待对手。首先,心平气和。在谈判桌上,每一位成功的谈判者均应做到心平气和,处变不惊,不急不躁,冷静处事。既不故意惹谈判对手生气,也不自己找气来生。其次,争取双赢。谈判往往是一种利益之争,因此谈判各方无不希望在谈判中最大限度地维护或者争取自身的利益。

(7) 签字仪式。商务谈判最后的阶段是签字仪式。从礼仪上来讲,举行签字仪式时。一定要郑重其事,认认真真。其中最为引人注目的,当属举行签字仪式时座次的排列方式问题。

① 并列式,是举行双边签字仪式时最常见的形式。它的基本做法是签字桌在室内面门横放。双方出席仪式的全体人员在签字桌之后并排排列,双方签字人员居中面门而坐,客方居右,主方居左。

② 相对式,与并列式签字仪式的排座基本相同。二者之间的主要差别,只是相对式排座将双边参加签字仪式的随员席移至签字人的对面。

③ 主席式,主要适用于多边签字仪式。其操作特点是签字桌仍须在室内横

放,签字席仍须设在桌后面对正门,但只设一个,并且不固定其就座者。举行仪式时,所有各方人员,包括签字人在内,皆应背对正门,面向签字席就座。签字时,各方签字人应以规定的先后顺序依次走上签字席就座签字,然后即应退回原处就座。

任务 3.5　餐桌礼仪

3.5.1　各司其位——中餐餐具的摆放

中式餐饮看似十分简单,但是无论是在高速铁路车站,还是动车组列车,都涉及员工用餐及给旅客供餐。尤其在动车组列车上,需提供给旅客相关餐食,此时就需要掌握中餐餐具的摆放方法。

餐具摆放要相对集中,备用餐、酒具要配套齐全,距离相等,图案、花纹要对正,整齐划一,符合规范,做到既清洁卫生,又有艺术性,并方便乘客使用。

中餐餐具分为个人餐具和公共餐具。个人餐具包括有餐碟、毛巾碟、汤碗、勺、味碟、筷架、筷子、牙签、玻璃水杯和瓷器茶杯等。公共餐具包括两壶(酱油和醋)、三盅(牙签、盐、胡椒)、烟灰缸、花插、台卡等,中餐餐具摆放说明见表 3-5。摆放时,餐碟定位→摆放味碟、汤碗汤匙→摆放筷架和筷子→摆放玻璃器皿→摆放公共餐具,如图 3-42 所示。当然,在列车上的餐具摆放相对简单,主要涵盖碗、碟、筷子、汤匙等。

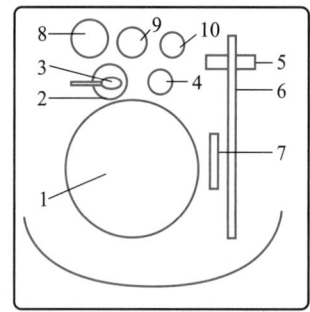

图 3-42　中餐餐具摆放
1—骨碟;2—小碗;3—汤匙;
4—味碟;5—筷子架;6—筷子;
7—牙签;8—水杯;
9—红葡萄酒杯;10—白酒杯

表 3-5　中餐餐具摆放说明

餐具名称	说明	摆放位置
餐碟	又称骨碟,是宴会中吃冷、热菜和接骨、刺等的盘子	一般放在垫碟上面,供客人放置用餐过程中的垃圾,如鱼刺、螃蟹壳。碟摆放在座位正前方,离桌边 1~1.5 cm。可以将折好的餐巾花摆在骨碟上,欣赏面朝向客人
味碟	专为客人盛放各种调味品的小碟子	摆在骨碟的正上方,与之相距 1 cm
汤碗	专门用来盛汤或者吃其他带有汤汁菜肴的小碗	摆放在味碟左侧 1 cm 处,与味碟在一条水平线上,汤匙放在汤碗内,匙把朝向正左方
汤匙	用作喝汤、吃甜品或带有汤汁的菜肴	汤匙放在汤碗内

续表

餐具名称	说明	摆放位置
筷架	品种繁多,造型各异。主要作用是避免筷子与台布接触,保证用具清洁卫生。还可以提高宴会规格,增强宴会桌的气氛	摆放于骨碟右侧,与味碟在一条直线上
筷子	种类很多,宴会一般用红木筷	筷子、长柄勺摆在筷架上,长柄勺距骨碟 1.5~3 cm;筷尾距餐桌沿 1~1.5 cm,筷套在筷架上方的部分约为 5 cm,筷套正面朝上
牙签筒	用来装牙签的盒子。一般由塑料、木质、钢制等材料组成。突出优点是取牙签动作简单、快速、方便,并可确保每次只取出一根,避免浪费及未取出牙签外露而造成污染	摆于公用碟的右侧,不出筷柄末端,不出公用碟的外切线。包装牙签竖放在筷子右侧 1 cm 处,牙签底边与筷子底边相距 3 cm
茶杯	盛茶水的用具,水从茶壶倒进茶杯之后给客人品尝	摆放在筷子右侧,距餐桌沿 1.5 cm,茶杯反扣在茶碟中,杯耳朝右与筷架平行
公用碟		放置在正、副主人席位的正前方,碟边距葡萄酒杯底托 3 cm,碟内分别横放公用勺和公用筷,筷子放在靠桌心一侧,勺放在靠近客人一侧,勺柄朝左,筷柄朝右,成为对称形。公用勺和公用筷之间距离 1 cm;筷子出餐碟部分两侧相等
烟灰缸	烟灰缸除了具备实用功能之外,还具有一定艺术欣赏价值	从主人席位右侧开始,每隔两个座位摆放一个,烟灰缸前端应在水杯的外切线上。烟灰缸一般有三个架烟孔,其中一个架烟孔朝向桌心,另外两个朝向两侧的客人
葡萄酒杯	葡萄酒杯大致可以分为三种:红葡萄酒杯、白葡萄酒杯和香槟杯	在味碟正上方 2 cm

3.5.2 礼座上客——中餐的席位排列

中华饮食源远流长,作为礼仪之邦,饮食礼仪自然成为饮食文化的一个重要部分。

1. 位次排列

就餐时,每张餐桌上的具体位次也有主次尊卑的分别,如图 3-43 所示为每桌只有一个主位和两个主位的排列方式。每桌只有一个主位时,一般遵循"面门为上""以右为尊"的原则,主人在主位上就座,第一主宾坐在主人的右手位置,第二主宾坐在主人的左手位置,其余客人按此顺序排列下去。每桌有两个主位的排列时,第一主人坐在面对正门的位置,第一、第二主宾分别坐在其右手和左手的位置。第二主人坐在背对正门的位置,第三、第四位客人分别坐在其右手和左手位置。除此之外,还要注意礼仪要点。

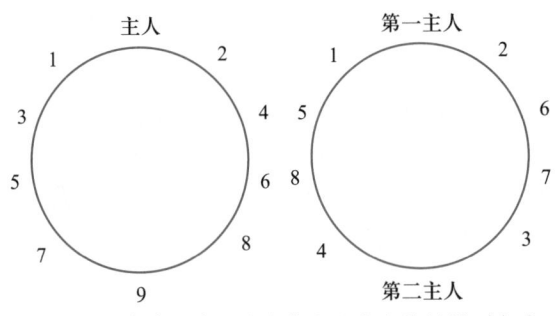

图 3-43　每桌只有一个主位和两个主位的排列方式

主人大都应面对正门而坐,并在主桌就座。

各桌位次的尊卑,应根据距离该桌主人的远近而定,以近为上,以远为下。

各桌距离该桌主人相同的位次,讲究以右为尊,即以该桌主人面向为准,右为尊,左为卑。

2. 便餐的席位排列

（1）右高左低原则。两人一同并排就座,通常以右为上,以左为下。

（2）中座为尊原则。三人一同就座用餐,坐在中间的人在位次上高于两侧的人。

（3）面门为上原则。用餐的时候,按照礼仪惯例,面对正门者是上座,背对正门者是下座。

（4）特殊原则。室内外往往有优美的景致或高雅的演出,供用餐者欣赏。这时候,观赏角度最好的座位是上座。在某些中低档餐馆用餐时,通常以靠墙的位置为上座,靠过道的位置为下座。

3.5.3　宾至如归——中餐点菜的礼节

与同事或亲友用餐时,菜单的安排马虎不得,它主要涉及点菜与准备菜单两个方面。点菜的礼仪要点有以下几个方面。

1. 菜的分量

如果在就餐中承担点菜的职责,一定要注意菜的分量,人均一菜是较通用的规则,可适当加 1~2 个菜,但仍需参照不同餐厅菜分量的多少适当调整点菜个数,一般来说可以按照就餐人数的 1/3 到 1/2 点凉菜,按照就餐人数的 1.2~1.5 倍点热菜(含汤)。女士、儿童比较多的情况下点菜量适当减少,青壮年男士较多的点菜量适当增加。

2. 菜的品种搭配

一般来说,一桌菜最好是有荤有素,有冷有热,尽量做到全面。

3. 看人点菜

女士、儿童比较喜爱甜食,老年人避免大荤,糖尿病患不可吃甜食,还要考虑席间人员的忌讳,有的人对于海鲜会过敏,患有某些慢性疾病比如高血压的人要注意饮食清淡。商务用餐场合,点菜时不应该问服务员菜肴的价格,或是讨价还价,容易造成被宴请方尴尬的情况。

3.5.4 炊金馔玉——中餐就餐礼仪

中式餐宴,入座宜从左侧进入,轻拉椅背,慢慢入座。脱下的长外套不可以直接披在椅背上。钥匙、手机、香烟、打火机等私人物品放进手提包内。

就餐时,应等长者或职位较高人员坐定后,方可入座;席上如有女士,应等女士坐定后,方可入座。如女士座位在邻座,应招呼女士;入座后姿势端正,脚踏在本人座位下,不可任意伸直,用餐期间或用餐前后,都应当背部挺直,尽量往后坐,如图3-44所示。

图3-44 中餐就座姿势

用餐期间,基本上双手都在桌面以上,手肘不得靠桌缘,或将手放在邻座椅背上。用餐时须温文尔雅,从容安静,不能急躁。

餐席上的餐巾,主要防止弄脏衣服,兼做擦嘴及擦净手上的油渍,湿毛巾只能用来擦手,绝不能擦脸、擦嘴。使用时,须等大家坐定后,才可使用餐巾。餐巾应摊开后,可放在双膝上端的大腿上,切勿系在腰带,或挂在西装领口,切忌用餐巾擦拭餐具。

食用食物时,长辈或上级开动后,晚辈或下级再开动。

夹食物时,使用公筷公匙,自用餐具不可伸入公用餐盘夹取菜肴。使用餐具时,不能撞出声音。送食物入口时,两肘应向内靠,不可向两旁张开,碰及邻座。

不要在餐桌上补妆,应该在洗手间或是人较少之处为之。应当避免在餐桌上咳嗽、打喷嚏。如果实在忍不住,应说声"对不起"。若只是暂时性的咳嗽、喷嚏,可以餐巾掩口方式,将污染减至最低。

3.5.5 请坐奉茶——奉茶礼仪

中国人习惯以茶待客,这不仅是对客人的尊重,也体现了自己的修养。来客奉茶,是中华民族的传统美德,如何去奉上一杯茶呢,递上一杯水,让对方感到非常温馨舒适的接待。最基本的敬茶之道,就是客人来了马上敬茶。

1. 茶叶的选择

茶叶种类非常多,根据不同接待对象,可在征询意见后选择合适的茶叶。常见茶叶可分为绿茶(图3-45)、红茶(图3-46)、黄茶、乌龙茶(图3-47)、花茶(图3-48)、黑茶、白茶等。

图 3-45 绿茶

图 3-46 红茶

图 3-47 乌龙茶

图 3-48 花茶

2. 倒茶礼仪

在日常接待中,用到更多的是纸杯,有的单位会有印有自己单位标识的纸杯,注意要让标识朝外,如图3-49所示。

很多人在取纸杯时,都是伸进去两个手指将其捏出来,这样的做法容易将指纹或其他污垢留在其中。所以最好的方法是将其倒扣在手心,拿杯子时从所有杯子的底部拿一个杯子出来。放入茶叶时,最好拿茶匙取上适量,放入杯中,也会让对方觉得干净卫生及尊重,如图3-50所示。上茶的时候,一般水接满七分即可,倒好茶后,托着纸杯的底部为客人递上。轻轻放下时,对对方说,"请您慢用""请喝茶"。

图 3-49　纸杯标识朝外　　　　图 3-50　汤匙取茶

纸杯是日常对普通客户时使用,遇到贵宾接待时,为表示重视对方,可以用会议杯奉茶给对方。会议杯有杯把及杯盖,在递杯子时,右手拿着杯子的杯把儿,左手托着杯底,轻轻放下。这里要注意,在放下后,要将杯子轻轻转动,方便对方接拿,然后放开手。中途续水时,推荐的做法是用小指和无名指夹起杯盖,再去续水,而不是直接扣到桌上。

对于熟悉的贵宾,如果在办公室中有茶具,也可用茶具招待对方,也有利于营造轻松的气氛,如图3-51所示。无论选择怎样的茶具,都要首先保证清洁,把留有残垢的茶具给客人使用是十分无礼的行为。

图 3-51　茶具

3.5.6　有朋自远方来——咖啡礼仪

日常工作中,随着不同饮食文化的交融,也常见以咖啡招待同事或合作方的场合。

1. 冲泡咖啡注意事项

给客人冲泡的咖啡一般根据公司的条件进行提供,有的公司配备的是常见的速溶咖啡,也有的公司会配备咖啡豆,如图3-52所示。研磨咖啡最理想的时间,是在要烹煮之前才研磨。

泡咖啡前首先要检查咖啡杯、杯子底盘、咖啡勺的搭配,以美观为宜,咖啡装八分满。咖啡杯、盘等冲泡咖啡后清洁无咖啡液渍。咖啡出品温度不低于75℃,以保证客人自己调配后,入口温度不低于60℃。调制出的咖啡色泽为棕褐色,有少量白色细致的泡沫,咖啡液中不得有咖啡渣,如图 3-53 所示。

(a)　　　　　　　　　　(b)

图 3-52　咖啡粉和咖啡豆

2. 品尝咖啡礼仪

一杯咖啡端到面前,先不要急于喝,应该像品茶或品酒那样,有个循序渐进的过程。

第一步,闻香,细品咖啡扑鼻而来的浓香;

第二步,观色,好的咖啡呈现深棕色,而不是一片漆黑,深不见底;

第三步,品尝,为了体会咖啡不同层次的口感,开始喝咖啡之前,先喝一口冷水,让口腔完成清洁,品尝到咖啡味更加鲜明。然后趁热喝。

咖啡饮用时,可结合自己的口味加入糖和伴侣。糖的种类有砂糖、糖包和方糖,根据提供的品种调制出自己喜欢的口味。方糖通常放在专门的器皿中,可先用咖啡匙将它舀起,直接放入杯子里,也可先用糖夹子将方糖夹出,放在咖啡碟一旁,再用咖啡匙将它舀起,放进杯子里。千万不要用手或糖夹子直接把方糖放入杯内,否则可能会使咖啡溅起,弄脏衣服和桌布,这是十分不雅和不礼貌的行为。

图 3-53　咖啡

在餐后饮用的咖啡,一般都是用袖珍型的杯子盛出。这种杯子的杯耳较小,手指无法穿出去。但即使用较大的杯子,也不要用手指穿过杯耳再端杯子。咖啡杯的正确拿法,应是拇指和食指捏住把手再将杯子端起,如图 3-54 所示。

喝咖啡时尽量不要大口吞咽,也不要低头去吸咖啡。

喝咖啡时把勺子留在杯里是不对的,而用它往嘴里送咖啡更是一种非常失礼的行为。喝咖啡时,勺子尽可能不要放在咖啡杯内,如果需要,把杯子、盘子放在桌面上进行搅拌,如图 3-55 所示。

加糖后,只需用勺子轻轻搅拌,以防咖啡溅出,弄脏衣服或台布。

盛放咖啡的杯碟都是特制的。它们应当放在饮用者的正面或者右侧,杯耳应指向右方。

图 3-54　拿咖啡杯的技巧

图 3-55　咖啡勺的摆放

刚刚煮好的咖啡太热,可以用咖啡匙在杯中轻轻搅拌使之冷却,或者等待其自然冷却,然后再饮用。用嘴试图去把咖啡吹凉,是很不文雅的动作。

有时喝咖啡可以吃一些点心,但不要一手端着咖啡杯,一手拿着点心,吃一口喝一口地交替进行。喝咖啡时应当放下点心,吃点心时则放下咖啡杯。

上咖啡时,先为客人上,后为主人上;先为女士上,后为男士上;先为长辈上;后为晚辈上。轻轻放下,对对方说:"请您慢用""请喝咖啡"。

【任务实施】

你是某高铁车站的客运员,中国铁路某集团有限公司在需要接待上级人员检查的同时,还要接待外国团体的参观,领导在岗前培训中要求你按照高速铁路客运服务人员的日常接待礼仪接待来访的国内外人员,具体接待任务如下:

任务 1　作为中国铁路某集团有限公司的一名工作人员,领导安排你接待来自铁路总公司的检查人员,请你按照会面礼仪的相关要求,完成接待工作,并拍摄 10 min 左右的视频。

注意事项:按照会面礼仪的标准,能够准确地称呼被接待对象;在双方会面需要介绍时,能够合理、恰当地进行自我介绍以及介绍他人,并能够注意时间,分寸的把握等;在双方见面握手时,能够采用正确的握手方式并能在准确的时机及时间进行握手,避免因不恰当的握手引起尴尬;在打招呼鞠躬时,能够采取合适的鞠躬角度,显示对接待对象的尊重;在进行自我介绍并配以名片补充时,能够正确的递接名片。高速铁路客运服务人员会面礼仪检视标准见表 3-6。

表3-6　高速铁路客运服务人员会面礼仪检视标准

内容	评价标准	分值	最后得分	备注
称呼礼仪	称呼合理,区分不同场合下的称呼方法,规避称呼禁忌	20分		
介绍礼仪	遵守自我介绍及他人介绍的原则,选取正确介绍方式,介绍流畅、准确并且顺序合理	20分		
握手礼仪	根据不同的身份,选取正确握手方式,握手的力度合适、时间合理、时机准确	20分		
鞠躬礼仪	鞠躬度数合适,姿势正确,鞠躬时间合适	20分		
名片礼仪	名片制作精美,名片内容合适,递接名片动作正确,保存名片方式合理	20分		
	合计	100分		

备注:评价满分为100分,60~74分为及格,75~84分为良好,85分以上为优秀。

任务2　上级的工作人员即将到你所在的中国铁路某集团有限公司进行工作检查,领导派你事先与对方通过电话、邮件取得联系,并在获知信息后,合理安排他们的行程。请你按照电话礼仪的相关要求,拍摄8 min左右拨打电话及发送、接收邮件的视频。

注意事项:按照电话礼仪的相关要求,要求接待人员能够通过电话形式联系或通知国内外接待对象。在打电话时,接待人员应事先做好准备,选择合适的时间拨打电话,并注意语音、语速等问题;在接电话时,应掌握接听电话的时机并做好相关的记录准备;在需要使用邮件进行交流往来时,能够正确的书写邮件。高速铁路客运服务人员电话礼仪检视标准见表3-7。

表3-7　高速铁路客运服务人员电话礼仪检视标准

内容		评价标准	分值	最后得分	备注
电话礼仪	接电话	姿势正确,准备充分,接听及时,应对谦和	25分		
	打电话	时间、地点选择合适,通话时长合理,内容准确,准备充分	25分		
	电话用语	礼貌、得体,忌讲禁忌	25分		
邮件礼仪		主题明确,称呼合理,正文简明扼要,行文通顺、重点突出、段落清晰	25分		
		合计	100分		

备注:评价满分为100分,60~74分为及格,75~84分为良好,85分以上为优秀。

任务3　你是中国铁路某集团有限公司的一名工作人员,在一次重大的列车首发仪式中,领导安排你作为接待人员去接待前来的领导及嘉宾,请你按照接待礼仪的相关要求,完成此次接待活动,并拍摄10 min左右的视频。

注意事项:按照出行礼仪的相关要求,在进行接待活动时,接待人员自身不仅能够正确选择出入房间的时间、方式以及掌握乘坐电梯的方式等,凸显自身形象素质,同时也要求能够正确、恰当的引导接待对象上下楼梯、乘坐电梯、乘坐轿车等。高速铁路客运服务人员出行礼仪检视标准见表 3-8。

表 3-8 高速铁路客运服务人员出行礼仪检视标准

内容		评价标准	分值	最后得分	备注
出入房间		开、关门方法方法正确,进出入房间时间合适,出入顺序恰当	20 分		
上下楼梯	上楼梯	位置合适,速度均匀,切忌奔跑	15 分		
	下楼梯	位置合适,速度均匀,适当交谈,步调合适	15 分		
出入电梯		时间合适,适当交谈,举止文雅	25 分		
乘车礼仪		座次选取合适,适当交谈,上下车动作文雅	25 分		
合计			100 分		

备注:评价满分为 100 分,60~74 分为及格,75~84 分为良好,85 分以上为优秀。

任务 4 中国铁路某集团有限公司准备召开以加强"安全生产、安全运营"为主题的全体职工大会,拟邀请上级相关领导参加此次会议并举行相关的启动仪式,请你按照会议礼仪的相关要求,合理安排各位参会人员的座位以及后续的启动仪式。

注意事项:按照会务谈判礼仪的要求,接待人员能够安排合理、顺畅的会议,并针对线下会议,一一落实座次;在不同的谈判方式下,能够合理安排谈判双方的座位次序;谈判完成需签约时,在签约前能做好充分的准备,签约过程中举止合适,表情自然,保持风度。高速铁路客运服务人员会务谈判礼仪检视标准见表 3-9。

表 3-9 高速铁路客运服务人员会务谈判礼仪检视标准

内容		评价标准	分值	最后得分	备注
会议座次	线上	时间、地点选择恰当,准备充分,网络良好,着装恰当	10 分		
	线下	座次安排合理,着装恰当,发型妆容得体,人数合理,地点合适	10 分		
谈判座次		座次合理,交流顺畅,准备充分	20 分		
签约仪式	签约前	准备充分,时间地点选择准确,着装合适,座次合理	20 分		
	签约中	语言合适,表情自然,情绪稳定	20 分		
	签约后	礼物选取合适,入乡随俗,尊重他人,彰显心意	20 分		
合计			100 分		

备注:评价满分为 100 分,60~74 分为及格,75~84 分为良好,85 分以上为优秀。

任务 5 "安全生产、安全运营"主题会议结束后,中国铁路某集团有限公司领导将宴请上级相关参会领导,你作为中国铁路某集团有限公司的接待人员,请参考中餐宴请礼仪,帮助领导顺利完成此次宴请。

注意事项:按照餐桌礼仪的标准,合理安排中式餐饮餐具摆放;在中餐就餐时,能够遵循"面门为上""以右为尊"的原则,合理安排中餐的座次顺序,并恰当摆放菜肴、酒水的位置;点菜时,在充分考虑菜品的搭配,菜量的大小以及客人饮食禁忌的基础上,安排合理菜品;参加中餐宴请,能够遵循一定的就餐礼仪,同时还要掌握必要的西餐礼仪。高速铁路客运服务人员餐桌礼仪检视标准见表 3–10。

表 3–10 高速铁路客运服务人员餐桌礼仪检视标准

内容	评价标准	分值	最后得分	备注
中餐餐具摆放	餐具摆放要相对集中,备用餐、酒具要配套齐全,距离相等,图案、花纹要对正,整齐划一,符合规范标准,做到既清洁卫生,又有艺术性	10 分		
中餐的席位排列	座次合理,尊卑有别	20 分		
中餐点菜的礼节	量力而行,荤素搭配合理,尊重风俗	10 分		
中餐就餐礼仪	注意座次,从容安静,礼尚往来,着装合适	10 分		
奉茶礼仪	茶叶选择合适,茶具摆放正确,姿势优美	10 分		
西餐餐具摆放及使用方法	餐具摆放合理,适当交谈,注意禁忌	10 分		
西餐的席位排列	女士优先,面门为尊,以右为上	10 分		
入席退席礼节,席间注意事项	坐姿正确,尊重风俗	10 分		
咖啡礼仪	冲泡咖啡方式正确,喝咖啡姿势正确,糖包摆放位置合理	10 分		
合计		100 分		

备注:评价满分为 100 分,60~74 分为及格,75~84 分为良好,85 分以上为优秀。

【巩固练习】

扫描二维码完成"礼之用——高速铁路客运服务人员日常接待礼仪"练习。

测试
礼之用——高速铁路客运服务人员日常接待礼仪测一测

项目四
礼之践——高速铁路车站客运服务人员服务礼仪

【问题引入】

车站客运服务是整个铁路乘客运输服务的主要内容,通常乘客对铁路客运服务的第一印象决定于此。因此,车站客运服务人员在服务中,应严格按照车站客运岗位的服务标准作业,为乘客留下良好的印象,树立高铁车站优质形象。

你是一名刚入职的毕业生,在完成岗前培训后,被分到了高速铁路车站工作,作为刚入职的高速铁路车站客运服务人员,需要在车站的每一个客运服务岗位轮岗熟悉工作内容。在轮岗工作中,如果遇到以下情况时,你应该怎样处理呢?

1. 你轮岗的第一个岗位是车站售票厅引导人员。在工作过程中,你看到有一台自动售票机前排队较长,且无向前移动的趋势,走近才发现原来是一对老年夫妇不会使用自动售票机。此时,队伍后面部分乘客已经开始小声抱怨,你应该怎样做呢?

2. 一天,你来到问讯台(亲情服务台)工作。有一名乘客前来问询,表明自己的母亲年纪较大、行动不便,希望车站能够帮助提供轮椅直至上车落座,请问你应该如何服务?

3. 你轮岗到候车室客运服务岗工作。某天,当准备组织某次列车乘客检票工作之前,接到临时通知,本次列车由于天气原因晚点 30 min 到站,请问你应该如何进行服务并做好乘客解释工作?

4. 某天,你轮岗至站台客运服务岗工作。有一趟列车即将进站,你在站台立岗准备接车,此时有两个七八岁的小男孩在站台边缘嬉戏打闹,十分危险,此时应该怎样做?

5. 你在车站轮岗的最后一个岗位是出站口客运服务。这天,有一名乘客刷身份证出站但出站闸机出现错误,此时应该如何处理?

项目四　礼之践——高速铁路车站客运服务人员服务礼仪

【学习导航】

学习导航如图 4-1 所示。

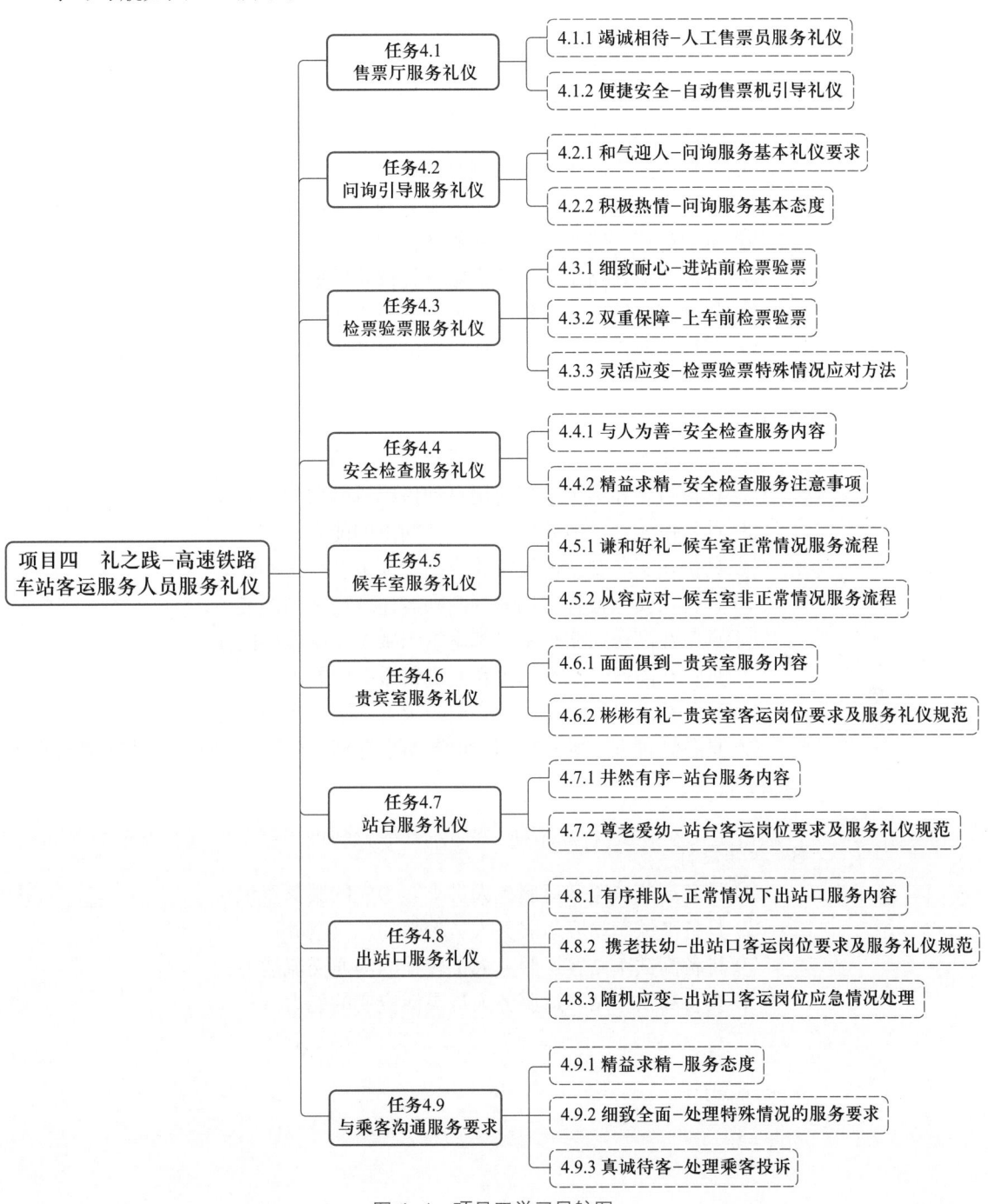

```
项目四　礼之践-高速铁路车站客运服务人员服务礼仪
├── 任务4.1 售票厅服务礼仪
│   ├── 4.1.1 竭诚相待-人工售票员服务礼仪
│   └── 4.1.2 便捷安全-自动售票机引导礼仪
├── 任务4.2 问询引导服务礼仪
│   ├── 4.2.1 和气迎人-问询服务基本礼仪要求
│   └── 4.2.2 积极热情-问询服务基本态度
├── 任务4.3 检票验票服务礼仪
│   ├── 4.3.1 细致耐心-进站前检票验票
│   ├── 4.3.2 双重保障-上车前检票验票
│   └── 4.3.3 灵活应变-检票验票特殊情况应对方法
├── 任务4.4 安全检查服务礼仪
│   ├── 4.4.1 与人为善-安全检查服务内容
│   └── 4.4.2 精益求精-安全检查服务注意事项
├── 任务4.5 候车室服务礼仪
│   ├── 4.5.1 谦和好礼-候车室正常情况服务流程
│   └── 4.5.2 从容应对-候车室非正常情况服务流程
├── 任务4.6 贵宾室服务礼仪
│   ├── 4.6.1 面面俱到-贵宾室服务内容
│   └── 4.6.2 彬彬有礼-贵宾室客运岗位要求及服务礼仪规范
├── 任务4.7 站台服务礼仪
│   ├── 4.7.1 井然有序-站台服务内容
│   └── 4.7.2 尊老爱幼-站台客运岗位要求及服务礼仪规范
├── 任务4.8 出站口服务礼仪
│   ├── 4.8.1 有序排队-正常情况下出站口服务内容
│   ├── 4.8.2 携老扶幼-出站口客运岗位要求及服务礼仪规范
│   └── 4.8.3 随机应变-出站口客运岗位应急情况处理
└── 任务4.9 与乘客沟通服务要求
    ├── 4.9.1 精益求精-服务态度
    ├── 4.9.2 细致全面-处理特殊情况的服务要求
    └── 4.9.3 真诚待客-处理乘客投诉
```

图 4-1　项目四学习导航图

【学习目标】

1. 知识目标
   ① 掌握高速铁路车站售票厅人工售票作业标准及服务方法；
   ② 掌握高速铁路车站自动售票引导服务方法；
   ③ 掌握高速铁路车站问讯处服务礼仪及服务技巧；
   ④ 掌握高速铁路车站实名制验票作业标准及服务礼仪；
   ⑤ 掌握高速铁路车站安全检查服务作业方法及服务技巧；
   ⑥ 掌握高速铁路车站候车室服务作业内容及方法；
   ⑦ 掌握高速铁路车站贵宾室服务礼仪及服务技巧；
   ⑧ 掌握高速铁路车站作业内容及服务方法；
   ⑨ 掌握高速铁路车站特殊情况下的服务流程及面对乘客投诉的处理方法。

2. 能力目标
   ① 具备使用人工售票系统进行售票服务的能力；
   ② 具备引导和组织乘客使用自动售票机购票的能力；
   ③ 具备快速高效地处理乘客各类问讯的能力；
   ④ 具备在实名制验证处快速准确验证乘客身份的能力；
   ⑤ 具备在安全检查中迅速判断乘客违章携带品的能力；
   ⑥ 具备在高速铁路车站候车室组织乘客排队检票的能力；
   ⑦ 具备在高速铁路车站贵宾室进行服务的能力；
   ⑧ 具备在高速铁路车站站台组织乘客上下列车的能力；
   ⑨ 具备处理列车晚点、乘客纠纷、乘客投诉、重点乘客服务等特殊情况的客运服务能力。

3. 素养目标
   ① 具备高速铁路客运服务人员乘客为先的服务意识；
   ② 具备高铁车站客运服务人员较强的礼仪素养；
   ③ 具备高铁车站客运服务人员较强的沟通交流能力；
   ④ 具备高铁车站客运服务人员灵活应变的能力。

【知识储备】

任务 4.1　售票厅服务礼仪

作为高速铁路客运车站的重要工作部门以及整个高速铁路乘客运输服务的第一项主要内容,售票处服务的效果在一定程度上决定着乘客对高速铁路客运车站的认知和评价,乘客对其第一印象也通常由此项服务决定。随着时代的发展和高速铁路客运车站服务的人性化不断增强,车站已不仅仅局限于只提供人工售票服务,各大车站也同时提供自动售票机服务。

宽敞、干净、明亮的售票大厅;方便、智能化的自动售票机;售票员专业的服务态度、服务技巧和服务能力不仅能为乘客带来完美的出行体验,同时也能展现高速铁路客运车站"以乘客为本"的服务理念。售票员在售票服务中,应严格遵守相关作业标准,正确运用售票服务礼仪,保证售票服务质量,给购票人留下良好的第一印象。

4.1.1　竭诚相待——人工售票员服务礼仪

据相关数据统计,乘客对于售票处甚至整个高速铁路客运车站的评价90%来源于售票员的服务态度。售票员专业、亲切的服务态度能够使乘客感到宾至如归。随着高铁车站信息化的不断普及,对售票员提出了更高的要求。售票员要不断学习,提升自己的专业能力和服务技巧,才能为广大乘客更好地提供服务。虽然购票过程只有短短几分钟,售票员与乘客也可能只有短短的几句交流,但是在整个售票过程中,售票员仍然要遵循相关的礼仪规范,这其中主要涉及售票前、售票中和售票后三个过程的服务礼仪。

1. 售票前的准备

(1) 高铁客运站人工售票人员应着规定的制服,工作服要做到经常清洗、熨平,保持清洁整齐。必须佩戴职务标志或工号牌,做到仪表整洁、仪容端庄。售票员岗前仪容仪表如图4-2所示。

(2) 做好必要的工作交接。做到干净、清楚、整洁的上岗售票,有任何不清楚或疑问都不应交接岗位。

2. 售票中的工作

(1) 在工作过程中,售票员要始终保持精神饱满、思想集中,不与同事闲聊,以积极热情的态度做好迎接每一位乘客的准备。售票员岗前准备如图4-3所示。

视频
电话售票服务礼仪

测试
电话售票服务礼仪

育人小故事
电话售票服务礼仪

(a) 正面　　　　　(b) 背面

图 4-2　售票员岗前仪容仪表

图 4-3　售票员岗前准备

(2) 在售票过程中,人工售票服务人员需采用标准坐姿,上身正直或稍向前倾,双肩平放,眼睛平视前方,表情平和、面带微笑,一般坐于座椅的 1/2 或 1/3 处。售票处标准坐姿如图 4-4 所示。

图 4-4　售票处标准坐姿

（3）当乘客前来购票时，要做到"礼貌问候、耐心询问"。售票时，要主动热情地问候乘客，并礼貌地询问乘客所要购买车票的日期、车次、起始站，并加以确认；对乘客表达不清楚的地方，要耐心仔细地询问清楚，以免出错。

（4）售票过程中，精神饱满、思想集中，不与同事闲聊，不怠慢乘客，礼貌服务乘客。与乘客交流时，使用普通话，表达得体、通俗、清晰、规范。同时要做好"三语两声"的语言规范——"讲好开头语，坚持标准语，用好结束语，做到服务开头有问候声，服务结束有道别声"。

（5）如果购票人听不清讲话，应加大音量，稍加解释。当售票员不太明白购票人的话时，可以把纸笔递给对方，让其把站名写在上面，以免误售、误购，应注意双手递接。信息确认完毕后，要做到"稳妥出票"。迅速查询票额情况，告知乘客票价，并经再次确认后出票，做到准确无误。遇客流量较大、票额紧张、某车次车票只有无座票时，应做到"礼貌告知、主动建议"。如果乘客要购买的车票已经售完，应礼貌地告知对方，并询问是否需要其他车次的车票，也可视情况为其提出建议。

3. 售票后的工作

购票完成后，要做到"礼貌道别"。即双手将车票、证件、找零递给乘客，并提醒乘客清点零钱，并做到唱报唱收。

4.1.2　便捷安全——自动售票机引导礼仪

高速铁路车站内的自动售票机已经成为乘客出行首选的购票方式。售票厅内自动售票机旁，一般配备一名客运员，或者一名及以上志愿者进行自动售票机的引导工作。引导人员应做到仪容整洁，上岗着装统一，干净平整。客运员着制服，志愿者着志愿者统一服装。工作人员要做好引导乘客正确使用自动售票机工作，耐心接受乘客咨询，若遇到机器故障，车票和屏幕信息显示不同时，要及时采取紧急处理措施。

1. 当无乘客购票时

引导人员应采用标准立岗站姿站立于自动售票机一侧。站立时不得背对乘客，不宜倚靠其他物体，不宜双手插兜或做小动作。不同标准站姿如图4-5、图4-6所示。

2. 当有乘客问询时

引导人员需面向乘客站立，目视乘客，面带微笑，身体稍向前倾，呈倾听状。在沟通过程中使用普通话，做到表达准确，口齿清晰。当有乘客需要介绍自动售票机使用方法时，引导人员要熟知自动售票机的构成，并能够正确引导介绍（包括信息显示触屏、凭单出口、银行卡插口、纸币插口、身份证验证区域、找零出口、出票口)。引导乘客购票如图 4-7 所示。

图 4-5　男士工作人员标准站姿 　　　　图 4-6　女士工作人员标准站姿

图 4-7　引导乘客购票

3. 购票完成后

当遇乘客致谢时,自动售票机引导人员需礼貌回答"不客气,这是我们应该做的"并鞠躬示意。

任务 4.2　问询引导服务礼仪

作为人工服务的第一站——问讯处,主要用来解决乘客在乘车前所会面临的任何问题,因此可以称其为乘客的"解忧杂货铺"。近年来,随着高速铁路的不断发展,很多大型的高铁站已经成为城市的交通枢纽,地铁站、公交车站,甚至机场等交通设施与高铁站交汇在一起。也因此,车站的面积不断扩大,功能趋于复杂化、多样化。对乘客来说,醒目的标识已经不能满足乘客出行的询问要求,人工服务变得必不可少。一般而言,大型高铁站都会设置服务中心,为乘客提供各种乘车问询服务。

4.2.1 和气迎人——问询服务基本礼仪要求

问询服务基本包括岗前和工作中两种状态,不同的工作状态需要服务人员掌握相对应的服务礼仪要求。

1. 上岗前的准备

高速铁路客运乘务人员应做好仪容仪表的自我检查,做到仪表整洁、仪容端庄,相关要求应符合《铁路乘客运输服务质量标准》相关标准。问询处工作人员仪容仪表如图4-8所示。

图4-8 问询处工作人员仪容仪表

2. 工作过程中

高速铁路客运乘务人员中应保持站立服务,站姿端正,精神饱满,面带笑容,思想集中。当有乘客前来问询时,应目光柔和地看向对方的眼睛,切忌东张西望。接待异性的问询时,目光不应停留在对方身上时间太长,以免使对方感到尴尬。在问询回答过程中,要做到用语合适,动作彬彬有礼,给对方以尊重。问询处工作人员指引乘客如图4-9所示。

需要对问询对象进行必要的引导时,引导手势应为手掌伸平,五指自然收拢,掌心向上,小臂微曲,指向乘客要去的方向。切忌伸出一个手指,对乘客指指点点。在问询过程中,工作人员要学会察言观色,明白服务对象所表达的疑惑,并尽可能地进行解答。工作人员要做到急乘客之所急,一切从乘客的角度出发,设身处地地解决对方所提出的问题,如果问题无法得到解决时,要诚恳地向乘客致歉,并得到对方的原谅。同时,随着时代发展,车站人性化服务加强,问讯处服务人员应在自己的本职工作之上,掌握尽可能多的语言,如哑语、英语等,以便更好地为乘客服务。

图 4-9 问询处工作人员指引乘客

值得注意的是,无论出于任何原因,在整个问询过程中,工作人员都不能与乘客争吵,同时也不得使用粗鲁、污秽的语言回答乘客的问询。

4.2.2 积极热情——问询服务基本态度

问询处的工作人员应对车站有整体的了解,并对列车的时刻、候车大厅的布局有详细了解,能够做到熟练回答乘客的各种问询。在问询过程中,工作人员切忌出现"也许""大概"类的用词,避免向乘客显示自己的专业知识储备不足。而对于问询的乘客,要做到有问必答、用词准确、简洁明了。切忌出现在问询过程中态度消极,对乘客爱答不理的现象。

任务 4.3　检票验票服务礼仪

检票验票是保证乘客乘车安全和踏上正确车次的基础保障,是车站服务工作的重要环节,这其中蕴含着服务艺术。验票时对乘客的尊重和礼貌,能使其产生愉悦的、信赖的心情,也能让乘客对车站服务产生深刻印象。

为加强车站安全管理,现高铁站检票验票主要分为两个过程:一是进站前的检票验票;二是上车前传统的检票验票。

4.3.1　细致耐心——进站前检票验票

1. 岗前整理仪容

上岗前,做好仪容仪表的自我检查,着统一的服装,做到仪表整洁、仪容端庄,符合《铁路乘客运输服务质量标准》的要求。检票验票工作人员仪容仪表如图 4-10 所示。

图 4-10　检票验票工作人员仪容仪表

2. 验票过程礼仪规范

（1）做好进站验票的前期组织工作，维持进站验票的秩序，为稳定有序的验票做好准备。检票验票工作人员如图4-11所示。

图4-11　检票验票工作人员

（2）验票时，高速铁路客运服务人员应检验车票是否为当日班次列车、身份证是否与本人一致，并及时、准确、清楚地通告给乘客。如遇到想上车补票而手上没票的乘客，要态度严肃、语气坚定，告知乘客要先买票后进站。验票过程中，需做到干净利落、有条不紊，应微笑面对乘客，说话的语气要平和，吐字要清楚，态度要和蔼。相关姿态如图4-12、图4-13所示。

图4-12　工作人员组织电子客票验票 　　　图4-13　工作人员查验电子客票信息

（3）乘客配合查验车票后，可以说："祝您旅途愉快！"或者说："请您走好，再见！"等，检票人员叮嘱乘客如图4-14所示。

图 4-14　检票人员叮嘱乘客

4.3.2　双重保障——上车前检票验票

1. 岗前整理仪容

上岗前,做好仪容仪表的自我检查,着统一的服装,做到仪表整洁、仪容端庄,符合《铁路乘客运输服务质量标准》的要求。

2. 验票过程礼仪规范

(1) 掌握好验票时间。一般情况下,始发列车在列车开车前 20~40 min 开始验票,过路车在列车到站前 10~20 min 开始验票。停止验票的时间可以根据检票口到列车停靠站台的距离远近来确定。需随时掌握列车的到站时间、停靠站台、候车地点和检票地点等运行情况,并及时、准确、清楚地通告给乘客。同时需做好验票的前期组织工作,维持好候车室的验票秩序,为稳定有序的验票做好准备。人工验票方法得体,一手拿票剪,一手接票,看清票面显示的时间、车次、到站,然后说明所到站站名和人数,并同时剪口,即"一看、二唱、三下剪"。人工验票过程中,做到干净利落、有条不紊,应微笑面对乘客,说话的语气要平和,吐字要清楚,态度要和蔼。

(2) 人工验票后,应主动把车票递到乘客的手中。交还车票时可以说:"祝您旅途愉快!"或者说:"请您走好,再见!"等。

4.3.3　灵活应变——检票验票特殊情况应对方法

(1) 如果等待验票的乘客人数较多,要尽量加快速度,不必对每一名乘客都点头致意。

(2) 如果发现有个别乘客扰乱秩序,应用和蔼的语气劝阻对方:"对不起,这位先生(女士),请您按先后顺序检票。"不要大声呼喊、训斥或推搡乘客,以免引起周围乘客的反感。

（3）如果几位乘客的车票全由一个人拿着，而这个人又走在最后面，这时候你可以委婉地说："请问你们几位的车票在谁那里？别着急，让我先核对一下车票再走，好吗？"

（4）如果因车站工作的失误给乘客造成麻烦，或者是乘客对车站某些工作不满意时，要主动向乘客道歉，并想方设法为乘客解决困难。

（5）人工检票或者自动检票机检票，当发现不是本次列车的乘客来验票时，可以对乘客说："对不起，先生（女士），您的车票不是这趟车的。"或者说："对不起，先生（女士），现在检票的是××次，而您的车票却是××次，请您到××候车室去验票。"

（6）遇到乘客通过自动检票机发生警报时，工作人员应主动上前查看，了解报警原因，并及时解决，以免影响后面乘客检票进站。若是自动检票机故障，一时无法修复时，应礼貌告知排队乘客走其他通道或者人工检票通道。

（7）检票停止后有乘客赶来时，应该制止其进站。同时，用和蔼亲切的语气耐心安慰乘客，并帮助乘客解决问题。

（8）在处理问题时，可以把乘客请到值班室，亲切而友好地与乘客交谈。

任务 4.4　安全检查服务礼仪

4.4.1　与人为善——安全检查服务内容

安全顺利地到达目的地，是乘客的共同心声，更是铁路运输部门的重要职责。因此，高铁站工作人员应认真贯彻执行《中华人民共和国安全生产法》和上级部门有关文件精神，结合车站实际情况，对所有乘客及其行李，进行严格认真的安全检查，确保乘客乘车安全，同时安检工作人员应以规范的服务礼仪完成安检程序，如图4-15所示。

图4-15　工作人员组织乘客安检（一）

1. 着装统一

穿着规定制服，帽徽和职务标志佩戴一致，服装干净，衣扣、领带、领结整齐，符合《铁路乘客运输服务质量标准》的要求。

2. 协助检查

（1）当乘客携带行李进站时，工作人员应礼貌上前告知乘客，要将随身携带的行李箱、背包、挎包等放到安检仪上通过安检后才可进站。除行李外，乘客自身也要经过人身手检，工作人员应引导乘客经过手检，如图4-16所示。

图4-16 工作人员组织乘客安检（二）

（2）检查前，应主动说"谢谢您的合作"。如果乘客比较多，应协助对方进行检查，主动帮忙把包放到检测仪上或抬到桌子上，委婉地提示乘客加快速度，并提醒下一位做好准备，避免出现拥挤忙乱的现象。

（3）如安检时发现疑似违禁品，应向乘客详细指出哪些物品属于违禁品，严禁带进站、带上车。最好不要当着其他乘客的面检查包内的违禁品，应把包拿到一旁，以免乘客感到难堪。需要开包检查时，要征得乘客同意。若乘客对于禁止携带的物品存在疑虑时，工作人员需耐心解释，不得直接没收，蛮横粗野，更不能大喊大叫。工作人员检查疑似违禁品如图4-17所示。

图4-17 工作人员检查疑似违禁品

(4) 与乘客面对面宣传时,声音应温柔平和,态度和蔼亲切,并且多使用"请""对不起""谢谢"等礼貌用语,赢得乘客的信任,使检查工作顺利进行。

3. 查后致谢

检测过后应向乘客表示感谢"给您添麻烦了""祝您旅行愉快""再见"。

4.4.2 精益求精——安全检查服务注意事项

(1) 安检员必须佩戴标志,文明上岗,对乘客耐心地进行安全教育,要求乘客积极主动配合,搞好安全检查工作。

(2) 主动维持乘客进站秩序。引导乘客凭票有序进站,行李过机安检。引导入站后的乘客迅速离开入口处,避免入口堵塞。

(3) 熟练掌握安检机的正确操作程序和技术,努力提高对危险、违禁物品的认知能力。

(4) 安检员发现超过乘客限量携带规定的少量危险生活用品,可以由乘客选择交送站亲友带回或将该物品上交安保办后,方可进站乘车。

(5) 安检人员发现严禁携带和托运的危险、违禁物品时,应当将物品及乘客交由公安人员处置。

(6) 乘客不配合安检时,安检人员应做好解释和说服工作,经劝告仍不接受安检的,应当拒绝其进站。经劝阻无效,仍强行进站或滞留现场扰乱秩序的,到单位保卫科现场处理,超职权范围的应拨打"110",由公安人员到场处置。

(7) 对查获的危险品要进行登记并妥善保管,交公安派出所按规定违禁品处理。

任务 4.5　候车室服务礼仪

4.5.1 谦和好礼——候车室正常情况服务流程

候车室是乘客候车和排队检票进站的场所,设置于车站站房,且占用站房的面积最大。候车室服务是在安检进站后,验票上站台之前进行的。

各候车室不论大小,都配备一定的基础设施,如洗手间、开水房、商品销售点、公共电话处等必要的设施。一般都有暖气(冬天)或冷气(夏天)开放,条件好的还提供视频观看等,软席候车室还配有沙发和电视。候车室都设有一定数量的座椅供乘客等候乘车时使用。一般候车室设有一些特殊的候车场所,供有特殊需要的人休息使用,如母婴候车室、军人候车室等。

候车室内除了硬件设施,软件服务也基本可以满足等候乘客的需要。如定时的清洁打扫,为乘客基本保持了良好卫生的等车环境;杂志报刊销售服务,可以供乘客等候时打发时间,了解信息。

候车室设置的客运服务人员一般包括检票人员、亲情服务台人员、候车室巡视人员等。

1. 候车室客运岗位要求及服务礼仪规范(表 4-1)

表 4-1 候车室客运岗位要求及服务礼仪规范

岗位职责	服务质量标准
参加点名会: (1) 检查着装和仪容仪表; (2) 接受班前业务试问; (3) 摘抄文电、命令	(1) 穿着规定制式服装,不混搭混穿,仪容仪表整洁,职务标志齐全完整,如图 4-18 所示 (2) 接受业务试问,按要求回答 (3) 明确文电、命令指示的重点事项,工作预想到位
对岗接班	列队上岗,走姿端正,经指定线路进入候车室,检查设备状态、服务设施情况,环境卫生清洁,做到卫生达标、设备良好。不信用交接,交接不清,接者负责
引导乘客候车	(1) 在候车室入口处引导乘客候车,做到态度亲切,有序引导 (2) 利用广播、电子指示牌等,及时告知、引导乘客提前到达指定候车地点 (3) 按照列车时刻表的先后顺序提前排定好各次列车候车区域,设置引导牌
定时巡视,解答乘客询问,掌握乘客候车动态	(1) 对讲机、执法仪等佩戴齐全 (2) 解答乘客询问时,面向乘客站立回答,做到有问必答,答必正确,实行"首问首诉"负责制,耐心解答乘客问询,如图 4-19 所示 (3) 服务时要做到"三要四心五主动""四勤"。"三要"指的是对待乘客要文明礼貌、纠正违章要态度和蔼、处理问题要实事求是;"四心"指的是接待乘客热心、解答问事耐心、接受意见虚心、工作认真细心;"五主动"指的是主动迎送乘客、主动扶老携幼、主动解决乘客困难、主动介绍旅行常识、主动征求乘客意见;"四勤"指的是勤宣传、勤访问、勤整理、勤观察
掌握重点乘客信息	(1) 清楚重点乘客情况,与问讯处、检票处、站台等客运员提前联系,共同配合,重点交接,保证重点乘客安全乘车 (2) 对重点乘客做到"三知三有",即知座席、知到站、知困难,有登记、有服务、有交接
非正常情况下,实施应急处理预案,将突发情况进行上报	(1) 按规定程序进行应急处置,做到沉着冷静,措施得当 (2) 信息上报及时、准确

续表

岗位职责	服务质量标准
（1）清洁所在工区的环境卫生； （2）物品定位摆放	（1）负责所在工区的环境卫生工作，确保桌椅、地面无灰尘，杂物、垃圾清倒及时 （2）候车室设施设备、工具定位摆放
收集乘客对服务工作的意见、建议	与乘客交谈时，面向乘客，态度亲切
参加班后总结会，按照上级要求落实学习培训计划	（1）按规定参加班后总结会，总结班中工作的不足，及时整改 （2）按规定参加培训及业务考试，禁止迟到、早退、无故不参加 （3）积极参加各项业务竞赛活动

(a) 正面　　　　　　(b) 侧面

图 4-18　候车室客运员女士仪容仪表

图 4-19　候车室客运员解答乘客疑问

车站候车室应保持整洁明快、清新高雅的候车环境,为此应讲究卫生宣传的艺术,让乘客自觉维护环境卫生,还要做好禁烟工作。

(1) 遇到乱扔垃圾、破坏公物的乘客,应当使用文明语言进行劝阻。

(2) 在劝阻乘客吸烟时,可和颜悦色地说:"对不起,先生/(女士),本站是无烟车站,请您到候车大厅外吸烟,好吗?"然后利用手势为其指明方向,请求其配合,如图4-20所示。

(3) 通过广播宣传相关规定时,忌用生硬的语气进行宣传,如"根据××规定,一不准……二不准……否则罚款。"

(4) 候车室中可通过布置通俗、醒目、富有文化品位的"禁烟"标志,保持整洁的宣传栏及简洁明快的候车布局,让乘客受到心灵的启迪,自觉维持好卫生环境。

(5) 在进行卫生清扫时,要把握好清扫时机。选择乘客清醒、闲聊和用餐后再进行清扫,不可在检票前进行清扫,也可选择在本次列车检票结束后清扫。服务态度应热情,互相尊重,友好相处。扫地需要乘客配合时,可以轻声说:"对不起,先生/(女士),请您抬一下脚。"扫地结束后,要感谢乘客配合,及时道谢。遇到乘客随意乱扔垃圾时,应当上前和颜悦色进行劝阻,征求乘客配合,如图4-21所示。

图4-20 候车室客运员劝阻乘客吸烟　　图4-21 候车室客运员劝阻乘客乱扔垃圾

(6) 在区域布置上,候车室面积大,乘客较多,卫生难控制,可在座椅间隙多摆设一些果皮盘,适当位置设置一些果皮箱,方便乘客投放垃圾。

(7) 洗手间卫生应指定专人清扫,做到勤打扫、勤冲刷,洁具保持常新,适时开窗通风,保持地面干燥,洗手池、台面、镜面不留水迹。

2. 对候车室特殊乘客的服务内容及服务礼仪规范

引导老、幼、病、残、孕等特殊乘客去往特殊乘客候车区,并提供特殊服务。

(1) 对老年人服务注意事项。

① 老年乘客候车时需要主动上前搀扶并协助对方提拿行李。

② 提供茶水时，为避免烫伤乘客，可在杯子下面垫盘之间垫张纸。

③ 由于老年人听觉较差，广播经常听不清楚，客运员应主动告诉对方广播内容并介绍候车室服务设备、洗手间位置。与老年人谈话时，声音要略大些，速度要慢，语言简练、柔和，要有耐心。

④ 老年乘客腿部容易怕冷，应主动提供毛毯，帮助盖毛毯时应注意把脚、腿盖上，或适当垫高下肢。如坐轮椅老人去洗手间有困难时，应主动、细心给予照顾。

⑤ 主动帮助老人或没戴老花镜的乘客填写意见卡等。

⑥ 主动搀扶老年乘客候车检票，必要时用轮椅送老年乘客上车，旅行时提醒老人别忘记所携带的物品，搀扶其上车，与送站人员做好交接。

(2) 对儿童服务注意事项。

① 对于有成人陪伴的儿童：提醒家长看好小孩，不得随意追逐嬉闹，在饮水器旁注意不要烫伤；根据实际情况，可提供儿童读物、玩具，并提醒小乘客不要在候车室玩耍、奔跑，以免受伤及妨碍他人。

② 对于无成人陪伴的儿童：为儿童乘客提供玩具、图书及象棋、跳棋等文化娱乐用品；指派专人服务，随时关注并帮助儿童乘客；需要与列车员做好交接准备。

③ 对孕妇服务注意事项：卫生间应保持清洁干净，地面整洁，避免孕妇滑倒摔伤。需要时，客运员应委婉引导乘客；检票时客运员可协助孕妇乘客提取行李并送至站台，及时交接。

④ 对带婴儿的乘客服务注意事项：应主动向乘客了解婴儿何时需要热奶或食品加热，需要时应提供帮助；需要时，可给婴儿提供玩具。

4.5.2 从容应对——候车室非正常情况服务流程

1. 当遇到列车晚点，乘客情绪暴躁时，候车室服务处理流程

(1) 及时关注广播致歉。动车组列车运行晚点超过 15 min 时，车站应及时与客运（客服）调度员联系，了解晚点原因和列车运行情况，代表铁路向乘客致歉，并通报晚点原因，每次致歉间隔时间不超过 20 min。有条件的提供实施电子显示、电话、语音系统查询。

通报时广播应当真诚、充满歉意。向乘客进行解释"我是××车站站长，由×站开来（开往）我站的高铁（动车、城际列车）××次列车因××原因晚点，现在大约晚点××小时××分，初定到达本站的时间大约是×点×分。请您不要远离候车地点，注意车站的广播通告。因列车晚点给您造成不便，我代表铁路部门向您表示诚挚的歉意。我们会随时通过广播向您通告晚点信息，敬请谅解。"

(2) 加强巡视、耐心解释。

候车室工作人员应当在车站应急小组领导下，积极掌握售票、候车及乘客滞留情况,维持好站内秩序,并立即向车站应急小组报告。面对乘客询问,候车室工作人员应当真诚耐心地向乘客进行解释,不应当以"不清楚""不知道"等向乘客说明。不能以任何理由回避乘客,要加强巡视,做好宣传解释工作,掌握乘客动态,平息乘客不满。

(3) 加强宣传、引导乘客退票、改签。

候车室工作人员应当加强宣传,及时发布列车运行信息公告,积极引导有需要的乘客办理退票、改签等工作。

(4) 主动服务、重点照顾。

候车室工作人员应当在车站应急小组领导下,加强巡视检查,搞好治安防范,做好站内乘客的饮用水供应和饮食供应,做好解释工作,了解和掌握乘客的动态,遇乘客有特殊和紧急需求,及时向车站应急小组报告,尽力妥善解决。

2. 车站发生火灾时,候车室服务处理流程

(1) 及时扑救。选用起火爆炸地点附近的灭火器紧急扑救,及时灭火,减少损失。客运服务人员应迅速切断起火点附近电源,防止火势蔓延。在疏散转移乘客、迅速扑救的同时,积极救助伤员。

(2) 立即报告。车站应立即向上级主管部门和执勤公安报告,客运服务人员要坚守岗位,不得擅离职守,在车站站长(包括列车在车站发生火灾爆炸时)统一组织指挥下,扑救火灾,救助遇险人员,最大限度地减少伤亡和损失。

(3) 加强巡视。客运服务人员要加强宣传,稳定乘客情绪,立即组织人员赶赴现场维护秩序,防止乘客盲目乱跑,互相拥挤、踩踏,发生意外事故。立即启用安全通道,迅速有序组织乘客通过安全通道疏散。

(4) 及时取证。火灾扑灭后,要彻底清理检查,防止余火复燃。保护现场,提供线索,协助调查。

3. 突发非正常情况下客流长时间滞留的服务礼仪

造成客流长时间滞留非正常状况的原因,主要是由于设备故障或者天气的原因,导致始发客流大量滞留;还有由于列车的上座率极低而取消列车运行的情况,以及中间站客流量较大而使车票售完的现象。

对于上述原因造成的非正常状况的应急处置措施,要根据乘客的持票情况、乘车期等不同因素,进行不同的应急处理。

(1) 暂时停止售票。对于在白天长时间停滞的客流突发情况,可以根据客票的销售情况进行处置,可以暂时停止售票,优先保障滞留人员先行上车。

此时,一定要做好排队等待购买车票乘客的解释工作,广播告知乘客可改乘其他车次列车,或者改乘其他交通方式,以免乘客等候时间过长而产生焦躁情绪。

(2) 启动热备车底。由于人们对于高铁运输的大量需求,当客运运输任务较紧且无车底可用时,可以启动热备车底,对于热备车底与原车底类型不同而产生座位号无法对应的情形时,则要做好规划,让乘客有心理准备。

(3) 引导乘客退票或改签。对于列车无法进行应急处置的乘客,则可以引导他们进行退票或改签手续。低级别席位改签为高级别席位时,无须补票;高级别席位改签为低级别席位时,则要运用差额退票机制保障乘客的利益。

任务 4.6　贵宾室服务礼仪

4.6.1　面面俱到——贵宾室服务内容

(1) 客运值班主任接到贵宾接待任务通知后,通知贵宾室客运员提前开展准备工作。贵宾室客运员着装整齐规范,举止大方,表情自然,女士贵宾室客运员化淡妆上岗,笑迎笑送,手势引导标准。

(2) 贵宾室客运员提前立岗(三级专运提前 1 h 上岗,二级专运提前 1.5 h 上岗,一级专运提前 2 h 上岗)。对贵宾室进行彻底清扫,消除死角,做到窗明地净,四壁无尘。确保贵宾室灯光明亮(如有灯具损坏,迅速报修)。贵宾室卫生间可喷洒少量空气清新剂,贵宾用的毛巾要进行消毒。贵宾室客运员要提前将灯、空调、电视打开,备足开水、泡好茶。

(3) 贵宾室客运员要确保相关备品齐全,使用状态良好,迎接、引导贵宾进入贵宾室后进行供水服务。

(4) 贵宾室客运员要随时关注危险隐患,做好普通乘客的引导工作,防止普通乘客的行进路线与贵宾的行进路线产生交叉,警惕一切可疑情况。

(5) 贵宾室客运员要及时掌握列车运行情况,随时答复贵宾提出的与列车运行相关的问题。按贵宾指示,不需要工作人员在室内时,可到门口立岗。

(6) 贵宾室工作人员会主动提前 10~15 min 提醒贵宾做好登车准备。接待任务结束后,贵宾室客运员立岗恭送贵宾,客运值班主任将贵宾送到站台乘车。

(7) 贵宾室客运员检查有无贵宾遗留的物品并通知保洁人员清理环境卫生。

(8) 客户候车或登车时不方便携带行李,贵宾室客运员主动使用专用工具或人工协助搬运(行李大小需在高铁车站允许携带的范围内)。

4.6.2　彬彬有礼——贵宾室客运岗位要求及服务礼仪规范(表 4-2)

表 4-2　贵宾室客运岗位要求及服务礼仪规范

岗位职责	服务质量标准
参加点名会: (1) 检查着装和仪容仪表; (2) 接受班前业务试问; (3) 摘抄文电、命令	(1) 穿着规定制式服装,不混搭混穿,仪容仪表整洁,职务标志齐全完整 (2) 接受业务试问,按要求回答 (3) 明确文电、命令指示的重点事项,工作预想到位

续表

岗位职责	服务质量标准
对岗接班	列队上岗,走姿端正,经指定线路进入贵宾室,检查设备状态,服务设施情况。环境卫生清洁,做到卫生达标、设备良好。交清列车运行情况,重点乘客情况及其他重点要求。不信用交接,交接不清,接者负责
接班检查	(1) 进入贵宾室检查备品、环境卫生及设备设施情况 (2) 卫生检查范围:贵宾室的沙发、电视、小桌、桌垫、消毒柜、时钟、温度计、花盆、吧台椅、地面、窗台、茶杯、茶壶、咖啡壶、咖啡杯、水杯、湿巾盘、水果盘、纸巾盒、垃圾桶、微波炉等
掌握重点任务情况,做好服务接待准备	(1) 掌握相关列车运行、股道、客流、接待人员、贵宾等情况 (2) 严格执行保密制度
定时巡视,解答乘客询问,掌握乘客候车动态,向重点乘客服务	(1) 对讲机、执法仪等佩戴齐全 (2) 解答乘客询问时,面向乘客站立回答,做到有问必答,答必正确,耐心解答,实行"首问首诉"负责制 (3) 服务时要做到"三要""四心""五主动""四勤" (4) 清楚重点乘客情况,与问讯处、检票处、站台等客运员提前联系,共同配合,重点交接,保证重点乘客安全乘车 (5) 对重点乘客做到"三知三有",即知座席、知到站、知困难,有登记、有服务、有交接
执行服务接待工作	(1) 坚守岗位,严守纪律 (2) 在服务过程中遇到问题,必须请示报告,不得擅自处理
非正常情况下,实施应急处理预案,将突发情况进行上报	(1) 按规定程序进行应急处置,做到沉着冷静,措施得当 (2) 信息上报及时、准确
负责贵宾室环境卫生的保持、监督、清理,负责相关设施设备的操作及服务备品的请领;按要求开启、关闭贵宾室	(1) 设备备品定位摆放,确保设备状态良好,准备好足够的饮用水,摆放当日报纸,当月期刊,水杯消毒 (2) 确保贵宾室内整洁,空气清新 (3) 贵宾室使用完毕及时进行整理,发现贵宾遗留的物品及时与有关部门联系 (4) 防止无关人员随意出入贵宾室
收集乘客对服务工作的意见建议	与乘客交谈时,面向乘客,态度亲切。为乘客提供纸笔时,双手递接,面带微笑
参加班后总结会,按照上级要求落实学习培训计划	(1) 按规定参加班后总结会,总结班中工作的不足,及时整改 (2) 按规定参加培训及业务考试,禁止迟到、早退、无故不参加 (3) 积极参加各项业务竞赛活动

在服务过程中应当注意:
(1) 对贵宾的服务应有度,既给服务对象足够的空间,又不能让服务对象找

不到人,若贵宾不需要贵宾室客运员留在室内,可在贵宾室门外等候。

(2) 引导时,一般走在贵宾前方左侧,并保持 1 m 左右的距离,自己走在通道边缘,让贵宾走中间,避免背部挡住贵宾视线。拐弯时,要先放慢步伐或停下来,回头并以手势配合说"请这边走"。走到阶梯处或有门槛的地方要提醒贵宾注意,说"请脚下留意"或"请当心"。

(3) 针对贵宾的服务语言要突出"礼"字,具体要求如下:

① 待客"三声":来有迎声(主动问候);问有答声(有问必答,按时回答,如实回答);去有送声。

② 待客"四个不讲":不尊重对方的语言不能讲;不友好的语言不能讲;不客气的语言不能讲;不耐烦的语言不能讲。

(4) 和贵宾相遇时应立即起身、面带微笑、主动问候。在和贵宾交谈时,应首先主动介绍自己,表情要自然,面带微笑。声音的好坏不仅在于音质,更在于说话人的态度、语气和语速,要采用明确而亲切的说话方式。

(5) 了解乘客职务、服务喜好等信息,提供有针对性的个性化服务。

(6) 值班员代表班组向乘客致欢迎词,表示为其服务深感荣幸,并竭诚为其服务。

(7) 在候车室,尽量减少对客人的不必要打扰,如乘客不需要提供服务,客运员之间应做好交接工作,避免重复讯问。

任务 4.7 站台服务礼仪

站台是车站服务的关键岗位之一,乘客在等车和上车时容易混乱,特别是客流量大的时候。同时,由于站台上车来人往,容易发生安全事故,因此,站台服务要安全和礼仪相结合。

4.7.1 井然有序——站台服务内容

1. 正常情况下站台工作人员服务礼仪

(1) 站台工作人员要着统一服装,做到仪表整洁、仪容端庄,符合铁路总公司《铁路乘客运输服务质量标准》的要求。上岗时要求不赤足穿鞋,不穿高跟鞋、拖鞋等,不戴首饰,不留长指甲,不染彩色指甲、头发,男士工作人员不留胡须、长发,女士工作人员头发不过肩。

(2) 工作人员要及时指引乘客到达列车即将停靠的站台。引导乘客到达相应的车厢位置。列车进站前,要维持好站台的秩序。按车厢的距离,安排好乘客排队等车。要时刻注意乘客的安全,个别乘客如站得离铁轨较近,要提醒他们站在安全线以后,以防列车进站时出现安全事故。

(3) 迎接列车时,车站工作人员要足踏白线,双目迎接列车的到来,以列车进入站台开始到列车停靠站台为止。立岗姿势要求挺胸、收腹,两脚跟并拢,脚尖略分开,双手自然下垂。行走、站立姿态要端正。在工作中不背手、叉腰、抱臂、手插衣兜或裤兜里。

(4) 列车到站停稳后,工作人员要配合列车员组织乘客上下车;验票时,要配合列车员组织乘客排队验票、上车,防止安全事故的发生。遇到站台上有行动不便的重点乘客,主动上前协助重点乘客上车。

(5) 就重点乘客及重点工作与列车长办理交接;

(6) 接到检票口客运员停止检票的通知后,站台客运员通知引导还未上车的乘客及时上车,通知列车长停止检票;

(7) 有上水作业及高铁快件运输作业的列车,站台客运员在确认作业完毕后,通知列车长相关作业完毕;

(8) 列车离开车站时,要足踏白线,目送列车开出站台为止。

(9) 做好宣传工作,引导下车乘客安全通过出站通道出站,防止乘客对流。检查站台导向提示是否正确。

(10) 列车驶出站台端部后,客运员对站台进行巡视,清理站内滞留人员,做到"一车一清",列队退岗。多数乘客刚下车时很难辨别方位,除通过广播适时宣传引导外,站台客运员应在刚下车乘客的身边,随时为其指明正确的出站方向,指示方向时四指并拢,掌心向上。

2. 高铁换乘接续失败的非正常情况服务礼仪

因高铁晚点而使购买了联程票的乘客无法正常的换乘接续,需要客运服务人员对这些乘客进行指导,及时掌握换乘乘客的数量和去向,做好应急预案,尤其关注"独门车"换乘的乘客,重点安排他们的接续列车车次和时间。

同站换乘的乘客,则可以进行灵活的安排,根据接续时间的长短进行不同的处置,如接续时间长于 30 min 的乘客,可以让他们先出站再换乘;接续时间短于 15 min 的,就无法出站再换乘,而要安排专人引导他们沿站台楼梯反向进入,实现最快的换乘;接续时间短于 5 min 的乘客,则尽可能改变列车的停股道,使他们进行同站台换乘。

4.7.2 尊老爱幼——站台客运岗位要求及服务礼仪规范(表 4-3)

表 4-3 站台客运岗位要求及服务礼仪规范

岗位职责	服务质量标准
参加点名会: (1) 检查着装和仪容仪表 (2) 接受班前业务试问 (3) 摘抄文电、命令	(1) 穿着规定制式服装,不混搭混穿,仪容仪表整洁,职务标志齐全完整 (2) 接受业务试问,按要求回答 (3) 明确文电、命令指示的重点事项,工作预想到位

续表

岗位职责	服务质量标准
对岗接班	听从客运值班员安排,列队上岗,排列有序,走姿端正,经指定线路进入站台,交清列车运行情况、设备情况、服务设施情况、重点乘客情况、服务备品情况及其他重点要求,环境卫生清洁,做到卫生达标、设备良好。不信用交接,交接不清,接者负责
检查巡视作业区域	(1) 始发列车提前 20 min 出场,终到列车提前 10 min 出场,确保携带对讲机、扩音器、口笛等 (2) 巡视站台、线路、扶梯、台阶、电梯等关键处所,核对站台显示屏信息是否正确 (3) 发生问题及时上报,采取相应措施,保证正常运输秩序
接送列车： (1) 组织乘客乘降 (2) 站车交接 (3) 清理站台	(1) 在规定的位置接发列车并与列车长办理业务交接 (2) 组织乘客有序乘降,引导乘客到指定车厢上车,引导出站乘客出站路线并提醒扶梯、台阶的安全注意事项 (3) 用对讲机将列车进、出站信息通知综控室值班员,乘客乘降完毕后用对讲机通知出站口客运员 (4) 列车开出后及时清理站台滞留人员,维持好站内安全秩序 (5) 通知保洁人员清理站台卫生,将卫生不达标、清理不及时等情况通知客运值班员
解答乘客询问,向重点乘客服务	(1) 解答乘客询问时,面向乘客站立回答,做到有问必答,答必正确,耐心解答,实行"首问首诉"负责制乘客问询 (2) 服务时要做到"三要""四心""五主动""四勤" (3) 清楚重点乘客情况,与其他岗位客运员提前联系,共同配合,重点交接,保证重点乘客安全乘车、出站 (4) 对重点乘客做到"三知三有",即知座席、知到站、知困难,有登记、有服务、有交接
非正常情况下,实施应急处理预案,将突发情况进行上报	(1) 按规定程序进行应急处置,做到沉着冷静,措施得当 (2) 信息上报及时、准确
(1) 清洁所在工区的环境卫生 (2) 物品定位摆放	(1) 负责所在工区的环境卫生工作,确保桌椅、地面无灰尘,杂物、垃圾清倒及时 (2) 候车室设施设备、工具定位摆放
参加班后总结会,按照上级要求落实学习培训计划	(1) 按规定参加班后总结会,总结班中工作的不足,及时整改 (2) 按规定参加培训及业务考试,禁止迟到、早退、无故不参加 (3) 积极参加各项业务竞赛活动

在站台对乘客进行引导时,可使用以下服务用语：
(1) 提醒乘客站在安全线内:请大家站在站台安全线以内,注意安全。
(2) 提醒带小孩的乘客看管好小孩:请带小孩的乘客看管好自己的小孩,不要在站台上追逐嬉闹。

（3）提醒站队秩序：请大家按照车厢位置排好队，先下后上，不要着急。请您按车票上指定的车厢位置上车。

任务 4.8　出站口服务礼仪

出站口是车站服务的最后一个环节，服务礼仪依然不容忽视。当乘客下车后，出站口的卫生环境、工作人员的精神面貌、仪容仪表以及收票验票的服务动作、语言，都会给乘客带去不同的感受。

4.8.1　有序排队——正常情况下出站口服务内容

（1）出站口工作人员要着统一服装，做到仪表整洁、仪容端庄，符合铁路总公司《铁路乘客运输服务质量标准》的要求。精神饱满地站在岗位上，微笑向乘客致意，给乘客亲切和热情的感受。

（2）人工验票：收票验票的过程中，要言谈举止高雅，态度亲切。认真地看清票面，在车票上做好标记后，及时还给乘客。检查无误后，让乘客通过。出站口客运员在查验车票时，应主动伸手去接车票，不要等乘客把车票递到自己的身前才去接，更不能让乘客把车票举到自己的眼前，这样做是对乘客的不尊重，如图 4-22 所示。

图 4-22　出站口客运员引导持磁介质车票乘客由闸机出站

（3）乘客找票的时候，不要催促乘客，恶语相加，应该耐心的等待。

（4）如遇到漏票的现象，要态度平和地要求乘客到补票处进行补票，运用正确的引领方式，切不可与乘客争吵或讽刺挖苦乘客。

（5）通过自动验票机验票出站时，工作人员要组织出站乘客有序排队验票，如图 4-23 所示。

图 4-23　出站口客运员引导持纸质车票乘客由人工处出站

（6）站台客运员帮乘客拿行李要得到对方允许，并走在其身边，保持同速，以免被乘客误解。

（7）乘客索要车票用于报销时，应及时将车票交还乘客。注意不要毁坏印有票价的部分。对乘客不要的车票，应及时收回，以免流失。

4.8.2　携老扶幼——出站口客运岗位要求及服务礼仪规范（表 4-4）

表 4-4　出站口客运岗位要求及服务礼仪规范

岗位职责	服务质量标准
参加点名会： （1）检查着装和仪容仪表 （2）接受班前业务试问 （3）摘抄文电、命令	（1）穿着规定制式服装，不混搭混穿，仪容仪表整洁，职务标志齐全完整 （2）接受业务试问，按要求回答 （3）明确文电、命令指示的重点事项，工作预想到位
对岗接班	听从客运值班员安排，列队上岗，排列有序，走姿端正，经指定线路进入站台，交清列车运行情况、设备情况、服务设施情况、重点乘客情况、服务备品情况及其他重点要求，环境卫生清洁，做到卫生达标、设备良好。不信用交接，交接不清，接者负责
检查巡视作业区域	（1）列车到站前 5 min 出场，确保携带对讲机、扩音器等 （2）巡视检票闸机、自动感应门等设备设施的状况；核对出站口显示屏信息是否正确 （3）发现问题及时上报，采取相应措施，保证正常运输秩序
组织乘客出站验票工作	（1）引导持磁介质车票的乘客正确使用检票闸机验票出站，如图 4-22 所示 （2）组织持软质车票的乘客经由人工检票口验票出站，详细确认票面到站、经由、日期、车次，如图 4-23 所示 （3）要求持废票、涂改票及证票不符的乘客按章补票

续表

岗位职责	服务质量标准
按规定进行补票、补费，执行票据交接、管理、请领规定	(1) 办理补票、补费时要态度和蔼，使用文明用语 (2) 票据交接认真仔细，钱柜及时加锁，票据现金账款相符，及时上缴，杜绝票据现金丢失和溢赔现象，票据不足及时请领
解答乘客询问，向重点乘客提供服务	(1) 解答乘客询问时，面向乘客，站立回答，做到有问必答，答必正确，实行"首问首诉"负责制 (2) 清楚重点乘客情况，组织重点乘客安全出站
非正常情况下，实施应急处理预案，将突发情况进行上报	(1) 按规定程序进行应急处置，做到沉着冷静，措施得当 (2) 信息上报及时、准确
(1) 清洁所在工区的环境卫生 (2) 物品定位摆放	(1) 负责所在工区的环境卫生工作，确保桌椅、地面无灰尘，杂物、垃圾清倒及时 (2) 候车室设施设备、工具定位摆放
参加班后总结会，按照上级要求落实学习培训计划	(1) 按规定参加班后总结会，总结班中工作的不足，及时整改 (2) 按规定参加培训及业务考试，禁止迟到、早退、无故不参加 (3) 积极参加各项业务竞赛活动

在出站口对乘客进行引导时，可使用以下服务用语：

引导出站时说："请您出示车票""请您按顺序排好队，一个一个来""请不要着急"。引导无票乘客出站补票服务用语，当孩子超高时说："小朋友，叔叔(阿姨)领你去量一下身高好吗？""您看，您的小孩才几岁，就长这么高了，该买大人票了。"

在引导乘客出站过程中，如遇到自动验票机发出警报声，工作人员应立刻上前查看，帮助解决。若遇到自动验票机故障，暂时无法修复时，应及时提醒排队乘客去往其他通道验票出站，或者采用人工验票出站，并为给乘客造成的不便道歉。

帮助有困难的乘客，如遇到老人、妇女、儿童、行动不便的乘客，或者需要帮助的乘客，工作人员要适当注意，主动协助他们尽快出站。

4.8.3 随机应变——出站口客运岗位应急情况处理

1. 发现有乘客携带超大物品时

应用合理的方式进行劝阻，让其进行行李称重，而不是生拉硬扯的将行李拖到称重处。

2. 发现乘客没有车票想混出车站

出站口客运员不应大喊大叫,尖酸刻薄的训斥、挖苦,也不能拉扯或推搡乘客,可用手或身体礼貌地挡住对方,声音平和、语气委婉地告诉他到补票处补票。

3. 当看到乘客拿的包很重很大,背着很吃力有可能超重

不能生拉硬拽让对方去补票,应主动上前帮他抬走,并与他唠家常,然后切入主题。如果确实超重,应及时向乘客指出,如果没超重,应及时向乘客道歉。

4. 遇到小孩超高补票

一定要量过后才能确定小孩是否超高。有家长时一定要说服家长,不能自行拉小孩补票。要主动走到他们身旁客气的询问,弯下腰关切地问:"你叫什么名字,今年多大了?"以消除孩子害怕情绪,然后再问家长:"这孩子多高,几岁了?"如果家长不愿意说,你可以拉着孩子的手说:"小朋友,叔叔(阿姨)带你去量一下身高好吗?"如果小孩子确实超高,就应跟他的家长说:"您看,您的孩子才几岁就长这么高了,该买大人票了。"

5. 乘客没有钱补票或不愿意补票

应避免与乘客争吵,不能拿乘客的物品做抵押或接受乘客赠品。碰上不讲理的乘客,应请他到值班室,耐心和气的解释,等对方心平气和后再补票。必要时可由公安执勤人员出面,尽量避免与乘客产生摩擦,激化矛盾。

任务 4.9 与乘客沟通服务要求

4.9.1 精益求精——服务态度

高速铁路客运服务人员在服务中讲究"清、净、静"。

清:清晰。在站车服务中,清晰的标识是为乘客乘车指明方向的关键,能够为乘客出行带来极大的方便,是服务乘客最重要的细节之一。这就需要坚持以人为本,把乘客的出行需求和存在的疑问放在首位,从服务标识的位置摆放、文明用语等方面入手,加强站车环境中各类标识、字体规格和颜色统一的管理。要既突出铁路企业的特点,又映衬"以服务为宗旨,待乘客如亲人"的服务理念,形成鲜明、独特、规范的视觉环境,做到标识清晰、位置明显、通俗易懂,实现乘客乘车无障碍。同时,要充分考虑到身患残疾、孕妇、儿童等特殊群体,为他们及时提供周到细致的服务。

净:干净。站车和车厢的环境卫生是留给乘客的第一印象,规划整齐、干净卫生、优美宜人的站车环境,可以为乘客的出行带来身心愉悦的享受。这就需要

铁路服务部门通过增强环境服务意识、完善环境管理模式、强化责任包保等手段,加强站车环境的综合治理,严格落实文明生产、文明作业、文明服务的规定要求,为乘客创造良好的卫生服务环境。特别是在车厢卫生间、车站卫生死角等地方下功夫,并注重在日常工作中保持良好的环境卫生服务习惯,达到空气清新、环境整洁的要求。

静:安静。乘客在旅行途中,最需要享受的就是清净和谐的旅行环境,让身心得到充分休息和放松。试想,如果在嘈杂的车厢里,乘客如何能够休息好,而且会很容易产生心情烦躁、行为过激等情况,这样不仅影响到乘客的休息环境,更是不利用行车安全。所以,要通过加强车厢巡视、及时化解矛盾等手段,认真解决乘客在车厢中遇到的问题和麻烦,并善意提醒影响他人休息的乘客,实行情感安抚、真心关爱,从而营造清净舒适的良好旅行环境。

4.9.2 细致全面——处理特殊情况的服务要求

在高速铁路客运服务过程中,服务人员会经常遇到各种特殊情况需要处理,这对服务人员的综合素质要求非常高。作为高速铁路客运服务人员,在处理特殊情况时要求做到以下五个方面。

1. 秉承积极的服务态度

高速铁路客运服务人员在服务过程中,需秉承积极的服务态度,才能得到乘客的尊重和配合。一般来说,积极的服务态度应该做到以下几点:

(1)精神饱满。服务人员为乘客提供的服务属于情感劳动,它虽然不像体力劳动那样会耗费大量的体力,但如果服务人员无精打采、疲惫、沮丧、不高兴、没耐心等,都会使其在乘客心目中的形象大打折扣。

(2)友善耐心。每一位乘客都希望得到友善的服务,期待礼貌、尊重与关心。不友善的态度及缺乏耐心的举动,很容易激怒乘客,它相对于其他问题引发的后果更严重。因此,服务人员应该友善耐心地对待每一位乘客,提高乘客满意度。

(3)主动热情。作为服务行业,服务人员要为乘客主动提供热情周到的服务,使乘客感受到被重视,才能得到青睐。如果工作人员能够多关心乘客,把对方的困难当成是自己的困难,随时乐意为乘客提供帮助,那么满意度也会大大提高。

2. 热情尊重——了解乘客需求

高速铁路服务的对象是乘客。客运服务人员只有了解了乘客的需求,才能有的放矢地做好服务工作。了解乘客的需求不仅可以提高服务人员对工作的预见性,而且有利于服务人员主动为乘客提供服务。

乘客选择高速铁路出行,其需求主要包括以下几方面:

(1)安全需求。安全是乘客选择高速铁路出行的一个基础因素,也是所有服务工作的重要前提。客运服务人员要时刻留意乘客的动态,及时发现不安全因素，对乘客不安全的行为给予必要的提醒和劝阻，防止因各种原因造成的乘客摔伤、压伤、挤伤等事故。在劝阻过程中，客运服务人员应充分照顾到乘客的情感需求，要礼貌、耐心而不是呵斥、埋怨。

(2) 时效需求。乘客选择高速铁路最主要的出发点就是准时和高效，时效性也是高速铁路不同于其他交通方式的一个优势，如果乘客在进站、安检、购票、候车和出站过程中都要等待很长的时间，那么势必会影响乘客的出行计划，造成不满。因此，服务人员应该不断地提高自己的业务水平，加快作业速度。尤其在客流高峰期，服务人员要充分理解乘客的心情，适当安抚对方。

(3) 被尊重的需求。乘客在乘车过程中难免会遇到问题，当他们向服务人员寻求帮助和服务时，服务人员应该多微笑、多体谅、多耐心地为乘客提供帮助，让乘客有被重视的感觉，切忌语言冷淡、爱答不理。

此外，由于乘客的修养程度、脾气性格、身体状态和基本素质都有很大的差异，因此在乘车过程中难免会有违规情况（如逃票、小孩超高等）出现，虽然乘客有错，但服务人员在处理违规情况时要充分考虑乘客的自尊心，耐心向乘客解释，要尊重乘客而不是挖苦和训斥乘客。

乘客在乘车过程中被尊重，将会更好地配合车站服务人员的工作，形成互相尊重、互利共赢的好局面。

3. 提升服务——避免乘客纠纷

由于高速铁路客运服务人员的业务素质不足，或者个别乘客个人素养不足、无理取闹等，乘客纠纷问题时有发生。

作为高速铁路服务人员，需要适应客运新形势下服务行业要求，提升自身服务水平，避免与乘客发生纠纷，主要做法如下：

(1) 微笑服务。俗话说，伸手不打笑脸人。微笑可以加强服务效果，在无形中减少很多问题的出现，服务人员在服务过程中将微笑常挂在脸上，会给乘客以亲切真诚之感。

(2) 唱收唱付。常见乘客纠纷问题的一项就是财务纠纷，当乘客购票时，为了避免争执，服务人员要严格执行唱收唱付的票务制度，避免出现票款纠纷。

(3) 换位思考。乘客与服务人员矛盾产生的原因往往是由于双方互不理解。作为服务人员，当乘客提出要求、质疑时，要多站在乘客角度思考问题，更好地了解乘客的需求和情感，而不能只关注自己工作的便利。

(4) 快速处理。遇到乘客问题时，服务人员应该快速为其着手处理，不能故意推卸给他人或者不理睬乘客的要求，若暂时无法解决问题时，需耐心向乘客解释，并调动一切能调动的资源与乘客一起想办法处理，满足对方的需求。

4. 耐心宽容——化解乘客矛盾

高速铁路客运服务人员在化解乘客矛盾时，应注意以下几点：

(1) 处处为乘客着想。在客运服务过程中，服务人员在任何时候都要维护乘客的面子,不能伤害乘客的自尊,不要同对方争辩是非曲直,要耐心解释,宽容乘客,争取最好的效果。

(2) 不计较乘客态度。服务人员要时时保持谦恭有礼,表现出冷静、耐心,运用语言艺术劝阻、说服乘客,将矛盾化解于萌芽状态。

(3) 主动承担责任。当遇到乘客不满时,服务人员要学会说"对不起",很多时候一句道歉的话就能平息乘客的不满。

5. 细致入微——特殊乘客服务

特殊乘客是指因身份、行为、年龄、身体状况等原因,在旅途中需要特殊照料的乘客,分为婴儿、儿童、孕产妇、患病乘客、残障乘客等。特殊乘客之所以称之为特殊乘客,是因为他们有和常人不一样的地方,在某些方面需要给予特殊的照顾。在对特殊乘客的服务中需要注意以下几点:

(1) 耐心多一点。在实际的问题处理中,要耐心倾听乘客的抱怨,不要轻易打断叙述,也不要批评对方的不足,而是鼓励对方倾诉下去,让他们尽情发泄心中的不满,当耐心听完乘客的倾诉和抱怨之后,对方也就能够比较平静地听取服务人员的解释和道歉了。

(2) 态度好一点。乘客有抱怨或投诉表现出乘客对服务不满意,从心理上来说,他们会觉得受到了亏待。因此,在处理问题过程中如果不友好,会让他们心理感受及情绪很差,会恶化与乘客之间的关系;反之若服务人员态度诚恳,礼貌热情,会降低乘客的抵触情绪。态度谦和友好,会促使乘客平静情绪,理智的与服务人员协商处理问题。

(3) 动作快一点。面对乘客提出的需要,服务人员应该第一时间给予解答,不能以手里有事当作借口来推脱乘客,为自己找各种理由。在工作中,手脚要利落,不要婆婆妈妈、丢三落四,争取在最短的时间达到最佳的效果。

(4) 语言得体一点。乘客对服务不满,在发泄的言语陈述中有可能会言语过激,如果服务人员与之针锋相对,势必恶化彼此关系,在解释问题的过程中,措辞也需十分注意,要合情合理,得体大方,不要一开口就说"你怎么什么也不会?""你懂不懂最基本的操作方法?"等伤人自尊的语言,尽量用委婉的语言与乘客沟通,即使乘客存在不合理的地方,也不要过于冲动,否则,只会让乘客更加失望。

(5) 办法多一点。在处理乘客投诉与抱怨的时候,不要一味地给他们慰问、道歉等,其实解决问题的办法有很多种,要学会随机应变,具体问题具体分析,不用过于低声下气,根据乘客的表现和具体问题选择合适的态度及处理方式。

4.9.3 真诚待客——处理乘客投诉

高速铁路客运服务的宗旨是"乘客满意",从乘客的实际需求出发,为乘客提供真正有价值的服务,为乘客提供舒适的候乘环境,把乘客安全、准时、快捷地送达目的地,及时解决乘客在乘车过程中遇到的各种问题等。

当乘客乘坐高速铁路时,会对出行本身和企业服务抱有一定期盼,如果这些要求和愿望得不到满足,就会失去心理平衡,由此产生"讨个说法"的行为,进行投诉。广义地说,乘客任何不满意的表示都可以看作投诉。

面对投诉,高速铁路企业应该直面乘客提出的问题,妥善处理,不应逃避或者推卸责任。掌握投诉处理的相关知识,将会对高速铁路服务人员处理好乘客投诉、维护高速铁路企业形象大有益处。

1. 乘客投诉分析

(1) 乘客投诉的产生。乘客对服务不满意就会产生抱怨,乘客抱怨可分为私人行为和公开行为。私人行为表现为不坐或少坐高速铁路工具,向公众表达不满等;公开行为表现为向企业投诉,向政府有关机构投诉,要求赔偿。因此,乘客投诉一般不是临时起意,逐渐演化为抱怨,最后表现在公开行为上而产生的。

(2) 乘客投诉的分类。

① 按照投诉的表达方式分类。乘客感到不满意后的反应有两种:一是说出来,二是不说。其中,正式投诉根据乘客表达方式的不同可以分为当面口头投诉(包括向公司的任何一个职员);书面投诉(包括意见箱、邮局信件、网上电子邮件等);电话投诉(包括热线电话、投诉电话等)三种。

② 按投诉的内容分类,主要可以分为:车站服务、列车运行、乘车环境、票款差错、设备故障等。

③ 按投诉的性质分类,可以分为有效投诉和无效投诉。乘客有效投诉是指通过服务热线、网站、媒体、来信等方式投诉,且乘客留下联系方式,经过调查属实的投诉。

(3) 乘客投诉的原因。乘客感到不满的原因有很多,有时有道理,而有时候,可能觉得他们是在无理取闹。无论有没有道理,都要牢记"乘客投诉都是有原因的"。要想消除的不满,就必须找到引起他们不满意的原因,针对原因进行投诉处理。

总的来看,引起乘客不满的原因分为乘客自身原因和企业服务原因,具体见表4-5。

表4-5 乘客投诉原因

乘客自身原因	企业服务的原因
1. 乘客对服务的期望值过高,乘客的要求服务人员无法满足; 2. 乘客不了解或不知道企业规定; 3. 乘客本身身强词夺理	1. 设备设施故障影响出行; 2. 服务人员不规范作业,业务能力不过关; 3. 服务人员的工作效率太低; 4. 服务人员说话态度不好; 5. 服务人员不作为; 6. 服务人员没有足够能力来解决乘客的问题; 7. 因服务人员疏忽乘客的利益遭受损失

(4) 正确认识乘客投诉。只要是服务行业,就无法避免消费者的抱怨和投诉,即使是最优秀的服务企业,也不可能保证永远不发生失误或引起投诉。作为高速铁路的客运服务部门,在服务过程中引起乘客投诉是很正常的,不能一味地恐惧投诉,厌恶投诉。需要有清醒的认识,这样才能更好地处理投诉,更有效地改进服务工作并提高服务质量。

2. 乘客投诉事件的处理原则及禁忌

(1) 乘客投诉处理的原则。对于乘客的投诉,高速铁路企业应该坚持以下四个基本原则:

① 安全第一,乘客至上的原则。就是指在保证铁路安全的前提下,服务人员应最大限度的满足乘客需求。只有了解了乘客的需求,才能向乘客提供优质的服务。

② 不推脱责任的原则。很多服务人员面对乘客投诉的第一反应是:"是我的责任吗?""如果乘客向上级投诉,我应该怎么解释?"他们常常会说:"如果是我的问题,我一定帮您解决。"这看似十分礼貌,但却是一个十分糟糕的开头。服务人员必须清楚地认识到,乘客既然选择投诉就没有想到是自己的错,而是想从服务人员处得到心理安慰,让服务人员重视他的投诉。

面对乘客投诉和不满情绪,服务人员首先要反思自己的不足,向乘客道歉,只有表明了这种态度,才能更好地处理乘客投诉。

③ 先处理情感,后处理事件的原则。对于高速铁路运营企业来说,每一位投诉的乘客,心情都不会好,在处理时,需要先关注这个人的心情,让乘客先平息怒气,然后再想办法帮助乘客解决问题。

④ 包容乘客的原则。就是指服务人员对乘客的一些错误行为给予理解和宽容,核心是善意的理解。当发现乘客的某些行为违反规定时,只要给予对方善意的提醒即可。服务人员要懂得体谅乘客,避免让对方处于难堪的状态。

虽然乘客的投诉并不都是对的,但得理不饶人的解决方法,必将会造成双方的关系紧张而不利于问题的解决。如果服务人员能够包容乘客,那么由此引发的冲突就能得到及时避免。

(2) 乘客投诉的不当处理。下列五种处理乘客投诉的方式会让乘客失望,激化矛盾,甚至导致投诉升级,应在工作中极力避免。

① 只有道歉,没有进一步行动。假如接到乘客投诉,但是企业却没有任何弥补行动。例如,"很抱歉!但我实在无能为力。""对不起,你的问题无法解决。"乘客会说:"你们很会说对不起,可是并不去解决问题,而对不起根本不够。"从而造成矛盾激化。

② 把错误归咎到乘客身上。例如"你一定弄错了。""你应该早点说,现在已经没有办法了。"如果的确是企业或客运服务人员的失误,正确的方法应该是把错误归咎到自己身上。最常说的一句话应该是"对不起,这是我的错",并及时提供解决方案。

③ 做出承诺却没有实现。客运服务人员在接到乘客投诉后,满口承诺会很快改正错误,但是却迟迟没做到,这样可能会适得其反。乘客会认为:"你们说话不算话。"如果没有100%的把握,就不要轻易向乘客许下承诺。

④ 粗鲁无礼。有些服务人员连最基本的礼仪都没有,很多乘客都受过无礼的待遇,甚至有些乘客遭受过羞辱,严重的时候个别乘客甚至觉得自己像个"罪犯"。服务人员可能会说:"从来没有人抱怨过这些情况。"但这并不表示乘客没有不满,只是还没有人愿意提出来而已。

⑤ 逃避个人责任。例如"这不是我做的,不是我的错。我很愿意帮你,但这事不归我管。""我只是个领薪水的普通员工,规矩不是我定的……""接待你的人不是我,是我的同事。""那你到底想怎么样?"这会导致乘客觉得"这些人真会推卸责任。没人敢负责,要么就是把不管事的助理找来,什么事也解决不了,要么就是把情况推给别人处理。"

3. 乘客投诉的处理步骤

(1) 用心倾听乘客的投诉。乘客的抱怨需要有忠实的听众,工作人员喋喋不休的解释只会让乘客感觉在推卸责任,从而使对方心情更差。面对乘客的投诉,工作人员需要掌握倾听的技巧,从乘客的抱怨中找出真正的原因以及其所期望的结果。用心倾听的具体做法见表4-6。

表4-6 用心倾听的具体做法

要	不要
1. 乘客到车站投诉时,应先请对方坐下并及时倒水,表示对乘客的尊重 2. 乘客叙述时要用心倾听,让对方发泄情绪,在倾听过程中,可以插入"那么,然后呢""噢,原来是这样"等顺随的话语,不要轻易打断 3. 如果有不明白的地方,要等乘客说完后,以婉转的方式请乘客提供情况,如"对不起,是不是可以再向您请教……?" 4. 适当安抚乘客情绪,如"请您别着急""您先消消气"等 5. 适时表示赞同,如"我很理解您的感受。"	1. 态度冷漠,对乘客的话没有回应 2. 观点不同,粗暴地打断乘客 3. 表示出不满或不耐烦

有效倾听的技巧如下:

① 目光停留在乘客眼睛的正中央,并且表现出温和的神色。避免将头转向一旁,翻白眼或者眼神迷茫的动作出现。

② 仔细聆听乘客的话以及说话的语气,做出正确的回应。

③ 用嘴巴去"听"。就是说要懂得随声附和,有疑问或不清楚的地方要详细问明白。

④ 用身体各部位去"听"。表情呆滞或是摆架子听人讲话的姿态最好不要出现,如果听众不能够让对方知道自己的喜怒哀乐,了解与否,就会让对方不明所以,甚至会增加不痛快。

⑤ 仔细聆听，认真记录。对乘客所反映的内容，一定要认真做好记录，填写投诉单。一方面，作为处理问题留存的资料证据；另一方面，表示对乘客的尊重，在聆听乘客诉说的过程中有不明白的地方，一定要仔细询问清楚，每个细节都很重要，通过询问，尽量确保投诉的真实性。最后对乘客提到的问题复述一遍，以确认是否明白乘客的需求，以便化解投诉。

（2）了解乘客投诉背后的期望。乘客选择投诉，一定是有既定的心理期望的，达到心理预期后，投诉问题自然就好解决了。服务人员通过乘客抱怨的言外之意进行分析，或者加上一定的语言引导，了解乘客投诉的心理期望，才能有针对性的处理投诉。一般来说，乘客投诉的心理期望主要有以下三种：

① 求发泄的心理。这类乘客在接受服务时，因为遭遇挫折，一般会有不良情绪迁移，如果能让乘客把心里的怨气发泄出来，烦闷情绪就会得到部分释放和缓解，从而有利于问题解决。

② 求尊重的心理。寻求尊重是人的正常心理需要。在服务的交往过程中，乘客寻求尊重的心理一直十分明显，而在进行投诉活动时，这种心理更加突出。一旦发生投诉，乘客总认为自己的意见是正确的，并立即采取行动，希望受到客运服务人员或管理人员的重视，要求别人尊重其意见，当面认错并赔礼道歉。

③ 求补偿的心理。乘客投诉的目的在于补偿，补偿包括财产上的补偿和精神上的补偿。当乘客的权益受到损害时会希望能够及时地得到补偿。

（3）真诚道歉。当乘客抱怨或投诉时，无论是否是工作人员的原因，都要诚心地向乘客道歉，并对对方提出的问题表示感谢。尤其是在工作确实有过失的情况下，更应该马上道歉。如"对不起，给您添麻烦了。"这样可以让乘客感到自己受到了重视。真诚道歉的具体做法见表4-7。

表4-7 真诚道歉的具体做法

要	不要
1. 适当的表示歉意。让乘客了解你非常关心他的情况。如"我们非常抱歉听到此事。" 2. 道歉要诚恳。如"对不起，耽误您的时间了。"	1. 认为自己的行为没有错误，拒绝道歉 2. 道歉缺乏诚意，语音语调或肢体语言表现出不乐意或不耐烦

（4）协商解决。听完乘客投诉之后，工作人员首先要弄清楚乘客投诉和抱怨的原因，了解乘客的想法，切忌在没有了解乘客想法之前就自作主张地直接提出解决方案。

在协商解决时，不要推卸责任，指责或敷衍乘客。在明白乘客的想法后，首先，要十分有礼貌的告知对方将要采取的措施，并尽可能让对方同意。如果乘客不知道或者是不同意这一处理决定，就不要盲目地采取行动。协商解决的具体做法见表4-8。

表 4-8　协商解决的具体做法

要	不要
1. 平复乘客的不满情绪。如"我很能理解您的想法。" 2. 主动提出建议和解决方法。如果是因为票卡(款)等问题,可以根据乘客的意见和表现出来的意思,结合实际情况,提出措施,如果是因为对服务人员的态度不满,则要考虑采取让服务人员本人道歉或由值班站长替代道歉等办法,平息乘客的不满情绪 3. 耐心的解释铁路的相关规定 4. 提出解决方案时,应语调平和,态度诚恳,不要再次引起乘客的不满情绪。如"这样处理,您满意吗?""这样办,您看合适吗?"	1. 推卸责任、极力辩解 2. 指责乘客 3. 敷衍乘客

(5) 立即行动。乘客同意处理意见后,工作人员需要说到做到,立刻执行。如果有些措施无法当场兑现,或遇到被投诉的人员不在现场的情况,可以采取电话道歉、书面道歉等处理方式。

(6) 感谢乘客。对待乘客的投诉一定要表示感谢,感谢乘客选择我们的服务并发现服务中的不足。因为这些批评指导意见会协助企业提高管理水平和服务质量。

4. 乘客投诉的沟通技巧

避免乘客投诉的沟通技巧　为避免造成乘客投诉,客运服务人员与乘客沟通时要把握以下四个原则:

① 准确性原则,即表达的意思要准确无误;
② 完整性原则,即表达的内容要全面完整;
③ 及时性原则,即沟通要及时、迅速、快捷;
④ 策略性原则,即要注意表达的态度、技巧和效果。

刺激和反应是人与人之间沟通交流的基本单位。为了更加顺利的与乘客进行沟通交流,客运服务人员有必要掌握人际交往的 PAC 理论。

PAC 理论将人分为三种心理状态:父母、成人、孩童。

① P(parent)——教导概念,其特征表现见表 4-9。

表 4-9　P 状态的特征表现

性格特征	凭主观印象办事、独断专行、滥用权威
音容语调	吞吐较快、语气较严峻,且具有命令的口吻
行为举止	凌视的眼神、叉腰伸指头或轻抚头顶、叮嘱备至
说话特征	我告诉你……我命令你……我警告你……我奉劝你……你真笨……你有什么了不起……我爸都这么说……我敢肯定,你成功不了……

② A(adult)——思考概念,其特征表现见表 4-10。

表 4-10　A 状态的特征表现

性格特征	待人接物冷静、慎思明断、尊重别人
音容语调	不疾不徐,相当适当与温和
行为举止	集中注意力、坚闭嘴唇强忍痛苦
说话特征	我觉得……我建议……这样会更加不利……客观地说……我们想办法……我认为……我个人的想法是……

③ C(child)——求知概念,其特征表现见表 4-11。

表 4-11　C 状态的特征表现

性格特征	无主见,遇事畏缩,感情用事,激动愤怒
音容语调	急促、冲动,装腔撒娇或带有恳求与无助的味道
行为举止	雀跃欢呼高叫,拍掌叫好或逃避困难
说话特征	真漂亮……好好玩……真烦人……我想要……我愿意……我就不……我爱怎么做就怎么做……你可管不着……为什么他工资这么高,而我就这么点?

一个心理健康、人格健全的人,在人际交往中 PAC 三种状态都应该有,由于成人处事比较理智、成熟,A 的成分应该占大多数。因此,在与乘客沟通过程中要慎用 P,常用 A,尽量不用 C。

在人际交往沟通过程中,可与他人进行"互应平行型交往",避免"交叉型交往"。即别人希望你怎样对他,你就怎样对他;也可以自身的 A 状态激发对方的 A 状态,形成 AA 交往。即你希望别人怎样对待你,你就怎样对待别人。

为更好地避免乘客投诉,客运服务人员可以先采用互应平行型交往缓和矛盾,再以自身的 A 状态激发对方的 A 状态。即解决情绪,引导有效沟通。

【任务实施】

你是新入职到某高速铁路车站的客运员,刚入职的半年时间,领导安排你在每个车站的每个客运服务岗位上分别进行实习,以熟悉每一个客运服务岗位的工作内容,在这半年的轮岗实习过程中,你熟练掌握了每个岗位的服务技巧,并接受最终的实习成果验收。

任务 1　作为售票员的你,与上一班售票员交接班后,开始人工售票工作,遇到一名乘客想要购买西安至上海的动车组二等座车票,但你查询系统后发现二等座车票已经售空,请按照售票岗位服务作业标准结合服务技巧进行服务,并拍摄成 5 min 左右的视频。

注意事项：上岗前仪容仪表整理符合标准，设备、备品完好齐全，交接工作清楚；售票中采用标准坐姿，表情平和，面带微笑迎接乘客；工作中精神饱满、思想集中，不怠慢乘客，礼貌服务乘客；询问乘客购票信息或与乘客交谈时音量适中，使用普通话，表达得体、通俗、清晰、规范；查询迅速，准确无误，遇票额紧张时礼貌告知、主动建议；售票完成后双手将车票、证件、找零递给乘客，并提醒乘客清点零钱，并做到唱报唱收。高速铁路车站客运服务人员售票厅服务礼仪检视标准见表 4-12。

表 4-12 高速铁路车站客运服务人员售票厅服务礼仪检视标准

内容	评价标准	分值	最后得分	备注
仪容仪表	仪表整洁、仪容端庄	10 分		
工作交接	交接清楚、工位干净整洁	10 分		
仪态表情	采用标准坐姿，表情平和、面带微笑	10 分		
班中精神状态	精神饱满、思想集中，不与同事闲聊，不怠慢乘客，礼貌服务乘客	15 分		
服务语言	音量适中，使用普通话，表达得体、通俗、清晰、规范	20 分		
标准作业	查询迅速，准确无误，遇票额紧张礼貌告知、主动建议	20 分		
	双手将车票、证件、找零递给乘客，并提醒乘客清点零钱，做到唱报唱收	15 分		
合计		100 分		

备注：评价满分为 100 分，60~74 分为及格，75~84 分为良好，85 分以上为优秀。

任务 2　你来到问讯处工作，有一名老年乘客来到问讯台前，称孙子给她购买了一张去往上海的车票，但是她没有独自乘坐过高铁，希望工作人员将她送进车站。与同事协商，并请示领导后，由你配合其他工作人员将老人送入车站安置妥当，请按照问讯引导岗位，结合检票验票、安全检查等岗位服务作业标准，使用服务技巧进行服务，并拍摄成 10 min 左右的视频（需三个岗位工作人员配合完成）。

注意事项：每个岗位工作人员均应按照本岗位仪容仪表标准整理，仪表整洁、仪容端庄；服务过程中对待乘客和蔼可亲、礼貌尊重；需乘客配合工作时要礼貌提醒，不得大喊大叫；遇特殊情况时，应及时告知乘客问题所在，并引导乘客及时处理；服务过程中语言柔和，音量适中，多使用礼貌用语。高速铁路车站客运服务人员问讯处、检票、安全检查服务礼仪检视标准见表 4-13。

表4-13 高速铁路车站客运服务人员问讯处、检票、安全检查服务礼仪检视标准

内容	评价标准	分值	最后得分	备注
仪容仪表	仪表整洁、仪容端庄	5分		
仪态表情	站姿端正,精神饱满,面带笑容,思想集中	5分		
服务过程	会察言观色,明白服务对象所表达的疑惑,并尽可能地进行解答	10分		
	从乘客的角度出发,设身处地地解决乘客所提出的问题	10分		
服务态度	对乘客的尊重和礼貌,使其产生愉悦的、信赖的心情	10分		
服务过程	验票过程中,需做到干净利落、有条不紊,应微笑面对乘客,说话的语气要平和,吐字要清楚,态度要和蔼	10分		
特殊情况处理	如遇验证失败,应立即上前查看,发现问题后,礼貌告知乘客,并给出处理建议	10分		
仪容仪表	穿着规定制服,帽徽和职务标志佩戴一致,服装干净,衣扣、领带、领结整齐	5分		
服务态度	礼貌上前告知乘客通过安检才可进站	5分		
服务过程	检查前,应主动说声"谢谢您的合作";乘客比较多时,应协助乘客进行检查,避免出现拥挤忙乱的现象	10分		
特殊情况处理	发现违禁品,应向乘客详细指出哪些物品属于违禁品,严禁带进站、带上车,需要开包检查时,要征得乘客同意	10分		
服务语言	声音应温柔平和,态度和蔼亲切,多使用"请""对不起""谢谢"等礼貌用语	10分		
合计		100分		

备注:评价满分为100分,60~74分为及格,75~84分为良好,85分以上为优秀。

任务3 你在候车室工作时,巡视候车室过程中,发现两名乘客发生了争吵,其中一名是位抱小孩的女士,另外一名是位中年男士,因男士乘客在离女士不远的座位处吸烟,女士担心影响小孩健康而上前劝阻,因此发生争执。请你按照候车室客运服务岗位作业标准及服务礼仪规范进行处理,并拍摄成10 min左右的视频。

注意事项：候车室服务工作较为纷杂，需要工作人员多巡视，发现影响候车秩序或者吸烟、乱扔垃圾、争吵、斗殴等情况，应及时制止并礼貌劝阻乘客遵守规章制度，服务过程应多使用礼貌用语；巡视过程关注重点乘客，做到"三要四心五主动"等。高速铁路车站客运服务人员候车室服务礼仪检视标准见表4-14。

表4-14　高速铁路车站客运服务人员候车室服务礼仪检视标准

内容	评价标准	分值	最后得分	备注
仪容仪表	仪表整洁、仪容端庄	10分		
巡视候车室	定时巡视，解答乘客询问，掌握乘客候车动态	15分		
服务过程	要做到"三要四心五主动""四勤"等	20分		
重点乘客服务	做到"三知三有"	20分		
特殊情况处理	使用文明语言劝阻乘客吸烟等，忌用生硬语气	20分		
乘客组织	有序组织乘客候车，避免聚集	15分		
合计		100分		

备注：评价满分为100分，60~74分为及格，75~84分为良好，85分以上为优秀。

任务4　你在贵宾室服务岗位工作的一天，贵宾乘客名单中有一名知名的某知名上市公司董事长，请你根据贵宾室客运服务岗位作业标准及服务礼仪规范进行服务，并拍摄成5~10 min的视频。

注意事项：对贵宾的服务应有度，既给服务对象足够的空间；针对贵宾的服务语言要突出礼字；和贵宾相遇时应立即起身、面带微笑、主动问候；了解乘客职务，服务喜好等信息，提供有针对性的个性化服务；尽量减少对客人的不必要打扰。如乘客不需要提供服务，客运员之间应做好交接工作，避免重复讯问。高速铁路车站客运服务人员贵宾室服务礼仪检视标准见表4-15。

任务5　你轮岗至站台客运服务岗位工作，某趟列车即将进站前，你正在立岗准备接车，此时你发现站台上有两个七八岁的小孩正在嬉戏打闹，不时靠近站台边缘，十分危险，旁边并未有家长制止，作为客运员的你，请根据站台客运服务岗位作业标准及服务礼仪规范进行服务，并拍摄成10 min左右的视频。

注意事项：站台客运服务岗相对来说是安全责任较重的一个岗位，在列车预告进站开始，服务人员就应该时刻注意乘客动态，一旦发现有危险行为，立即上前制止，动作要迅速，语气要温柔和善，以免引起乘客过激行为等。高速铁路车站客运服务人员站台服务礼仪检视标准见表4-16。

表 4-15　高速铁路车站客运服务人员贵宾室服务礼仪检视标准

内容	评价标准	分值	最后得分	备注
仪容仪表	穿着规定制式服装,不混搭混穿,仪容仪表整洁	10 分		
接班检查	检查备品,环境卫生及设备设施情况	15 分		
服务过程	要做到"三要四心五主动""四勤""三知三有"等	20 分		
接待工作	服务有度,避免过分热情给贵宾留下不好的印象	20 分		
服务语言	突出"礼"字,待客"三声""四个不讲"	20 分		
收集意见	服务后,及时为客提供纸笔,请乘客提出意见和建议	15 分		
合计		100 分		

备注:评价满分为 100 分,60~74 分为及格,75~84 分为良好,85 分以上为优秀。

表 4-16　高速铁路车站客运服务人员站台服务礼仪检视标准

内容	评价标准	分值	最后得分	备注
仪容仪表	仪表整洁、仪容端庄	10 分		
乘客指引	指引乘客,维持站台秩序	15 分		
迎接列车	足踏白线,双目迎接列车的到来,行走、站立姿态要端正	20 分		
组织乘降	组织乘客有序乘降,列车开出后及时清理站台滞留人员	20 分		
解答问询	面向乘客站立回答,做到有问必答,答必正确	20 分		
善意提醒	服务用语要规范,语气平和亲切	15 分		
合计		100 分		

备注:评价满分为 100 分,60~74 分为及格,75~84 分为良好,85 分以上为优秀。

任务 6　出站口是你轮岗实习的最后一站,这天你在组织乘客出站时,有一位乘客刷身份证出站时,出站闸机出现错误提示,后面排队等待出站的乘客还在陆续增加,造成出站口拥堵,请你根据出站口客运服务岗位作业标准及服务礼仪规范进行服务,并拍摄成 5~10 min 的视频。

注意事项:出站口一般容易造成乘客拥堵,应提前引导乘客分散出站,礼貌提醒乘客提前准好身份证,提醒带大件行李的乘客走宽闸机出站;对插队或者不按队列出站的乘客应和善提醒,不要生拉硬拽,恶语相向。高速铁路车站客运服务人员出站口服务礼仪检视标准见表 4-17。

表 4-17　高速铁路车站客运服务人员出站口服务礼仪检视标准

内容	评价标准	分值	最后得分	备注
仪容仪表	仪表整洁、仪容端庄	10 分		
乘客指引	指引乘客出站,有效组织排队验票	15 分		
执行规定	办理补票,补费时要态度和蔼,使用文明用语	20 分		
重点乘客服务	清楚重点乘客情况,组织重点乘客安全出站	20 分		
解答问询	面向乘客站立回答,做到有问必答,答必正确	20 分		
善意提醒	服务用语要规范,语气平和亲切	15 分		
合计		100 分		

备注:评价满分为 100 分,60~74 分为及格,75~84 分为良好,85 分以上为优秀。

【巩固练习】

扫描二维码完成"礼之践——高速铁路车站客运服务人员岗位服务礼仪测一测"。

测试
礼之践——高速铁路车站客运服务人员岗位服务礼仪测一测

项目五 礼之行——高速铁路列车客运服务人员服务礼仪

【问题引入】

随着我国高速铁路的迅猛发展，越来越多的人会选择乘坐高铁出差、旅行、探亲等，与此同时，也对高铁服务提出了更高的要求。除在高铁车站购票、进站、候车、出站外，乘客大多数时间是在列车上度过的，因此，列车需竭尽所能，为乘客的旅途生活全程提供高品质的列车服务。

如果你是刚入职的动车组列车乘务员，在完成岗前培训后，跟随 G×× 次列车乘务组参与出乘任务，在本次出乘过程中你遇到了以下情况，请问在此情景下，你应如何处理？

1. 你跟随乘务组列队出乘，分散上岗，列车长安排你负责 5 号车厢，在 5 号车厢门口立岗时，看到一位提着行李箱的孕妇乘客，请问你应该如何进行服务？

2. 组织乘客全部上车后，发现许多人站在通道中而并未落座，你上前查看后发现，原来是有一位乘客的行李箱很大，无法放置在行李架上，因此堵住了通道，请问你应该如何处理？

3. 列车运行过程中，巡视车厢时，你发现一名乘客脸色苍白蹲在座位处，上前询问，乘客告知是胃痛发作，此时你应该如何处理？

4. 列车中途停站，你接到列车长通知，你所负责的车厢将迎来一位使用轮椅乘车的残疾乘客，有陪同人员，请问你将如何进行服务？

5. 列车运行途中，某客运段段长随机视察，正好在本次列车上，列车长将在餐车内接待该段长，并吩咐餐车准备简单餐食作为招待，由你负责此次简短接待的事项安排，请问你应该如何处理？

6. 列车到达终到站，你在整理车厢时发现，有一个手提包被乘客落在了 5 号车厢 06 F 座位上，请问你应该如何处理？

【学习导航】

学习导航如图 5-1 所示：

```
项目五 礼之行-高速铁路列车客运服务人员服务礼仪
├── 任务5.1 始发站整备服务礼仪
├── 任务5.2 开车前服务礼仪
│   ├── 5.2.1 列队出乘-报到点名
│   ├── 5.2.2 微笑迎宾-车门立岗
│   ├── 5.2.3 对号入座-车内引导
│   ├── 5.2.4 整齐划一-行李调整
│   └── 5.2.5 及时准确-铃响开车
├── 任务5.3 开车后服务礼仪
│   ├── 5.3.1 落落大方-致欢迎词
│   ├── 5.3.2 铿锵有力-安全宣传
│   └── 5.3.3 有条不紊-去向登记及查验车票
├── 任务5.4 运行中服务礼仪
│   ├── 5.4.1 面面俱到-车厢巡视服务
│   ├── 5.4.2 细心周到-送水服务
│   ├── 5.4.3 一应俱全-送餐服务
│   ├── 5.4.4 门不停宾-中途站停站服务
│   ├── 5.4.5 关怀备至-细微服务
│   └── 5.4.6 全心全意-重点旅客服务技巧
├── 任务5.5 终到前后服务礼仪
│   ├── 5.5.1 "礼"以贯之-终到提醒服务
│   ├── 5.5.2 微笑告别-终到告别
│   ├── 5.5.3 无所不至-检查车厢
│   └── 5.5.4 善始善终-退乘
├── 任务5.6 餐车服务礼仪
│   ├── 5.6.1 热情待客-餐车服务人员要求
│   └── 5.6.2 井然有序-座次安排及餐具摆放
└── 任务5.7 非正常情况服务礼仪
    ├── 5.7.1 忙而不乱-基本处置方法
    └── 5.7.2 临危制变-应急处理服务流程
```

图 5-1 项目五学习导航图

【学习目标】

1. 知识目标
   ① 掌握始发整备作业内容及服务礼仪标准；
   ② 掌握开车前作业内容及服务礼仪标准；
   ③ 掌握开车后作业内容及服务礼仪标准；
   ④ 掌握运行中作业内容及服务礼仪标准；
   ⑤ 掌握终到前后作业内容及服务礼仪标准；
   ⑥ 掌握餐车作业内容及服务礼仪标准；
   ⑦ 掌握发生火灾、空调失效、触发烟雾报警等非正常情况下的服务流程。

2. 能力目标
   ① 具备整备作业技能；
   ② 具备开车前立岗迎宾、车内引导、行李调整等服务技能；
   ③ 具备开车后致欢迎词、查验车票等服务技能；
   ④ 具备运行中车厢巡视、送水送餐等服务技能；
   ⑤ 具备终到前后组织乘客、检查车厢等服务技能；
   ⑥ 具备非正常情况应急处理服务技能。

3. 素养目标
   ① 具备客运服务人员乘客为先的服务意识；
   ② 具备乘务人员较高的礼仪素养；
   ③ 具备乘务人员较强的沟通交流能力；
   ④ 具备乘务人员高超的服务技巧。

【知识储备】

任务 5.1 始发站整备服务礼仪

高速铁路列车在始发站出发之前，需要对列车的车容、设施备品、卫生等方面进行全面整理并检查，使高速铁路列车以良好的状态出现在乘客面前。

具体在始发站对车容及备品等的要求如下：

（1）车辆外观统一，各部位金属部件无锈蚀；地板无塌陷，地板布无破损、不鼓泡；车窗密封良好，不透气、透尘，不漏水。

（2）车内各种标牌齐全醒目、型号一致、位置统一；电子显示屏显示内容准确、规范；列车长办公室、广播室、洗手间、厕所、随车机械师室等设施齐全，功能良好。

（3）车厢紧急设备、灭火器、车门、门锁状态良好。

（4）车辆设施无违章改造和挪作他用，不违章占用乘务员室、厕所、座席、行李架、行李存放处等。

（5）各种服务设施、备品齐全完整；色调协调，使用美观，装饰典雅，清洁卫生。

（6）车厢有符合有关规定的清洁用具；售货车美观实用，有制动装置和防撞胶条。

（7）车厢内有电热水器，一次性纸杯。

（8）洗手间内有洗手液、干手器；厕所内有清新剂、卫生纸，坐便器备有一次性垫圈。

（9）座席有一次性靠背头，座席背后袋中装有《乘客乘车指南》、纸质清洁袋；一等车有书报架和报刊杂志。

（10）车厢内备有《全国地图册》《列车时刻表》及日常小用品、常用药品，各类物品定位放置；车厢内电源插座外盖需扣好。

部分车容整理及备品放置示例如图5-2所示。

图5-2　部分车容整理及备品放置示例

任务5.2　开车前服务礼仪

高速铁路列车在始发站开车之前，担任出乘任务的乘务组人员需做好一切准备迎接乘客，组织好乘客上车落座、存放行李等，保证乘客安全有序乘车。

5.2.1　列队出乘——报到点名

出乘的乘务员要求必须按规定着装、佩戴标志、携带统一提包，于规定时间准时到派班室集合点名，听取列车长传达上级文件、命令、指示，布置当班计划和有关工作安排。

　　集合完毕后,全体乘务员列队由列车长或指定人员带队上站台等候列车。列车如未进站,全体列队在站台等候,列车停稳后,乘务员沿白线列队前行,乘务员行至本岗位后自行开始工作。开车前列队出乘如图 5-3 所示。

图 5-3　开车前列队出乘

5.2.2　微笑迎宾——车门立岗

　　列车广播预告乘客放行后,乘务员要面向乘客放行方向站立,迎接乘客的到来,表情自然、亲切,标准站姿欢迎乘客乘车。乘客到来时面带笑容,微微鞠躬点头示意,向乘客致以问候:"您好,欢迎乘车!"车门立岗如图 5-4 所示。

图 5-4　车门立岗

5.2.3 对号入座——车内引导

乘客进入车厢后,乘务人员应按要求引导对方对号入座。如遇到重点乘客,应帮助对方找到座位,并安排其落座,同时帮助对方安放好随身携带行李及物品。车内引导如图 5-5 所示。

随时注意车厢内乘客动态,及时疏通车厢通道和通过台,防止乘客拥堵。委婉提醒乘客找到座位后将过道让开,不能吆喝、推搡乘客。

卧铺车厢乘务人员需主动上前迎接乘客并将其带到铺位上。

图 5-5 车内引导

5.2.4 整齐划一——行李调整

在多数乘客落座后,乘务人员需要对行李架上的行李摆放进行检查并调整。

行李调整标准:要求做到大不压小、中不压轻、方不压圆,摆放要稳固,做到"一刀切"。如若需要调整乘客行李位置时,需要告知乘客并得到允许方可调整,摆放时轻拿轻放,并注意尽可能将行李摆放到乘客视线范围内。若遇到行李架上放置有大件行李(体积超出行李架边缘),应告知乘客将其放置在大件行李寄存处,必要时可帮助乘客放置。行李调整如图 5-6 所示。

图 5-6 行李调整

5.2.5 及时准确——铃响车开

听到开车铃响,乘务人员脚尖对准安全白线,铃止三步上车,放脚踏板,面对站台方向,防止迟到乘客扒门上车,直到列车出站。铃响车开如图5-7所示。

图5-7 铃响车开

任务5.3 开车后服务礼仪

列车在始发站开出之后,乘务人员需向所负责车厢乘客致欢迎词,进行乘车安全宣传,登记乘客去向,查验乘客车票,同时解答乘客询问并照顾重点乘客等。

5.3.1 落落大方——致欢迎词

乘务人员站在列车运行方向车厢端部,面向乘客,自然大方地致欢迎词,声音洪亮,吐字清晰,用语规范。

欢迎词示例:

"各位乘客,大家好!

欢迎乘坐××××次列车,我是本车厢乘务员,很高兴为您服务。您在旅行中有任何困难和要求,请提出来,我将尽快帮您解决。车厢两端挂有乘客留言簿,欢迎多提宝贵意见。祝各位乘客旅行愉快,身体健康。"

乘务员致欢迎词如图5-8所示。

图 5-8　乘务员致欢迎词

5.3.2　铿锵有力——安全宣传

乘务员须负责对本车厢乘客进行乘车安全宣传，要求从乘车安全、人身安全、财产安全等方面进行宣传。

安全宣传示例：

"各位乘客，大家好！

动车组列车全列禁烟，吸烟将会触发烟雾报警器，造成列车紧急停车，严重影响列车运行秩序，为了您和他人的旅行安全，请您不要在列车的任何部位吸烟。"

5.3.3　有条不紊——去向登记及查验车票

根据乘客售票信息，从小号车厢起，核对空余座位，查验车票，并进行乘客去向登记。

查验过程中发现乘车条件不符的人员，按照有关规定处理。对拒绝补票的人员，应报告列车长，不得与乘客发生冲突，做到处理违章态度和蔼，执行规章熟练准确，减少对乘客的干扰。

用语示例：

"您好，请出示您的车票和证件。"

"不好意思，您的学生证减免区间与车票不符，请随我到列车长办公席办理补票。"

"请收好您的车票和证件，谢谢您的配合。"

去向登记及车票查验如图 5-9 所示。

图 5-9　去向登记及车票查验

任务 5.4　运行中服务礼仪

高速铁路列车在运行途中,乘务人员需尽可能为乘客提供全方位服务,满足乘客合理要求,帮助对方解决困难,使乘客在旅途中感到温暖舒适。

5.4.1　面面俱到——车厢巡视服务

运行途中,乘务员应定时巡视所负责车厢,列车长应巡视全列车厢。巡视过程中应仔细观察乘客情况,做好服务工作。

提醒乘客保管好笔记本电脑等贵重物品或者易碎物品。

发现乘客在小桌板上放置热水时,提醒乘客拧好杯盖,防止杯倒烫伤。

当乘客正在食用自带食品时,提醒乘客清洁袋在椅背袋中。

对神色异常、感觉不舒服的乘客及时询问身体状况,提供帮助。

在不违反政策的前提下,经其他乘客同意,可为身材高大或行动不便的乘客调整到更舒适的座位或为其升级座位等级。

遇到带小孩的乘客,提醒乘客看顾好自己的小孩,防止小孩摔倒跌伤,必要时可提供玩具等供儿童玩耍。

乘务人员在车厢中走动时,动作要轻,避免碰撞到正在阅读报刊或休息的乘客,调整行李或拉帘子动作要轻,并要提前与乘客打好招呼,避免惊扰乘客。

乘务人员单独回答乘客询问时,可采取蹲式服务,音量以不打扰其他乘客为宜;委婉提醒大声交谈的乘客,避免影响其他人。

乘务人员在巡视车厢时,与乘客迎面相遇,应主动侧身,让出通道让对方首先通行。

特等座及商务座乘客按了呼唤铃时,乘务人员应立即到车厢询问乘客:"请问有什么可以帮助您的?"然后关闭呼唤铃。

询问特等座及商务座阅读书报的乘客是否需要打开阅读灯。

特等座及商务座乘客暂时不需要毛毯时应及时折叠,整齐地放在其座椅边缘;乘客看完后丢弃的报纸应及时收走。车厢巡视及送毛毯服务如图5-10所示。

图5-10 车厢巡视及送毛毯服务

5.4.2 细心周到——送水服务

高铁列车特等座及商务座为乘客提供免费饮品及小食,其他等级车厢一般不提供,但针对重点乘客将提供送水服务。

为特等座及商务座乘客提供饮品时,主动协助乘客打开小桌板。检查列车提供的食品、饮料的品质以及餐饮用具是否干净。

随时观察乘客饮品是否用完,在用完之前及时为乘客添加。提供的热水保持一定的温度,不能过烫,但也不能为乘客提供"温吞水",提供茶水、咖啡或汤时,为了防滑可在杯子、汤碗下面的垫盘之间垫张纸巾。

为乘客送茶和咖啡时,可使用托盘。

为重点乘客送水时,应主动打开小桌板,并耐心询问重点乘客乘车感受,是否有不舒适的地方,是否还需要其他服务等。其他服务间隙,随时注意重点乘客动态。送水服务如图5-11所示。

图 5-11　送水服务

5.4.3　一应俱全——送餐服务

高速铁路列车内一般不提供免费餐食,乘客可在 12306 手机 APP 上提前预订餐食,或者上车后购买列车餐食。

乘客预定的特殊餐食在送达后应优先提供。

送餐时,乘务人员应五指张开托起餐盘,不能触碰餐盘边缘,帮助乘客打开小桌板放置好餐盘、筷、勺、餐巾纸等。送餐服务如图 5-12 所示。

图 5-12　送餐服务

用委婉的语气提醒前排乘客调直座椅靠背,以方便后排乘客用餐。

为特殊乘客(老人、盲人等行动不便的乘客)提供餐食服务时,要征求乘客意见,在征得同意后,帮助其打开餐盒。

注意为靠窗乘客提供餐食时,食物及饮品不能从邻座乘客头顶经过,放置时若打扰到邻座乘客,应表示歉意。

送完餐食后,及时为乘客冲泡热饮,同时送上湿纸巾。

待乘客用餐完毕后,用送餐车回收餐食包装物,集中存放在指定地点,做到回收及时,动作谨慎,送餐车存放稳固。

有乘客在餐饮服务时提出其他需求,要尽可能及时满足。如当时无法满足,为了避免遗忘,可将乘客的需求、座位号记录下来并尽快给予满足。

5.4.4 门不停宾——中途站停站服务

列车在中途站停站前 5 min 应广播通报站名、到开时刻,提醒乘客做好下车准备,告知下车车门位置。

中途站乘降乘客较多时,乘务人员应组织好乘客先下后上,有序乘降。帮助携带大件行李乘客提拿行李,帮助重点乘客上下列车,列车长与车站工作人员做好重点乘客交接,如图 5-13 所示。

中途站开车后 5 min 内广播预告前方停车站及相关内容,做到按时播报,内容准确,音量适宜。

巡视车厢,掌握车内动态,处理服务过程中的各类问题。遇列车晚点超过 15 min,应通过广播向乘客致歉,耐心解答乘客问询,做好解释工作。

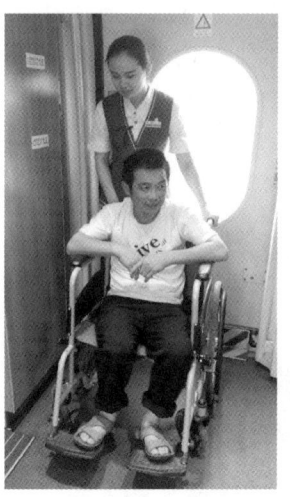

图 5-13 重点乘客服务

5.4.5 关怀备至——细微服务

乘客休息时,主动提醒乘客头朝窗户方向,避免被餐车或行人碰撞。

乘客丢弃在车厢通道上的杂物,包括报纸、纸巾、包装纸,甚至是非常小的牙签、碎纸屑等都要及时清理干净。

乘客休息时,注意及时收走乘客放置在小桌板上的水杯,或拧紧杯盖,以免水泼洒到乘客身上。

为特等座乘客提供毛毯时,毛毯上的动车组标志应正面朝上。

当特等座乘客睡觉时,可协助乘客关闭阅读灯、拉上窗帘,根据乘客休息情况调暗车厢灯光。

委婉阻止持低等级车票的乘客到高等级车厢就座。

乘务人员说话要轻,动作也要轻,避免打扰乘客。

5.4.6　全心全意——重点乘客服务技巧

高速铁路客运服务工作中,无论是车站服务还是列车服务,都要求服务人员掌握良好的服务及沟通技巧,尤其是在重点乘客的服务上要尤为注意。

服务人员服务语言表达应该注意:普通人之间的交谈需要技巧,服务人员在为乘客提供服务时,更加应当注意语言表达的技巧,在倾听询问、解决问题的过程中真诚自然,获得乘客的好感与信任,拉近与乘客的距离,这样便于乘车环境的安全稳定。

1. 服务人员的询问技巧

服务工作中的重要一项是询问,因为当乘客有问题需要解决时,除了安抚乘客情绪外,询问问题并予以解决才是关键所在。询问在口语中具有提示、诱导乘客说出问题所在的作用。但是在询问时也有原则需要遵循,最基础的便是把握好询问的尺度,不要引起乘客的反感。

直接的方式:在服务人员发现状况时可以直接询问乘客发生了什么或者需要什么,请求乘客回答相应的问题。这种询问的方式相比较而言直接快速,并且方便简洁,可以很好地获得乘客的注意和重视,以便迅速有效的从乘客处得到答案。

诱导的方式:在不方便直接询问,不便于让乘客发现自己意图时,可以采取诱导询问的方式。通过问问题、提建议的方式引导乘客的思路,逐渐使乘客摒弃自己以前的想法和思路,从而使其回到服务人员正确解决问题的道路上,并且从中获取有用的信息。

提示的方式:在乘客的语言与实际问题关系不大或者服务人员不方便直接说出建议或需求时,服务人员可以根据当时境况说些提示性的语言去暗示乘客,以便回到正轨上来。这种询问技巧相比较而言比较婉转,不会冲撞到乘客使交流产生障碍,同时可以缓和气氛,于无形中得到答案从而解决问题。

选择的方式:在乘客提出问题却不清楚自己到底想要什么样的解决方案时,服务人员可以依据以往工作经验可以给出相应的几个解决方案或者对应答案,然后由乘客根据自己的接受能力进行选择。这种询问方式通常情况是在征询乘客意见的时候采用的。

2. 服务人员的回答技巧

服务人员询问完问题后,在回答问题方面同样有规律技巧可以遵循。最基本的一点便是，在认真倾听乘客提出的问题后，及时、耐心的回答问题，使乘客感受到满足和尊重，当然，并不是所有问题服务人员都得一一解答，而是应该利用自己的经验耐心，将问题分解，并化解矛盾。

直接的方式：这种回答方式是最常见和常用的回答方法，一般运用于乘客日常的、程序化的问题，它解决简单的问题十分有效，但是对于比较刁钻的问题却起不到作用，所以要注意灵活运用。

将错就错的方式：在与乘客交流沟通时，有乘客由于心急或者知识欠缺不经意间说错话，导致交流氛围凝重，这个时候就要求服务人员不要揪着乘客的错误不放或者放大乘客的错误，而应将错就错，利用自身的机智弥补，使乘客有台阶可以下，也使交流能继续下去从而真正解决问题。

答非所问的方式：这种回答方式不常见而且不容易运用，它其实是一种回避术，运用不好会让乘客感觉到自己不受尊重。在为乘客服务的过程中，时不时会碰到一些比较敏感且不方便回答的问题，这时身为服务人员只有试着采取回避的方式摆脱话题。

比如乘客询问："小姐，你多大了？"服务人员回答："我毕业已经很多年了。"

无效的方式：这种方式同上种方式有着异曲同工之处，同样属于回避术的一种。有时乘客问的问题不可以回答或者是私人问题完全没有必要回答的时候，可以根据问题的类型不正面回答，而采取无效式的答案来提醒对方不会回答相关问题，从而使乘客不再继续询问。

比如乘客询问："帅哥，你电话号码是多少？方便给一个吗？"服务人员回答："我电话有不少，好几个呢。"

3. 服务人员的拒绝技巧

为乘客服务时不可避免地会提出各式各样的疑问和要求，这其中既有正常合理的，同时也不乏不合理的。对于这些不能达到的要求和不能解决的问题，服务人员要采取科学合理的方式，运用一定的拒绝技巧，但是态度不能过于直接和生硬，拒绝的时候少用"不"这样的字眼，而是用亲切温柔的语调和相对温和的方式拒绝，拒绝的同时给予乘客足够的礼貌和尊敬。

推迟延缓的方式：是指通过将问题分解转化，对处理结果和解决时间进行推迟延后，来应对乘客提出的不合理的要求。

比如乘客询问："我要去卫生间抽根烟。"服务人员回答："不好意思，先生，根据相关规定，为了乘客的安全和旅途的顺利，动车内的任何部位都不允许吸烟，因为这会导致一系列问题甚至列车缓行，所以请坚持一会，马上就到站了。"

服务人员是为乘客直接提供服务的人员，是在铁路客运中实现服务个性化、提高乘客好感度与忠诚度的关键所在。所以，服务人员的服务质量高低就显得尤为重要了，而服务质量高低的一个重要因素是语言表达。除了上面的技巧外，更加重要的是注意交流时的语音腔调，对待乘客要真诚自然，用语要礼貌合理，最重要的是要让被服务的人感受到重视和尊重。服务人员的工作是重复且繁杂的,但这个看似普通的岗位却积蓄着很大的能量,因为铁路客运不仅承接中国乘客,外国乘客也不少见,所以,它是提升国家形象中微小却不容忽视的一环。

4. 重点乘客服务技巧

高铁的重点乘客主要包括:老、弱、病、残、孕、幼乘客;乘坐高级软卧或商务座的乘客;越站、误乘等需要办理站车交接手续的乘客;因铁路原因造成漏乘、晚点的乘客;其他经铁路部门认定的重点乘客。

对各类残疾乘客和老人,应主动介绍列车设施及作用,尽可能地为他们提供方便,做到帮拿行李,搀扶上下车,帮助找座位,端茶送水,协助上厕所等。

儿童乘客好动,发现其有危险举动时,要及时制止,提醒其父母看好自己的孩子,同时,注意观察他们是否还有类似的危险举动。

孕妇乘客易疲劳,行动不方便。可协调安排一个方便走动的座位,动员周围乘客轻走动、轻交谈,给她们创造一个安全、良好的休息环境。

发现有突发性精神病的乘客,可及时给乘客创造一个相对隔离、安静的环境。通过广播找医生以药物控制病情,指定专人看护,多对病人说些宽慰的话,播放一些节奏舒缓、旋律优美的音乐,尽量减轻病人的压力,转移病人的注意力,以助病人恢复平静的心情。

对气短脸红,患有心脏病的乘客,应引起警惕,及时关注,了解他的心脏急救药品放在什么地方,并委托其同伴或周围乘客及时关照,避免发生不测。

对刚动过手术或患有糖尿病的乘客,应及时主动和他们联系,关心饮食,需要的话,可请餐车做特殊的"病号饭"。

为外宾服务应举止得体,谈吐彬彬有礼,不卑不亢,并适当学习、掌握一些简短的列车常用外语以及国外的风俗习惯、宗教知识、生活禁忌、礼貌礼节等。对外宾的称呼要合适,可根据不同性别、年龄,称为"先生""女士""夫人""小姐"。若外宾有无理要求,应委婉拒绝。

任务 5.5　终到前后服务礼仪

列车在到达终到站前后,乘务组人员同样要做好乘客服务工作,使乘客感受到高水平、高质量的服务,在舒适的乘车体验中结束本次旅行,并期待下次旅途的到来。

5.5.1　"礼"以贯之——终到提醒服务

列车终到前 5 min 广播通报站名,播报终到站天气情况,致道别词,提醒乘客做好下车准备,请收拾好自己的行李物品并检查有无遗漏,做到按时播报,语音适宜。

5.5.2 微笑告别——终到告别

列车到站后,再次整理好自己的仪容仪表,在车门处立岗,向乘客道别,做到用语统一,面带微笑,微微欠身,点头致意。

协助重点乘客下车,主动热情。

道别语示例:

"各位乘客,大家好!终点站××站到了,感谢您对我们工作的大力支持与协助,欢迎您再次光临,下次旅行再见!"

5.5.3 无所不至——检查车厢

终到站乘客下车完毕后,乘务人员检查自己所负责车厢,查看是否有乘客遗漏物品,做到动作迅速,检查仔细。发现问题,及时报告列车长处理。列车长检查整个车厢,听取汇报,按章处理。列车终到检查车厢如图5-14所示。

图5-14 列车终到检查车厢

保洁人员对所负责车厢进行全面清扫,将小桌板收起,座椅后背调整归原位,报刊杂志摆放整齐,收走已使用的清洁袋,补充新的清洁袋。

5.5.4 善始善终——退乘

召开退乘会,讲评当日工作,查看留言簿。对随车保洁情况作出评价。

乘务组着装整齐,列队退乘。

任务 5.6 餐车服务礼仪

高速铁路列车餐车不允许出现明火,因此餐车均设置有吧台,吧台后设置置物柜,用来存放速食餐食、饮品、小食等商品,同时配有微波炉、咖啡机、电烤箱、冷藏柜等厨房用品。

5.6.1 热情待客——餐车服务人员要求

餐车服务人员应着规定服装,佩戴统一标志,女士应盘头,戴三角巾、围裙,拿取餐食应佩戴一次性手套,如图 5-15 所示。

图 5-15　餐车服务人员

餐车服务人员应将置物柜上的各类商品按品类摆放整齐,厨房电器等按规定放置在安全位置使用,退乘时应及时断电。

热情招待乘客,主动询问乘客需要什么餐食,并介绍列车供应餐食。设置有餐桌的列车应安排专人服务用餐乘客,热情引导乘客至餐桌位置,主动提供菜单供乘客选择,期间,及时为乘客倒水。迅速和委婉的了解乘客喜好,为乘客推荐适合的餐食。

准备餐食要迅速,避免让乘客长时间等待。

待乘客用餐结束离席后,方可上前收拾餐桌,或应乘客要求提前收拾,方便乘客交谈。若等候用餐乘客较多,要委婉上前提醒用餐结束的乘客为其他乘客让席,不得驱赶乘客。

5.6.2 井然有序——座次安排及餐具摆放

1. 座次安排

餐车两头均有出入口,因此,以中间的餐桌为主桌,首席桌安排在列车运行方向的左侧。

列车餐桌一般为矩形，四人位，其中第一主宾席位在靠窗面向列车运行的方向，对面为第一主人席位，第一主人席位旁边是第二主宾席位，第二主宾席位对面是第二主人席位，如有老人、儿童、女宾用餐，可将他们安排在靠近车窗位置。

2. 餐具摆放（中餐）

用吃碟定位，摆在餐椅正前方，距桌边 2 cm。筷子摆在吃碟右边，筷头朝上，距吃碟 1 cm，距桌边 2 cm。吃碟内放餐巾纸，调羹压在餐巾纸上面，勺把向右，筷子右侧 1.5 cm 处摆放一次性消毒面巾。酒杯放在靠筷子右手处，如有多种酒杯，按左高右低顺序排列摆放，杯与杯之间距离 1 cm，酒杯里折叠餐巾花。将所需酒水摆放在靠近走廊的桌边中间，左高右低，商标向着走廊，客人入席后，商标面向客人。如不需酒水，可不摆放酒和酒杯。餐具摆放（中餐）如图 5-16 所示。

图 5-16 餐具摆放（中餐）

任务 5.7 非正常情况服务礼仪

5.7.1 忙而不乱——基本处置方法

动车组列车因突发事件影响，不能继续运行时，列车长要详细统计列车基本情况，在列车受阻停车起 15 min 内向铁路局客调、段调度室及停留车站报告事件概况及列车情况。报告内容包括：列车车次、乘客人数、去向、重点乘客情况、燃料、水、餐食、吸污和其他需要汇报的事项等。遇有车辆故障、破损或人员伤亡时要报告有关情况并根据需要请求救援。

5.7.2 临危制变——应急处理服务流程

1. 发生火灾、爆炸事故时的应急处置

（1）迅速扑救。最先发现、到达现场的列车工作人员（含随车机械师、乘警、列车安全员、客运、餐服、保洁等人员，下同）应立即使用报警按钮（必要时使用紧急停车设备），并迅速扑救。同时，通知列车长，口头宣传乘客疏散。全体工作人员就近携带灭火器迅速到达现场实施扑救。

（2）疏散乘客。接到司机或乘客的火情警报，列车长、乘警（无乘警时为列车安全员）、随车机械师应立即赶赴现场进行确认。如核实有火情，立即通知司机，并根据火情特点，采取有效措施迅速扑救，必要时应组织乘客向安全车厢疏散。待乘客撤离后，列车长组织列车工作人员手动关闭起火车厢通道阻火门，司机降低车速,避免空气流通助长火势。如确认无火情,列车长要迅速告知司机,并协助乘警调查,做好记录。

如遇到火势蔓延,需要紧急停车疏散乘客时,应遵循以下原则:

① 列车长、司机、乘警、随车机械师集体商定疏散方案,并密切配合,有序实施。

② 列车工作人员应迅速做好防护,做到前有带队,中有护队,尾有压队,组织乘客有序下车,并引导至安全地带。

③ 当起火车厢的乘客疏散完毕后,应迅速关闭起火车厢两端的通道阻火门,确保车厢处于密闭状态,以免大量空气进入助长火势。

④ 在桥梁、隧道停车时,列车工作人员应确认邻线区间封闭后,利用桥梁、隧道的人行通道,做好乘客疏散和安全防护工作。如列车停在长大隧道内,列车长应在照明设施开启后,指挥列车工作人员组织乘客向距离最短的隧道出口迅速疏散,等待救援。

⑤ 遇动车组列车重联时,非事故车列车长应安排列车工作人员参与事故车的救援工作。

⑥ 组织乘客换乘、疏散时由列车长组织列车工作人员按规定打开非会车侧车门,根据需要安装好应急梯,组织乘客疏散到安全地带,并须确保乘客人身安全。

⑦ 紧急情况下可使用安全锤打破车窗玻璃,组织乘客紧急逃生,防止乘客盲目跳车发生意外。

(3) 全面检查。火情扑灭后,列车长、乘警(无乘警时为列车安全员)、随车机械师要对起火部位进行全面检查,确认火情已完全熄灭且不会复燃,列车长布置乘务员继续对起火部位进行观察至终点站。

(4) 救治伤员。如有乘客受伤应立即进行救治,按照乘客意外伤害事故处理的有关程序进行处理。

(5) 调查取证。如确认是外来火源或烟头等原因导致火情,乘警(无乘警时为列车安全员)负责组织列车工作人员、乘客现场调查取证,并形成书面材料。

(6) 及时报告。列车长要及时告知司机灭火信息,并逐级汇报事件经过和处置过程。

2. 空调失效 20 min 需安装防护网时的应急处置

(1) 了解情况。动车组发生临时停电故障或空调不良时,列车长要立即通知随车机械师到现场确认,了解故障情况。

(2) 宣传解释。列车长向全体工作人员传达空调失效原因,并通过广播向乘客通报情况并致歉,列车长组织工作人员到车厢做好解释、服务工作。

(3) 加强巡视。列车乘务人员要加强车内巡视,利用各种方式做好乘客安抚和宣传解释工作,防止激化矛盾,切实关心乘客急需,做好餐饮、供水等服务保障工作,确保乘客情绪稳定。

(4) 停站安网。空调失效超过 20 min,列车长可视情况通知司机向列车调度员提出在前方最近客运站停车的请求,列车调度员安排列车在前方最近客运站停车。列车指定人员在停车站安装好车门防护网、机械师手动打开部分车门后,列车长将现场情况告知司机。

(5) 设置防护。列车调度员根据司机的报告,向司机(救援时还包括救援司机)及沿途各站发布打开车门,限速 60 km/h(通过邻靠高站台的线路时限速 40 km/h)运行的调度命令。列车长组织列车工作人员在距车门 1 m 的合适位置值守,值守时要站稳抓牢面向车内,掌握车厢内动态,阻止乘客靠近,直到车门关闭。

3. 运行途中乘客吸烟引发报警的应急处置

(1) 赶至现场。得到烟雾报警信息或司机通知后,随车机械师、乘警、列车长、列车安全员要在第一时间赶到现场确认,及时将报警装置复位,并向司机通报情况。

(2) 调查取证。列车长配合乘警调查当事人姓名、地址、身份证号码、联系电话和事情经过,由乘警对当事人按相关规定进行处罚。无乘警时,由列车安全员及列车长调查当事人姓名、地址、身份证号码、联系电话和事情经过,并及时将情况报公安处指挥中心。

(3) 宣传解释。列车工作人员及时了解报警后车厢乘客情况,做好宣传解释,安抚乘客情绪。

(4) 及时上报。列车长逐级汇报事件发生原因和处置过程。

4. 乘客误操作紧急报警按钮(紧急制动阀)的应急处置

(1) 赶至现场。列车工作人员应立即了解情况,根据乘车信息系统显示及时报告列车长与随车机械师,列车长与随车机械师赶至现场了解情况后立即联系司机,说明报警原因。

(2) 调查取证。列车工作人员配合乘警(无乘警时由列车安全员)调查事情经过,做好记录,并形成详细的书面报告。

5. 乘客突发疾病的应急处置措施

(1) 人员救治。列车长一方面要利用配备的急救药箱,安排红十字救护员进行初步救护,另一方面通过广播找医生救助。如乘客身体不适是由于动车速度快等原因造成的,列车员应及时帮助乘客调整座椅,让乘客保持一种舒适的乘车姿势,运行中经常看望乘客,提供相应的服务,并及时将乘客情况向列车长汇报。如乘客不适状况不能改善或加重,应征求乘客或同行人意见,确定是否下车治疗。

(2) 调查取证。列车长指派工作人员取得 3 名以上乘客及参加抢救医务人员的证明材料,确保真实有效(证明材料中要显示救治乘客的过程)。

(3) 交站准备。对病情严重的乘客,列车长做好移交准备,有必要时通过电话联系最近前方站 120 急救。若乘客病情紧急,列车又运行在长大区间,要立即通过客调联系具备医疗条件的最近前方站要点停车。

(4) 站车交接。列车长编制客运记录(一式两份),连同乘客(及同行人)车票及随身携带物品一并交前方停车站或乘客到站处理(乘客不愿中途下车时,应在客运记录上注明并签字)。为保证动车组尽快恢复正点运行,列车也可暂不移交相关材料,三日内再向受理车站补交。

(5) 及时汇报。及时将有关乘客突发疾病的基本情况和处置过程上报车间和段调度室。

【任务实施】

某天,你跟随 G×× 次列车乘务组参与出乘任务,这是你成为一名高铁列车乘务员执行的第一次任务,你感到既兴奋又紧张。出乘前任务布置会上,列车长分配你主要负责 5 号车厢乘客服务工作,并强调了注意事项以及细微服务的重要性,鼓励你独自完成各项服务工作,具体任务如下:

任务 1　列车始发开车前已完成各项整备工作,你随同乘务组参加出乘会后到达列车上后需再次检查并整理,检查完成后,你来到所负责的 5 号车厢车门处立岗,迎接乘客到来。此时,你看到一位提着行李箱的孕妇乘客独自前来乘车,请你按照高铁列车开车前服务礼仪标准进行服务,并拍摄成 5 min 左右的视频。

注意事项:始发站开车前需要对列车的车容、设施备品、卫生等方面进行全面整理并检查,使高速铁路列车以良好的状态出现在乘客面前;按时参加出乘会,仪容仪表符合规范,认真听取任务安排;迎接乘客要面带微笑,精神饱满,遇到重点乘客要主动上前帮助,直至安排其落座。高铁列车客运服务人员开车前服务礼仪检视标准见表 5-1 所示。

表 5-1　高铁列车客运服务人员开车前服务礼仪检视标准

任务	内容	评价标准	分值	最后得分	备注
任务 5.1 始发站整备服务礼仪	设施备品	检查仔细无遗漏、无缺项	5 分		
	卫生方面	地板干净完好,卫生设施齐全整洁	5 分		
	安全设施	灭火器、安全锤等安全设施齐全完好	10 分		
任务 5.2 开车前服务礼仪	参加出乘会	按规定着装,佩戴标志,携带统一提包	5 分		
		不迟到,认真听取任务安排	5 分		
	车门立岗	表情自然、亲切,挺胸收腹,站姿标准	5 分		
		乘客到来时面带笑容,微微鞠躬点头示意,向乘客致以问候	10 分		
		关注重点乘客,并主动上前帮助提拿行李,将重点乘客送至座位上	15 分		

续表

任务	内容	评价标准	分值	最后得分	备注
任务 5.2 开车前服务礼仪	车内引导	组织乘客快速落座,及时疏通车厢通道	15 分		
	车内引导	遇到重点乘客,帮助重点乘客找到座位,并安排重点乘客落座	15 分		
	行李调整	行李调整标准:大不压小、中不压轻、方不压圆,摆放要稳固	10 分		
		合计	100 分		

备注:评价满分为 100 分,60~74 分为及格,75~84 分为良好,85 分以上为优秀。

任务 2 列车始发开车后,你向乘客致欢迎词并进行安全宣传,顺利完成车票查验工作。随后你在巡视车厢时,看到那位孕妇乘客拿着水杯起身想要接开水,此时,通道中有两名小朋友正在奔跑玩耍,请你按照高铁列车开车后、运行中及终到前后服务礼仪标准进行服务,并拍摄 5~10 分钟的视频。

注意事项: 列车在始发站开出之后,乘务人员需向所负责车厢乘客致欢迎词,进行乘车安全宣传,登记乘客去向,查验乘客车票,同时解答乘客询问并照顾重点乘客等;列车在运行途中,乘务人员需尽可能为乘客提供全方位服务,满足乘客合理要求,随时关注重点乘客,对车厢中可能发生的危险情况及时制止;注重服务细节,即使是劝阻乘客,也应让乘客感到舒适温暖。高铁列车客运服务人员开车后、运行中、终到前后服务礼仪检视标准见表 5-2。

表 5-2 高铁列车客运服务人员开车后、运行中、终到前后服务礼仪检视标准

任务	内容	评价标准	分值	最后得分	备注
任务 5.3 开车后服务礼仪	致欢迎词	自然大方,声音洪亮,吐字清晰,用语规范	5 分		
	安全宣传	从乘车安全、人身安全、财产安全等方面进行宣传	5 分		
	查验车票	处理违章态度和蔼,执行规章熟练准确,减少对乘客的干扰	5 分		
任务 5.4 运行中服务礼仪	车厢巡视	走动时,动作要轻,提醒乘客保管贵重物品,放好水杯,看管好小孩等	10 分		
		仔细观察乘客,若神色异常立即询问;回答询问耐心,音量适中,不影响他人	5 分		
	重点乘客服务	关注重点乘客动态,主动询问是否需要帮助	10 分		
		为重点乘客送水时,主动打开小桌板	5 分		
		了解重点乘客到站,下车前帮助提拿行李	10 分		

续表

任务	内容	评价标准	分值	最后得分	备注
任务5.4 运行中服务礼仪	送餐服务	送餐时,五指张开托起餐盘,不能触碰餐盘边缘,帮助乘客打开小桌板放置好餐盘、筷、勺、餐巾纸等	10分		
	停站服务	停站前5 min应广播通报站名、到开时刻,提醒乘客做好下车准备,告知下车车门位置	10分		
		组织好乘客先下后上,有序乘降	5分		
任务5.5 终到前后服务礼仪	终到提醒	终到前5 min广播通报站名,播报终到站天气情况,致道别词,提醒乘客做好下车准备	5分		
	终到告别	整理好仪容仪表,向乘客道别,做到用语统一,面带微笑,微微欠身,点头致意;协助重点乘客下车,主动热情	10分		
	检查车厢	查看是否有乘客遗漏物品,做到动作迅速,检查仔细	5分		
		合计	100分		

备注:评价满分为100分,60~74分为及格,75~84分为良好,85分以上为优秀。

任务3 列车运行途中,某客运段段长随机视察,正好在本次列车上,列车长将在餐车内接待该段长,并吩咐餐车准备简单餐食作为招待,并由你负责此次简短接待的事项安排,请根据高铁列车餐车服务礼仪标准进行服务,并拍摄成10 min左右的视频。

注意事项:餐车服务人员招待客人要热情主动,但不过分服务,准备餐食要迅速;座次安排遵从主宾错落,符合礼仪;餐具摆放也要在有限的空间内符合正式场合礼仪规范,餐巾花要折叠整齐美观。高铁列车客运服务人员餐车服务礼仪检视标准见表5-3。

表5-3 高铁列车客运服务人员餐车服务礼仪检视标准

内容	评价标准	分值	最后得分	备注
餐车服务员要求	着规定服装,佩戴统一标志,女士应盘头,戴三角巾、围裙,拿取餐食应佩戴一次性手套	10分		
	热情引导,主动添水,准备餐食迅速	10分		
	用餐结束离席后,方可上前收拾餐桌	10分		
座次安排	按照列车矩形餐桌座次标准安排	30分		
餐具摆放	按照矩形餐桌餐具摆放标准安排	30分		
	餐巾花精致美观	10分		
	合计	100分		

备注:评价满分为100分,60~74分为及格,75~84分为良好,85分以上为优秀。

任务4　列车在运行过程中,空调突然失效,你在询问列车长后得知随车机械师正在查找故障原因,短时间内暂不能恢复,请按照高铁列车紧急情况处理流程进行服务,并拍摄成 5~10 min 的视频。

注意事项:做好乘客解释工作,防止乘客不明原因引发恐慌;加强车厢巡视,关心乘客身体及情绪;停站时打开车门正确安装防护网;时刻关注乘客动向,防止乘客靠近车门,直至空调恢复,车门关闭。高铁列车非正常情况服务礼仪检视标准见表 5-4。

表 5-4　高铁列车非正常情况服务礼仪检视标准

内容	评价标准	分值	最后得分	备注
了解故障情况并宣传解释	及时向列车长、随车机械师了解故障情况	10 分		
	耐心向乘客做好解释工作并致歉,注意用语,避免与乘客发生争执	20 分		
加强巡视	加强车内巡视,安抚乘客,防止激化矛盾	20 分		
	做好餐饮、供水等服务保障工作	20 分		
停站安网	正确安装车门防护网	15 分		
设置防护	距车门 1 m 合适位置值守,掌握车厢内动态,阻止乘客靠近	15 分		
合计		100 分		

备注:评价满分为 100 分,60~74 分为及格,75~84 分为良好,85 分以上为优秀。

【巩固练习】

扫描二维码完成"礼之行——高速铁路列车客运服务人员岗位服务礼仪测一测"练习。

参考文献

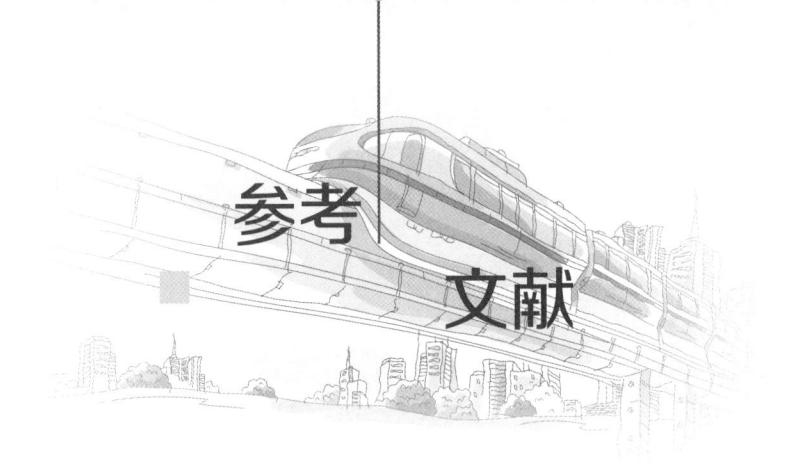

[1] 张英姿.高速铁路客运服务礼仪[M].北京:北京交通大学出版社,2017.
[2] 潘自影.高速铁路客运服务与礼仪[M].成都:西南交通大学出版社,2015.
[3] 蔡昱,耿雪.城市轨道交通客运服务礼仪[M].北京:高等教育出版社,2019.
[4] 王嘉嘉.高铁乘务人员形象塑造[M].成都:西南交通大学出版社,2015.
[5] 石瑛.铁路客运服务礼仪[M].北京:人民交通出版社,2016.
[6] 鄢向荣,罗敏.高铁乘务服务礼仪[M].北京:旅游教育出版社,2020.
[7] 董正秀.高速铁路客运服务礼仪[M].北京:中国铁道出版社,2019.
[8] 孙金明,刘繁劳,王春风.商务礼仪实务[M].2版.北京:人民邮电出版社,2016.
[9] 金正昆.接待礼仪[M].北京:中国人民大学出版社,2009.
[10] 吴雨潼.人际沟通实务教程[M].2版.大连:大连理工大学出版社,2014.
[11] 熊卫平.现代公关礼仪[M].3版.北京:高等教育出版社,2011.
[12] 吴雨潼.职业形象设计与训练[M].5版.大连:大连理工大学出版社,2015.

郑重声明

高等教育出版社依法对本书享有专有出版权。任何未经许可的复制、销售行为均违反《中华人民共和国著作权法》，其行为人将承担相应的民事责任和行政责任；构成犯罪的，将被依法追究刑事责任。为了维护市场秩序，保护读者的合法权益，避免读者误用盗版书造成不良后果，我社将配合行政执法部门和司法机关对违法犯罪的单位和个人进行严厉打击。社会各界人士如发现上述侵权行为，希望及时举报，我社将奖励举报有功人员。

反盗版举报电话　　（010）58581999　58582371
反盗版举报邮箱　　dd@hep.com.cn
通信地址　　北京市西城区德外大街4号　高等教育出版社法律事务部
邮政编码　　100120

读者意见反馈

为收集对教材的意见建议，进一步完善教材编写并做好服务工作，读者可将对本教材的意见建议通过如下渠道反馈至我社。

咨询电话　　400-810-0598
反馈邮箱　　gjdzfwb@pub.hep.cn
通信地址　　北京市朝阳区惠新东街4号富盛大厦1座
　　　　　　高等教育出版社总编辑办公室
邮政编码　　100029

防伪查询说明（适用于封底贴有防伪标的图书）

用户购书后刮开封底防伪涂层，使用手机微信等软件扫描二维码，会跳转至防伪查询网页，获得所购图书详细信息。

防伪客服电话　　（010）58582300